BIBLIOTECA ÁUREA HISPÁNICA

Universidad de Navarra
Editorial Iberoamericana

Dirección de Ignacio Arellano,
con la colaboración de Christoph Strosetzki y Marc Vitse.
Secretario ejecutivo: Juan M. Escudero.

Biblioteca Áurea Hispánica, 42

UNA POLÉMICA LITERARIA:
LOPE DE VEGA
Y DIEGO DE COLMENARES

XAVIER TUBAU

Universidad de Navarra • Iberoamericana • Vervuert • 2007

Bibliographic information published by Die Deutsche Bibliothek
Die Deutsche Bibliothek lists this publication in the Deutsche Nationalbibliografie;
detailed bibliographic data are available on the Internet at http://dnb.ddb.de.

Agradecemos a la Fundación Universitaria de Navarra su ayuda en los proyectos de
investigación del GRISO a los cuales pertenece esta publicación.

Agradecemos al Banco Santander Central Hispano la colaboración para la edición de
este libro.

ISBN 978-84-8489-081-2 (Iberoamericana)
ISBN 978-3-86527-273-7 (Vervuert)

Depósito Legal: M. 4.736-2007

Cubierta: Cruz Larrañeta

Impreso en España por Imprenta Fareso, S. A.
Este libro está impreso íntegramente en papel ecológico sin cloro.

A l'Emili i la Miriam
Y para Nuria

ÍNDICE

PRÓLOGO[1]

En este libro se estudia y edita un impreso que reúne cuatro textos, dos de Lope de Vega, que habían sido publicados previamente en *La Filomena* y en *La Circe*, y dos de Diego de Colmenares. El primero de los textos es el «Discurso de la nueva poesía» publicado por Lope en *La Filomena* en 1621. Se trataba del primer ataque firmado por el escritor contra el lenguaje poético de Góngora y contra la imitación del mismo por parte de sus seguidores. Semanas después de la aparición de esta miscelánea, Diego de Colmenares (que por entonces ya estaba reuniendo los materiales que conformarían su *Historia de Segovia*) redactaba una «Apología por la nueva poesía» en la que realizaba una defensa de la poesía de Góngora y criticaba duramente el «Discurso» de Lope. La «Apología» está fechada en Segovia el 13 de noviembre de ese mismo 1621. Lope consideró oportuno responder a un texto en el que se ponía en entredicho su competencia en la materia. La respuesta del escritor apareció en *La Circe* tres años después, en 1624. Tras la publicación de esta miscelánea, Colmenares redacta una nueva y más extensa respuesta al segundo texto de Lope, fechada en Segovia el 23 de abril de 1624. Estos cuatro textos, los dos de Lope y los dos de Colmenares, se imprimieron en una edición conjunta sin título, editor, impresor, lugar, ni año de publicación.

Los cuatro textos reunidos en dicho impreso conforman un interesante episodio de la polémica gongorina que apenas ha recibido atención por parte de la crítica. El «Discurso» de *La Filomena* y la «Epístola» de *La Circe* han sido estudiados generalmente como textos

---

[1] Una primera versión de este prólogo fue presentada en el «VII Congreso de la Asociación Internacional Siglo de Oro (AISO)», Robinson College, University of Cambridge, 22 de julio de 2005.

independientes y no como partes integrantes de una polémica en la que existía otro interlocutor que debía ser atendido. La razón de este proceder se encuentra, sobre todo, en la actitud condescendiente de parte de la crítica con las ideas expresadas por Colmenares («alma ingenua», según Juan de Vera), que han sido valoradas como de escaso interés en contraste con las de Lope (el segoviano «claudicó en esta cuestión lo mismo que en la de los falsos cronicones», apuntaba Menéndez Pelayo). Sin embargo, como se ha tratado de poner de relieve en el estudio del impreso, las cartas de Colmenares son tan interesantes como los textos del mismo Lope, y resultan de gran utilidad por todo cuanto iluminan de las concepciones sobre la poesía de este último. Precisamente sobre la importancia que para el estudio de las ideas literarias de Lope tienen los textos aquí editados quiero hablar en las páginas de este prólogo.

La crítica sobre Lope de Vega ha destacado siempre el interés del escritor por la teoría literaria de la época. El conjunto de ideas que Lope expresó sobre la naturaleza y objetivos de la poesía, los géneros literarios o los factores materiales y sociales que determinaban la creación literaria, por citar algunos ejemplos, parecen confirmar la importancia que el escritor concedía a los problemas teóricos que suscitaba la literatura. Los discursos, cartas, prólogos, dedicatorias y pasajes de obras literarias que se ocupan de estos asuntos han sido localizados y estudiados en múltiples ocasiones desde diferentes perspectivas. El análisis de estas ideas se ha llevado a cabo, generalmente, con la premisa tácita de que toda observación de Lope sobre el particular formaba parte de una concepción teórica coherente de la literatura. Este proceder, sin embargo, ha sido posible por la naturaleza parcial de las aproximaciones realizadas sobre la materia, centradas en un solo texto o bien articuladas sobre algunos fragmentos espigados de varias obras. En realidad, las ideas teóricas que encontramos en los textos de Lope, apoyadas o no en sentencias o paráfrasis de otros autores, no siempre resultan conciliables en el marco de una poética, como digo, cohesionada.

Esta circunstancia podría explicarse por la recepción de la teoría literaria contemporánea que pone de manifiesto estos textos o pasajes. Un simple inventario de las citas o de los fragmentos traducidos o parafraseados sobre la materia por parte de Lope, los cuales representan la cara más explícita de la mencionada recepción, ya permite observar un tratamiento de la teoría literaria en el que raras veces se discriminan las tradiciones teóricas de cada afirmación o se atienden todas sus implicaciones. En este sentido, la teoría literaria no parece representar para Lope un espacio de reflexión en el que desarrollar sus propios planteamientos teóricos, sino un conjunto de lugares susceptibles de ser citados o parafraseados según las necesidades del contexto. Este tratamiento de la teoría literaria explicaría, en primer lugar, la dificultad de integrar en el marco de una poética coherente el conjunto de sus ideas sobre la poesía, y plantearía, en segundo lugar, la necesidad de leer estos textos con extremada cautela con el fin de no precipitarse en las conclusiones a la hora de trazar filiaciones teóricas. De este modo, un estudio de la teoría literaria de Lope planteado desde la lectura de cada una de sus afirmaciones teóricas estará destinado al fracaso si no tiene en cuenta el modo en el que se formulan las ideas literarias y, sobre todo, la tradición pedagógica que explica esta forma de proceder.

Los compendios de citas extractadas de una o varias obras eran instrumentos de trabajo imprescindibles en la exposición de las materias que conformaban el currículum escolar y universitario, dado el progresivo aumento del cuerpo de textos dentro de cada disciplina[2]. Esta fragmentación de obras completas en repertorios de citas facilitaba el conocimiento de las ideas básicas, por ejemplo, de un texto como la *Ética* de Aristóteles, pero propiciaba también que esas mismas ideas, al presentarse y memorizarse desprovistas de contexto, se interpretaran como lugares comunes de validez universal. Las clases de retórica estimulaban, asimismo, la selección de sentencias o fragmentos valiosos, la copia de los mismos en cartapacios y la utilización oportuna de estos materiales durante la composición de un discurso o una epístola, los dos géneros en los que solían practicarse los primeros ejercicios de redacción[3]. La presentación fragmentada de las obras clásicas en clase, la lectura, glosa y memorización de los pasajes y sentencias seleccionados, y la posterior utilización de estos últimos en la elaboración de

---

[2] Ver los trabajos de Hamesse, 1995 y 1998, sobre el particular.

[3] Ver Schwartz, 2000, para un estudio de la influencia de esta práctica compositiva en las novelas a Marcia Leonarda (y recuérdense las páginas del «Prólogo» a la primera parte del *Quijote*, pp. 14-16). Ilustran una misma forma de proceder en el ámbito de la creación literaria los estudios de Russell, 1988, y Ruiz Arzálluz, 1996, a propósito de las citas insertadas en el primer auto de *La Celestina*.

un texto oral o escrito describen una circulación de la cita, dentro de la pedagogía de la época, en la que la obra original y la tradición teórica de la que participa quedan relegadas en un segundo plano, cuando no directamente olvidadas. En este sentido, conviene recordar que el desarrollo de los estudios filológicos y el tratamiento histórico de los textos en el marco del humanismo no modificó en todos los ámbitos la percepción medieval de las autoridades como un repertorio de sentencias de idéntico valor. Las manipulaciones de las citas clásicas que se operaban en la elaboración de florilegios en el siglo XIII eran difíciles de concebir en una poliantea del siglo XVI, pero el tratamiento que dispensaban a la sentencia quienes redactaban un texto en el siglo XIII y quienes lo hacían en el siglo XVI no se había transformado en la misma medida que lo había hecho en los círculos más cultos del humanismo[4]. Una sólida formación universitaria podía proporcionar, por ejemplo, una lectura y estudio completos de las obras que aparecen representadas, en forma de extractos, en las *Auctoritates Aristotelis*. Pero no debemos olvidar que solamente la minoría de quienes comenzaban su formación en las escuelas de primeras letras alcanzaba un nivel de conocimientos tan elevado. La gran mayoría de los individuos que pasaron por la escuela, en la que podríamos incluir al mismo Lope, conservó una idea de las disciplinas como conjunto de fragmentos o sentencias validadas por la autoridad de quienes las formularon y disponibles para ser citadas cuando fuera necesario en la composición de un discurso, una carta o un sermón, sin preocuparse del contexto en el que aparecían originalmente ni de la tradición teórica a la que pertenecían[5].

---

[4] Ver un ejemplo de esta manipulación, realizada sobre un pasaje de Plinio, en el *Florilegium angelicum* del siglo XIII que estudian Rouse y Rouse, 1976, p. 89. Weinberg, 1952, pp. 99-100, destacaba la pervivencia de esta percepción de las sentencias dentro de la propia tradición teórica sobre poesía durante la primera mitad siglo XVI. El paradigma de los métodos filológicos del humanismo puede verse expuesto de forma general en Pfeiffer, 1981 [1976], y de manera particular, a propósito de Poliziano, en los trabajos de Grafton, 1990, y Rico, 2002.

[5] Esta visión de las disciplinas no era necesariamente un obstáculo para el desarrollo de investigaciones originales sobre una determinada materia, como ha puesto de relieve Blair, 1992, pp. 546-48, a propósito de Jean Bodin y su empleo de libros de lugares comunes para la composición de su *Universae naturae theatrum*.

Los textos de Lope sobre teoría literaria revelan, por tanto, una percepción fragmentada y descontextualizada del conjunto de ideas que podían encontrarse sobre la materia. Esta realidad se pone de manifiesto en dos características que paso a describir. En primer lugar, por las contradicciones (ya apuntadas) que se observan en algunos de sus planteamientos teóricos. Trabajar con materiales extractados de diferentes fuentes o tradiciones teóricas propicia que aparezcan contradicciones entre determinadas afirmaciones: algunas se perciben de manera inmediata, como la presentación del verso, de la imitación o del silogismo como elementos distintivos de la poesía[6], pero otras sólo se advierten al mostrar las implicaciones de cada afirmación. Me limitaré a poner dos ejemplos. En la dedicatoria de la comedia titulada *El desconfiado* (*Parte XIII*, 1620), se caracterizan los libros de caballerías por su naturaleza alegórica, al igual que las *Metamorfosis* de Ovidio, el *Asno de Oro* de Apuleyo y las *Fábulas* de Esopo, mientras que en *Las fortunas de Diana* el mismo género de libros se adscribe a una tradición de la que formarían parte los cuentos tradicionales, los poemas de Boiardo y Ariosto y las novelas cortas al modo de las *Novelas ejemplares* de Cervantes o las propias novelas a Marcia Leonarda de Lope[7]. La interpretación alegórica de los libros de caballerías es tan común como la consideración de los *romances* como obras de pura invención[8]. Sin embargo, conciliar estos dos planteamientos hasta sus últimas con-

[6] Ver las definiciones de la poesía por el uso del verso, por ejemplo, en la *Arcadia*, p. 421, y en la composición dedicada «Al nacimiento del Príncipe», prólogo a *La mayor virtud de un rey*, en *La vega del Parnaso*, fol. 28v; ver, asimismo, definiciones de la poesía por el empleo del silogismo en la «Epístola séptima» de *La Circe*, y en la «Silva IX» del *Laurel de Apolo*, vv. 468-79. Compárense estos planteamientos con lo apuntado después (n. 28) sobre la imitación en el *Arte nuevo de hacer comedias*, vv. 49-51.

[7] La perspectiva sobre los libros de caballerías, los poemas de Boiardo y Ariosto y las novelas breves que refleja Lope en *Las fortunas de Diana* está en deuda —en su formulación, no en su intención— con las censuras por parte de filósofos y moralistas a las obras de entretenimiento, dentro de las cuales cabía cualquier obra de ficción en prosa (libros de caballerías, novelas pastoriles, *Celestina*, etc.), punto que no contradice la interesante tesis de Rabell, 1992, pp. 33-42; 2003, pp. 15-47, sobre las relaciones entre el *romance*, la *novella* y el discurso forense de la retórica. Recuérdese que Lope censuraba los «cuentos y novelas» veinte años antes como «cosa indigna de hombres de letras» (*Rimas*, I, p. 139). Ver, a propósito de las censuras de la ficción en prosa, Ife, 1992 [1985], pp. 18-19; y Baranda, 1991.

[8] Utilizo *romance* según la acepción inglesa del término expuesta, por ejemplo, por Riley, 1990 [1986], pp. 17-29. Sobre la segunda de las interpretaciones, ver el pa-

secuencias resulta difícil: primero, los libros de caballerías, o son obras
de ficción y, por lo tanto, de entretenimiento, o son obras alegóricas
y con una evidente finalidad didáctica; y, segundo, las novelas a Marcia
Leonarda pueden ser cualquier cosa menos alegorías. En la «Epístola
séptima» de *La Circe*, por otro lado, Lope presenta la poesía como un
arte que se define por el uso del silogismo llamado «ejemplo». Teniendo
en cuenta la fuente seguida por Lope en este pasaje (el *Apologeticus* de
Savonarola), la definición de la poesía por su empleo de esta clase de
silogismo implica entenderla como la disciplina menos próxima a la
verdad, junto con la sofística y la retórica, dentro del conjunto de disciplinas que conforman la filosofía racional. Este planteamiento, sin
embargo, entra en franca contradicción con la noción de la poesía
como suma de todas las ciencias que Lope propondrá en otros pasajes de su obra[9]. De hecho, la misma fuente seguida por Lope en su
epístola de *La Circe* ponía en solfa tal perspectiva de la poesía[10].

En segundo lugar, por la legitimación de una idea por medio de
citas de autores muy diversos pero percibidos en pie de igualdad. Los
casos son numerosos: por ejemplo, cuando una cita de la *Poética* de
Aristóteles, la máxima autoridad sobre la materia en ese momento, se
acompaña y glosa con otra cita del tratado sobre la milicia de Roberto
Valturio (*De re militari*, 1487), un tratado totalmente ajeno a la tradición teórica sobre la poesía; o cuando en un mismo párrafo, para ilustrar la diferencia entre poema y *poesis*, se acumulan pasajes de fuentes
tan distintas como la biografía de Plotino escrita por Porfirio, las
Misceláneas de Poliziano, la *Cronología* de Gilbert Genebrard, *Il Segretario*

---

saje de Tirso de Molina, «Dedicatoria», en *Deleitar aprovechando*, p. v (y en general las
observaciones y textos editados por Sarmati, 1996).

[9] Ver, por ejemplo, la *Arcadia*, p. 268; o el «Elogio al licenciado Pedro Soto de
Rojas», ¶7v.

[10] Savonarola explica el equívoco sobre el cual se sostiene la idea de que la poesía es tan elevada como la teología o la filosofía en general: por el hecho de identificar los contenidos de la poesía con su esencia. Por esta misma regla, la oratoria, por
ejemplo, cuando se ocupa de leyes, podría identificarse con el derecho y cuando se
ocupa de dios o de la religión, con la teología. Sin embargo, afirma el dominico, «cum
igitur artis poeticae obiectum formale sit syllogismus, quod vocatur exemplum, per
ipsum distinguitur ab omnibus scientiis, tam divinis quam humanis, et tam rationali-
bus quam realibus. Unde nec est divina scientia nec realis, sed rationalis tantum et in-
fima inter omnes scientias speculativas» (*Apologeticus*, B1v).

de Giulio Cesare Capaccio o la *Poética* de Aristóteles y los comentarios de Robortello[11]. Lo significativo no es la abundancia de citas, sino el que éstas procedan de fuentes tan heterogéneas: una biografía, unas anotaciones filológicas, una historia, un manual de escribientes y un tratado de poética.

La cita de autoridades era común en los discursos sobre cualquier materia, como puede observarse en el *Parecer* o el *Examen del «Antídoto»* de Francisco Fernández de Córdoba o en los *Discursos apologéticos* de Pedro Díaz de Ribas, por citar ejemplos de textos escritos en el marco de la polémica gongorina. Sin embargo, estas citas pertenecían a la propia tradición teórica de la disciplina sobre la cual versaban los textos. No sucede así en Lope. En este sentido, cuando se ocupa, a propósito de Alfonso VIII y su presencia en las Cruzadas, de las licencias del poeta en el marco del delicado problema sobre la ficción y la verdad poéticas, la citada aparición de Roberto Valturio como glosa del pasaje aristotélico resulta sorprendente, pero también significativa de una percepción determinada de las ideas literarias[12]. Lope juzga válidas para su argumentación ambas citas, incapaz de advertir que una cuestión de tal importancia sólo podía argumentarse de forma convincente a partir de la tradición teórica italiana, empezando por los comentaristas de la *Poética* de Aristóteles y culminando, para el caso de la épica, con el mismo Tasso que, aparentemente, Lope parece haber leído tan bien (véase el segundo de los *Discorsi del poema eroico*). Sin duda, Lope advertía la diferencia cualitativa entre la *Poética* de Aristóteles y un texto como el de Valturio, pero a efectos prácticos, la sentencias de uno y otro funcionaban de idéntico modo, como «lugares comunes» o «aforismos», en palabras del mismo Lope, medidos en pie de igualdad[13].

[11] «Prólogo al conde Saldaña», en la *Jerusalén conquistada*, pp. 25 y 28-29, respectivamente.

[12] Todavía más significativo resulta que la cita no se encuentre en los capítulo dedicados a explicar la necesidad que tiene el militar de contar con una cultura general solvente (I, 3) y de leer a los buenos historiadores, filósofos y poetas (II, 1-2). Tampoco se encuentra en la epístola nuncupatoria ni en el prólogo. De no estar la cita en el *De re militari*, Lope estaría transmitiendo un error de atribución de su fuente.

[13] «Por no ser prolijo en lugares, que serán comunes a los que saben, sólo diré que...» («Prólogo al conde Saldaña», en la *Jerusalén conquistada*, p. 29); «aquí bien se

Los libros de lugares comunes son el ejemplo paradigmático, por su contenido y la disposición del mismo, de este tratamiento de las sentencias que encontramos en los textos de Lope (lo que no implica necesariamente que el escritor se sirviera siempre de estos impresos para redactar sus textos de teoría literaria). En efecto, la organización del material en esta clase de libros determinaba un tipo de acceso a las fuentes clásicas y contemporáneas en el que pocas veces se discernía el rango intelectual de los autores citados o la importancia de sus ideas. En el mejor de los casos se anteponían las autoridades sagradas a las profanas, pero generalmente las citas de cada rúbrica se presentaban sin un orden que las distinguiera cualitativamente entre sí. Desde luego, no estaba en la mente de quienes elaboraban estos compendios la voluntad de confundir la prioridad de unos autores sobre otros. Sin embargo, la naturaleza misma de estos repertorios, presentados siempre en sus portadas como la selección de las mejores sentencias sobre uno o varios asuntos, prestigiaba automáticamente todo autor o cita que se incluyera en él. Dependía, por lo tanto, de la formación del usuario de la poliantea que se notaran, por ejemplo, las diferencias entre las citas de Aristóteles, Capaccio, Genebrard, Plotino, Poliziano o Porfirio que pudiera traer una rúbrica sobre «Poesía» y se atendieran en el momento de seleccionarlas y colocarlas en un texto.

En estrecha relación con la práctica que acabo de reseñar, la traducción y combinación de pasajes procedentes, también, de obras de naturaleza muy distinta abunda en esta percepción de la teoría literaria como un conjunto de ideas descontextualizadas. En efecto, partes importantes de los textos teóricos de Lope son traducciones no confesadas de pasajes extractados de otras obras. El hecho relevante a nuestro propósito no es la traducción en sí, sino la combinación en un

---

ofrecía desatar el abecedario de los lugares comunes; para Vuestra Merced, ¿cuáles no lo fueran?» (dedicatoria de *El cuerdo loco*, *Parte XIV*, p. 109). El sintagma «abecedario de los lugares comunes» podría remitir solamente a la idea de una enumeración ordenada de elementos, pero creo que es verosímil suponer que el escritor tiene en mente el orden alfabético (por autor o por tema) que solía estructurar las citas de una poliantea. Ver, asimismo, el pasaje del «Discurso» de *La Filomena* en el que todas las afirmaciones de Taso, Danielo, Vida y Horacio sobre la necesaria dulzura y enseñanza de la poesía se hacen derivar de unos «aforismos de Aristóteles» (p. 176 del texto editado). Quizá no es una casualidad que el mismo Lope presente las ideas expuestas en el *Arte nuevo* como «aforismos» (v. 347).

mismo texto de traducciones de fragmentos tomados de varias fuentes, pertenecientes todas ellas a géneros o tradiciones teóricas diferentes, donde se revela, una vez más, la valoración de las autoridades por un mismo rasero. Así procede, por ejemplo, en el segundo discurso de las *Rimas*, que se desarrolla combinando traducciones directas de la enciclopédica *Sintaxis artis mirabilis* de Pierre Grégoire y del libro de emblemas de Pierre Coustau[14].

Las ideas teóricas contradictorias, la acumulación de citas heterogéneas y la traducción de fragmentos procedentes, asimismo, de obras de naturaleza muy diversa revelan una percepción de la teoría literaria condicionada por la práctica, aprendida en la escuela, de utilizar sentencias en la composición de textos escritos sin atender a sus respectivos contextos de enunciación. Este hábito metodológico condiciona no solamente la utilización de cartapacios de citas o libros de lugares comunes, testimonios paradigmáticos de este hábito, sino también la consulta de diccionarios, de misceláneas, de enciclopedias y de lo que hoy entendemos por bibliografía primaria[15]. En este sentido, el desarrollo que experimentaron los sistemas de búsqueda por medio de índices exhaustivos en la producción editorial del siglo XVI es un fenómeno que no puede disociarse del papel que desempeñaba la cita de una *auctoritas* en el curso de la composición de textos para ser leídos o pronunciados en público. Las ediciones de textos filosóficos de Aristóteles y Platón, de las obras retóricas de Cicerón y Quintiliano, de las misceláneas de Aulo Gelio, Petrus Crinitus o Ludovico Richieri, o de las poesías de Horacio y Ovidio, contaban con índices que facilitaban la rápida localización de un episodio, un tema, un personaje,

---

[14] Así lo puso de manifiesto Pedraza en su edición de las *Rimas*, I, pp. 630-39. Para el modo en el que Lope extractó los pasajes de Coustau, ver Vosters, 1977, vol. II, pp. 34-55.

[15] La distinción entre un uso efectivo de impresos o cartapacios y la simple combinación mental de referencias es importante para entender que Lope se defienda de quienes le objetan que se sirva de polianteas: no había necesidad de utilizar ninguna para reflejar este hábito de composición. La utilización de estos repertorios por parte de Lope ha sido destacada en numerosas ocasiones (ver, por ejemplo, Trueblood, 1958; Osuna, 1973 y Egido, 1990 [1988]). Desde la perspectiva que aquí planteo, además, resulta tan significativo descubrir que una cita de Lope procede de un libro de lugares comunes, como comprobar que esa misma cita aparece en los índices de las obras completas de un autor (ver, por ejemplo, la cita de la *República* de Platón que abre la «Epístola» de *La Circe* aquí editada).

un concepto o un verso adecuado para el texto que se estuviera redactando. La fragmentación de las poesías de autores tan leídos y conocidos como Ovidio en citas ensartadas dentro de rúbricas, por ejemplo, representa quizá el mejor testimonio de la presión que ejerció en la recepción de cualquier obra o materia el hábito metodológico que encontramos reflejado en los textos de Lope.

Esta percepción de la teoría literaria es sustancialmente distinta de la que podamos encontrar en otros escritores italianos y españoles de la época. No hace falta comparar estos textos con los discursos de Tasso o de Guarini. Buena parte de los documentos de la polémica gongorina demuestran un mayor conocimiento de las ideas y el contexto de las citas que esgrimen, y desarrollan una reflexión más o menos original sobre cuestiones teóricas, vinculando las citas que puedan introducirse al curso de la exposición. Recordemos, por ejemplo, los *Discursos apologéticos* de Díaz de Ribas. Allí aparecen citados, además de Aristóteles, Horacio, Cicerón y Quintiliano, pasajes de los tratados de Demetrio y Hermógenes sobre las clases de estilo, del *Actius* Pontano, del *Arte poética* de Minturno, de la poética de Escalígero o de los discursos de Tasso. Ninguna biografía, ningún manual de escribientes, ninguna crónica. Estos textos, como digo, guardan poca relación con la forma de seleccionar y organizar los contenidos por parte de Lope, que, generalmente, como advertía Curtius, exponía sus ideas de manera algo confusa y sin un engarce lógico: «siempre hace esto cuando teoriza»[16]. El estilo entrecortado de estos textos, con cambios reiterados de tema, está revelándonos la ausencia de una reflexión personal coherente sobre el asunto y reflejando, en definitiva, una limitada formación en cuestiones de teoría literaria que explica asimismo el tratamiento de las fuentes reseñado antes.

El conjunto de observaciones sobre la forma y los contenidos de los textos de Lope que acabo de exponer no debería invitarnos a pensar que todas las ideas teóricas que encontramos en ellos están condicionadas por una percepción acrítica de la teoría literaria. El caso de Lope no es el del escritor que no ha racionalizado los principios sobre la creación literaria que, inevitablemente, reflejan sus composiciones, como demuestra, por ejemplo, el *Arte nuevo* a propósito de sus obras teatrales. Resulta necesario, por lo tanto, encontrar un criterio

---

[16] Curtius, 1955 [1948], p. 764.

desde el cual podamos valorar la importancia real, desde el punto de vista de su teoría literaria, de cada una de las ideas que encontramos formuladas en sus obras.

El estudio de las posibles relaciones que puedan existir entre las ideas teóricas que expresa (sea directamente, sea por medio de cita, traducción o paráfrasis) y el contexto en el que se formulan ofrece algunas respuestas al respecto. Así sucede, por ejemplo, con la mencionada dedicatoria de la comedia *El desconfiado* (p. 61). Lope escribe:

> Ríense mucho de los libros de caballerías, señor maestro, y tienen razón, si los consideran por la exterior superficie, pues por la misma serían algunos de la antigüedad tan vanos e infructuosos como el *Asno de oro* de Apuleyo, el *Metamorfoseos* de Ovidio y los apólogos del moral filósofo; pero penetrando los corazones de aquella corteza, se hallan todas las partes de la filosofía, es a saber, natural, racional y moral.

A continuación, expone el escritor uno de los significados alegóricos susceptibles de ser encontrados en los personajes principales de los libros de caballerías:

> La más común acción de los caballeros andantes, como Amadís, el Febo, Esplandián y otros, es defender cualquier dama, por obligación de caballería, necesitada de favor en bosque, selva, montaña o encantamiento y la verdad de esta alegoría es que todo hombre docto está obligado a defender la fama del que padece entre ignorantes, que son los tiranos, los gigantes, los monstruos de este libro de la envidia humana contra la celestial influencia que acompañó el trabajo y el vigilante estudio de cuanto es honesto (como fue opinión de Pitágoras) fundamento y guía.

Parecía que Lope estaba exponiendo su idea del género caballeresco, cuando nos sorprende con una interpretación alegórica del cometido de los caballeros andantes que resulta perfectamente aplicable al destinatario de la dedicatoria, Alfonso Sánchez, es decir, el catedrático de hebreo de la Universidad de Alcalá que redactó el importante texto en defensa de Lope que cerraba la *Expostulatio Spongiae* (1618):

> Vuestra Merced tomó esta empresa, movido de su misma obligación, como doctísimo príncipe en tantas facultades y lenguas, sacando, si no de gigantes, mi fama y nombre de monstruos encantados y enanos viles.

La presentación de los libros de caballerías como libros que cifraban saberes morales o naturales imprescindibles para el hombre era un lugar común del que participaba este género de obras y prácticamente cualquier creación literaria (véanse los prólogos del *Platir* o el *Tristán de Leonís*, por ejemplo). La interpretación alegórica de Amadís o Esplandián, asimismo, por la ejemplaridad de sus acciones, también era una lectura aceptable. La existencia de libros de caballerías protagonizados por representaciones alegóricas no dejaba de invitar a interpretarlos en este sentido. La cuestión radica en si esta percepción de los libros de caballerías puede considerarse como parte integrante del conjunto de las ideas de Lope sobre la literatura y la creación literaria, es decir, como un principio teórico que él sostuvo, si no durante toda su vida, sí por lo menos durante parte de la misma, o bien representa solamente un motivo que utiliza por las posibilidades argumentativas que le ofrece, resultando tan válido como cualquier otro. ¿Es inverosímil suponer que Lope, buscando una analogía para referirse a la defensa de Alfonso Sánchez, recordara las acciones de los caballeros andantes y, sirviéndose de una tópica lectura alegórica de las mismas, la aplicara para sus intereses? No podemos saberlo con seguridad. Sin embargo, como hemos visto antes, por las mismas fechas en que fue escrita esta dedicatoria (el intervalo pudo ser de semanas o meses), Lope presentaba los libros de caballerías como composiciones de ficción y entretenimiento de la misma especie que los cuentos tradicionales, la épica italiana y la narrativa breve, sin mencionar en ningún caso el rasgo que presuntamente —a partir de la citada dedicatoria— los legitima y define: la alegoría.

La atención por el contexto abre perspectivas sobre los objetivos de Lope al redactar estos textos y la dependencia que pueda existir entre los mismos y las ideas teóricas expresadas en ellos. En este sentido, conviene tener presente que buena parte de los prólogos, dedicatorias y discursos de Lope en los que se formulan ideas sobre la literatura se escribieron como respuesta a censuras recibidas o como anticipo de las que se figuraba que recibiría tras la publicación de una obra, circunstancia que explica una construcción muy determinada de los textos y que, en el caso específico de Lope, no puede obviarse conociendo el modo en que se sirve de las sentencias y pasajes sobre teoría literaria[17]. Sin embargo, como hemos comprobado, este criterio puede explicar la aparición de una idea teórica, pero no nos permite distinguir de manera inequívoca el papel de esa idea en el marco de las ideas literarias de Lope.

Los cuatro textos estudiados y editados en este libro resultan de gran interés para nuestro propósito. Las composiciones presentan, en el desarrollo de sus argumentos, un desplazamiento de la crítica literaria a la reflexión teórica sobre los principios que la determinan. La «Censura» de Lope es un ejercicio de crítica literaria aplicado a la poesía de Góngora con el propósito de poner en cuestión su capacidad para erigirse como modelo de la práctica poética contemporánea. La primera «Respuesta» de Colmenares, en cambio, reconstruye el marco teórico desde el que Lope ha realizado su crítica y pone en cuestión que la retórica sea la disciplina apropiada para evaluar los vicios y virtudes de la poesía. La autonomía de la poesía de los principios elocutivos de la retórica se concreta en una concepción de la primera caracterizada por el empleo de un estilo realzado, directamente relacionado con la recepción minoritaria de sus contenidos (tanto desde un punto de vista intelectual como social), y en manifiesta oposición a los condicionamientos comerciales que determinan el estilo de las comedias y que, según Colmenares, han viciado el conjunto de la producción poética de Lope. El planteamiento de su rival propicia que este último considere necesario formular los principios

---

[17] El prólogo del *Isidro* está dedicado a justificar la poesía dedicada a los santos (empieza Lope: «Disculpa tengo de este atrevimiento», p. 273); el texto inicial de las *Rimas* responde a las censuras que había recibido por el empleo de determinadas figuras de dicción en la *Arcadia*; la defensa de la poesía que se publica al final de los doscientos sonetos es, desde la primera línea («Es de manera vintilada en el mundo esta cuestión de honor debido a la poesía», en *Rimas*, I, p. 631), un texto de carácter argumentativo; el pasaje que abre el libro IV de *El peregrino en su patria* se introduce para responder a la hipotética censura de un lector («Respondida, pues, esta objeción...», p. 336); el prólogo al Conde Saldaña de la *Jerusalén conquistada* trata de justificar la presencia de Alfonso VIII en las cruzadas, anticipándose a las «objeciones» (que las hubo) de que podrá ser objeto el poema por esta circunstancia; la «Epístola séptima» de *La Circe* se escribe en respuesta a la primera carta de Colmenares. Téngase en cuenta, además, que muchas de las ideas que maneja Lope en estos textos forman parte del repertorio de motivos habituales precisamente en los discursos en defensa de la poesía (la vinculación a la filosofía racional, moral y natural, la presencia de poemas en el Antiguo Testamento, etc.).

teóricos sobre los cuales había basado implícitamente sus observaciones críticas sobre la práctica literaria, clasificando la poesía en el marco de la filosofía racional y afirmando explícitamente que los principios estilísticos de la retórica fundamentan por igual la composición de un discurso que de un poema, más allá de las diferencias que puedan reseñarse por las cualidades específicas de cada género. En su segunda «Respuesta», Colmenares insiste en su visión de la poesía desligada de la retórica y caracterizada por la erudición de sus contenidos y la dificultad de acceder a los mismos por parte de lectores sin formación.

Como en cualquier crítica literaria, los juicios estéticos que formula Lope como lector en el «Discurso» de *La Filomena* están revelándonos indirectamente aquello que desde un punto de vista teórico consideraba preceptivo. Es entonces cuando advertimos que tanto los conceptos y el léxico empleados para censurar la poesía de Góngora, como las autoridades citadas para ratificar sus observaciones críticas, pertenecen al ámbito de la retórica. La pureza, la claridad y el ornato de la elocución retórica, por un lado, y los pasajes de Cicerón, Quintiliano y Cipriano Suárez, por otro, están fundamentando su crítica y revelando, a su vez, la tradición teórica desde la cual contempla Lope la creación literaria. En este sentido, las citas de estos autores, si bien no dejan de utilizarse como *sententiae* desprovistas de contexto, se realizan en este caso desde un marco teórico asimilado y operativo (cabe suponer) en la creación literaria del escritor: la práctica de la cita que he reseñado antes está acompañada aquí de una formación estética que guía y dota de sentido literal a los pasajes extractados. La «Respuesta» de Colmenares pone de relieve este particular, señalando a Lope que los autores citados no se ocupaban de regular la poesía sino la retórica, y cuestionando en general que «fundase su dotrina en principios de tan diversa profesión como es la retórica de la poética».

Los textos de esta polémica nos invitan a distinguir, por todo lo dicho, al Lope crítico literario del Lope teórico de la literatura. Esta distinción entre textos de crítica literaria y textos teóricos nos ofrece un criterio por medio del cual discriminar entre aquellos textos que reflejarían directamente sus nociones teóricas sobre la literatura de aquellos otros en los que resulta más difícil distinguir la importancia real de las ideas que formula y el ascendiente que tienen las autoridades citadas sobre sus propios planteamientos. En este sentido, el estudio de los textos o pasajes dedicados específicamente a la crítica literaria (además del mencionado discurso, véase, por ejemplo, el primero de los textos publicado en las *Rimas* de 1602) parece proporcionar los elementos necesarios para comprender mejor aquellas composiciones centradas exclusivamente en cuestiones teóricas.

Esta mínima presentación de los contenidos de la polémica estudiada en este libro pone de manifiesto la importancia de los textos que la conforman, teniendo en cuenta la necesidad, apuntada antes, de reconstruir la teoría literaria de Lope de Vega atendiendo al valor efectivo que cobra cada una de las ideas que aparecen en sus textos. El análisis de los textos de Lope y Colmenares, en este sentido, me ha llevado a plantear la tesis de que el bagaje conceptual que se asimilaba en las clases de gramática y de retórica supone la clave por medio de la cual llevar a cabo esta relectura y estudio sistemático de los textos teóricos del escritor. Esta posibilidad no debería sorprendernos si tenemos en cuenta que las clases de gramática y retórica ofrecían, respectivamente, unas reglas para leer (*lectio*), para interpretar (*enarratio*) y para evaluar estética y éticamente (*iudicium*) los textos literarios, así como los principios estéticos (*dispositio*, *elocutio*) que debía cumplir cualquier texto escrito. En el curso de mi exposición sobre los cuatro textos de esta polémica, he presentado las razones por las cuales esta tradición, en mi opinión, resulta más operativa que otras para comprender las ideas literarias del escritor. El desarrollo de esta tesis, sin embargo, merecería un tratamiento que excede los límites de un estudio particular, ceñido a cuatro textos, como el presente. En todo caso, como anticipo de un trabajo más completo sobre la materia, revisaré a continuación, precisamente desde la tradición gramatical y retórica, las acepciones de cuatro términos empleados reiteradamente por Lope y que tradicionalmente suelen interpretarse desde el marco de la poética aristotélica, esto es, la «fábula» y la «historia», la «verosimilitud» y la «imitación»[18].

La fábula para Lope, además de una habladuría, de un relato mitológico (en tal caso, suele especificar que la fábula es «antigua») o de

---

[18] La influencia notable que han tenido entre los historiadores de la literatura las ideas de Castro, 1925, pp. 23-45, sobre los conceptos de historia, poesía y verosimilitud en Cervantes, desarrolladas posteriormente por Riley, 1971 [1962], pp. 255-307, ha sido un factor que probablemente ha determinado la lectura de estos conceptos en Lope desde la poética aristotélica.

una obra teatral, es todo aquello que inventa el poeta con carácter verosímil, distinguiendo esta categoría de la historia, caracterizada por narrar hechos verdaderos. La presentación de sus obras en prosa como historias y no como fábulas, por ejemplo, además de reproducir un lugar común característico de la prosa de ficción, que trataba de legitimarse asociándose a la prosa histórica, se funda en el citado contraste entre la historia y la fábula[19]. Los siguientes pasajes extractados de varias dedicatorias a sus comedias ponen de manifiesto la conciencia de una nítida oposición entre ambas modalidades de narración:

> Años ha que escribí la descendencia de los Porceles, no la historia, sino la fábula, no creyendo que recibiría disgusto su siempre ilustre familia, porque las más de las comedias, así de reyes como de otras personas graves, no se deben censurar con el rigor de historias, donde la verdad es su objeto, sino a la traza de aquellos antiguos cuentos de Castilla, que comienzan: «Érase un rey y una reina...» (dedicatoria a Paula Porcel de Peralta, *El serafín humano*, en *Parte XIX*, p. 222).

no quise que fuese fábula, sino verdadera historia (dedicatoria a Juan Muñoz de Escobar, *El honrado hermano*, en *Parte XVIII*, p. 199; se trata de una comedia de tema histórico).

reciba en prendas de mis obligaciones esta comedia y verdadera historia, que aun en la poesía, a quien trata tanta verdad, no es justo ofrecerle fábulas (dedicatoria a Luis Sánchez García, *El conde Fernán González*, en *Parte XIX*, pp. 224-25).

---

[19] «La *Arcadia* es historia verdadera, que yo no pude adornar con más fábulas que las poéticas» («A don Juan de Arguijo, Veinticuatro de Sevilla», en *Rimas*, I, p. 137); «a ninguno parezca nuestro peregrino fabuloso... que desdichas de un peregrino no sólo son verisímiles, pero forzosamente verdaderas» (*El peregrino en su patria*, p. 336); «Si algún defeto hubiere en el arte... sea la disculpa la verdad: que más quiso el poeta seguirla que estrecharse a las impertinentes leyes de la fábula. Porque el asunto fue historia, y aun pienso que la causa de haberse con tanta propiedad escrito» («Al Teatro», en *La Dorotea*, p. 61; los defectos a los que se refiere Lope cabe pensar que aluden a posibles faltas de decoro y, sobre todo, a la inverosimilitud de determinados episodios; para la autoría de este prólogo, firmado por Francisco López de Aguilar, ver la nota del editor, p. 59, n. 5). Para el concepto de prosa poética y la tradición teórica desde la cual lo contempla Lope, ver p. 143, n. 109.

De este modo, el poeta puede inventar por completo un argumento o bien puede ampliar con elementos ficticios un episodio histórico, pero los elementos inventados, caracterizados como fábula, deberán siempre ser verosímiles («El jardín de Lope de Vega», en *La Filomena*, vv. 499-501 y 505-507):

> Pues todo cuanto he dicho es fabuloso,
> menos las alabanzas y retratos
> de quien he sido historiador famoso.
> [...]
> Todos los ciñen vitoriosas ramas:
> que todo lo demás fábula ha sido,
> si así la parte verisímil llamas.

no fue todo mentira, que si no pasó a la letra, a lo más sustancial no hice más que darle lo verisímil (dedicatoria a Marcia Leonarda, *La viuda valenciana*, en *Parte XIV*, p. 96).

Habiendo leído este prodigioso caso en un libro de devoción una señora de estos reinos, me mandó que escribiese una comedia, dilatándole con lo verosímil (dedicatoria a Juan de Arguijo, *La buena guarda*, en *Parte XV*, p. 131).

parte es historia, de lo verosímil lo que constituye al poeta (dedicatoria a Juan Pablo Bonet, *Jorge Toledano*, en *Parte XVII*, p. 182).

Este carácter indisociable de la fábula y la verosimilitud es una idea central en la poética de Lope y aparece reiterada en numerosas ocasiones a propósito tanto de la fábula entendida como invención literaria como de la fábula considerada como obra teatral[20].

---

[20] Esta relación parece erigirse incluso como principio básico de su creación literaria en el terreno dramático, conscientemente enfrentado a los principios de la comedia neoaristotélica. Así se desprende de pasajes como el siguiente: «Dame una nueva fábula que tenga / más invención, aunque carezca de arte; / que tengo gusto de español en esto, / y como me le dé lo verosímil, / nunca reparo tanto en los preceptos, / antes me cansa su rigor» (*Lo fingido verdadero*, vv. 1210-15; afirmaciones sobre la libertad creativa de los poetas, como la que aparece en el «Prólogo» de la *Parte XVI*, quizá deban leerse teniendo presente este vínculo entre fábula y verosimilitud

Esta acepción de fábula como ficción literaria se documenta desde los textos latinos clásicos y fue adoptada por autores tan influyentes como san Isidoro (*Etymologiae*, «Grammatica», I, XL), que contraponía la fábula a la historia como dos formas de discurso antitéticas, aunque susceptibles de ser mezcladas en un poema (*Etymologiae*, VIII, VII, 10)[21]. Por otro lado, esta noción de la fábula es análoga a la que encontraba el estudiante de retórica en el primer párrafo de los manuales de ejercicios narrativos, donde este género de texto se define por el tratamiento verosímil de hechos ficticios («fabula est oratio ficta verisimili dispositione imaginem exhibens veritatis», Prisciano, *Praeexercitamina*, fol. 271r; «est autem fabula sermo falsus veritatem effingens», Aftonio, *Progymnasmata*, p. 3). Esta definición de fábula coincide sustancialmente con la idea que tiene Lope de este concepto, con independencia de que el ejercicio de redacción concreto del que hablan Aftonio o Prisciano no se corresponda con el significado de fábula como ficción en general que maneja Lope[22]. La acepción de fábula como ficción que se documenta en latín clásico y, secundariamente, la definición de este concepto que aparece en los manuales de ejercicios retóricos, son suficientes para explicar el significado de fábula e historia en los textos teóricos de Lope, sin olvidar, por otro lado, que la verosimilitud, indisociable de la ficción para el escritor, representaba una de las tres virtudes que la retórica reseñaba para la narración

que acabo de reseñar: «el arte de las comedias y de la poesía es la invención de los poetas príncipes, que los ingenios grandes no están sujetos a preceptos», ¶ 3v).

[21] Isidoro entiende por fábulas poéticas los relatos mitológicos, las comedias de Plauto y Terencio y las fábulas propiamente dichas, protagonizadas por hombres y animales. Ver las explicaciones de Fontaine, 1983 [1959], pp. 174-80, e Irvine, 1994, pp. 234-41, a propósito del desplazamiento que sufre la acepción del término en el contexto de las *Etymologiae*, partiendo de su valor retórico (*Rhetorica ad Herennium*, I, VIII, 13) para adquirir, después, un significado más amplio, documentado por otro lado en autores como Cicerón, Ovidio o Varrón (ver *Oxford Latin Dictionary, s. v.*). El pasaje de san Isidoro (I, XL) sobre el particular se reproducía parcialmente en la *Polyanthea* de D. Nanus Mirabellius, *s. v.* «fabula».

[22] Las fábulas podían estar protagonizadas por animales, pero también por hombres exclusivamente, existiendo asimismo la posibilidad de mezclarse unos con otros en un mismo texto. Aftonio distinguía, por otra parte, en el marco de la *narratio* (segundo de los ejercicios retóricos), la *narratio* poética, la histórica y la civil, y los escoliastas subdividían a su vez la narración poética en activa, enarrativa y mixta (siguiendo la clasificación de Diomedes).

(*Rhetorica ad Herennium*, I, ix, 14; Cicerón, *De inventione*, I, xx, 28), y estaba además estrechamente vinculada con el principio elocutivo del decoro (*aptum*). No es una casualidad, en este sentido, que las consideraciones de Lope sobre la verosimilitud en el terreno literario encajen cómodamente en el marco de las relaciones entre la conducta y el lenguaje de los personajes, es decir, en un espacio de reflexión propio de la retórica (véase, por ejemplo, *Arte nuevo de hacer comedias*, vv. 269-93)[23].

La interpretación de la fábula como argumento o estructuración de los hechos, según el valor que adquiere en las traducciones latinas de la *Poética* de Aristóteles (1450a15), fue un fenómeno que se consolidó durante la segunda mitad del siglo xvi entre los comentaristas del texto aristotélico y quienes participaron en las polémicas literarias del momento. Sin embargo, esta asociación no suplantó la acepción clásica de fábula como ficción literaria, cuyo ascendiente se manifiesta incluso en quienes sostienen una idea del lenguaje poético desde premisas aristotélicas, como Diego de Colmenares (ver pp. 150-51)[24].

La imitación es otro de los conceptos que aparece numerosas veces en los textos del escritor. Como podrá comprobarse más adelante a propósito del «Discurso» publicado en *La Filomena*, por regla general, Lope utiliza este término con el valor de imitación de autores, acepción que encontraba su formulación y prescripción en la tradi-

---

[23] Así lo apuntaba acertadamente Pérez Magallón, 2000, p. 212.

[24] Hay algunos casos en los textos de Lope en los que cabría la posibilidad de leer «fábula» como *mythos*, pero se trata siempre de pasajes en los que esta lectura es compatible con la de fábula como obra teatral. Por ejemplo, cuando Lope le escribe a Juan de Piña, destinatario de la dedicatoria de la comedia *El dómine Lucas* (*Parte XVII*, p. 172), que «oí contar alguna parte de esta fábula» cuando era mozo, el sustantivo podría leerse, sin duda, como «argumento». Sin embargo, me parece inverosímil que en el contexto de un mismo género, el de las dedicatorias de comedias, Lope hable constantemente de dar una fábula o de dedicar una fábula, donde «fábula» sólo puede equivaler a comedia (no se da, ni se dedica, en este contexto, un argumento), y, sin más explicación, se sirva en algunos lugares de «fábula» en su acepción aristotélica, siendo, además, como he indicado, casos que aceptan una lectura del sustantivo según su acepción más divulgada: la acepción de fábula como texto dramático la asimilaba cualquier estudiante de gramática en los prólogos de Terencio a sus comedias y en el mismo tratado que Donato redactó como preliminar de dichas obras. Allí se indicaba que la fábula (como el drama de los griegos), nombre general, incluía dos divisiones: la comedia y la tragedia, con sus múltiples subgéneros (*De comoedia*, VI, I, 17-18).

ción gramatical (para la poesía, especialmente) y retórica (para las cartas y los discursos). La imitación de los autores clásicos y contemporáneos parece desempeñar un papel importante dentro de las ideas literarias del escritor, hasta el punto de fundamentar el prestigio de un poeta en la capacidad de erigirse como modelo digno de imitación (véanse pp. 114 y ss.). Se trata de una perspectiva común en el pensamiento poético del siglo XVI, que implica una escasa preocupación por los principios que definen los géneros literarios y una regulación de los mismos a partir del ejemplo que suponen las obras capitales de la tradición[25]. En este sentido, el lugar de excepción que ocupa la imitación de autores en la teoría literaria de Lope está separándonos al escritor de la exégesis en torno a los géneros literarios desarrollada por los comentaristas de Aristóteles, una reflexión teórica que se encaminaba a sustituir unos principios literarios basados en la imitación de autores por unas normas que definieran la forma y la función de los géneros literarios más allá de las obras concretas de los autores canónicos[26]. La relevancia que adquiere el concepto de *imitatio* en los textos de crítica y teoría literaria de Lope, en contraste con el citado rumbo que tomaba la teoría literaria contemporánea desde la segunda mitad del siglo XVI, confirma el ascendiente de los principios generales de la gramática y la retórica sobre sus ideas literarias (no se olvide que la definición de los géneros y los estilos a partir de las tres obras de Virgilio fue llevada a cabo en el ámbito de la gramática).

En los textos de Lope también se documenta otra acepción de imitación no menos conocida, la que encontramos concretada en la idea de que las artes imitan la naturaleza[27]. Esta noción de las artes se di-

---

[25] «Escriba Vuestra Merced con fertilidad libros, canciones, fábulas, epitalamios, a imitación del abundante, insigne, dulce, heroico, grave y amoroso caballero Juan Bautista Marino» (dedicatoria a Manuel Faria de Sosa, *El marido más firme*, en *Parte XX*, pp. 261-62). Ver algunos de los ejemplos de «imitación» en textos de Lope que reúnen (sin ordenar ni interpretar demasiado bien, por otra parte) Pérez y Sánchez Escribano, 1961, pp. 81-135.

[26] Ver el análisis de este punto de la recepción de la poética aristotélica que realiza Javitch, 1999, pp. 59-65, revisando algunos planteamientos de Weinberg sobre el particular.

[27] Ver, al respecto, el clarificador trabajo de Close, 1969, donde se reseñan las obras clásicas que formularon el lugar común del arte como imitación de la naturaleza (de Platón, *Leyes*, X, 889d, y Aristóteles, *Física*, II, 199a18, a Séneca, *Epistulae ad Lucilium*, LXV, 3, y Quintiliano, *Institutio oratoria*, II, XVII, 9), así como sus múltiples variantes.

vulgó especialmente por medio de la sentencia que Donato atribuyó a Cicerón a propósito de la comedia, según la cual este género dramático es 'imitación de la vida, espejo de la costumbre e imagen de la verdad' («Comoediam esse Cicero ait imitationem vitae, speculum consuetudinis et imaginem veritatis»)[28]. Cualquier estudiante de gramática debía de memorizar esta sentencia que aparecía en los prólogos a las obras de Terencio y que fue reproducida en múltiples obras literarias y teóricas de la época. Esta misma acepción es la que con toda probabilidad tenía en mente Lope cuando leía en un contexto aristotélico que la poesía es, específicamente, imitación de las acciones de los hombres (y no imitación de la naturaleza o la vida en general)[29]. Las pocas ocasiones en que Lope podría estar utilizando el término *imitatio* como imitación de las acciones formula la idea traduciendo o recordando la primera frase del tratado de Robortello sobre la comedia aristotélica: 'la comedia se ha propuesto el mismo fin que el resto de los géneros de poemas: imitar las costumbres y las acciones de los hombres' («Finem habet sibi propositum comoedia eum, quem et alia omnia poematum genera, imitari mores et actiones hominum», *Explicatio*, p. 91)[30]. Resulta poco probable, sin embargo, que Lope advirtiera en este pasaje la naturaleza exacta de la imitación aris-

---

[28] *De comoedia*, V, 1, 19-20. La sentencia, como es sabido, tuvo una fortuna notable en los siglos XVI y XVII (Torres Naharro, Juan de la Cueva, Cervantes, Rey de Artieda, Luis Alfonso de Carvallo, etc.; ver García Berrio, 1975, p. 340). Para Donato y los comentaristas de Terencio, ver Sabbadini, 1897, Herrick, 1964 [1950], pp. 64-79, y Vega Ramos, 1997, pp. 37-53; para la lectura de Terencio y sus escoliastas en las escuelas de los siglos XV y XVI, ver Grendler, 1989, pp. 250-52.

[29] Este es, en mi opinión, el significado que cobra la imitación de acciones en un pasaje del prólogo de *La Dorotea*, donde Lope justifica (recordando la comedia clásica) por qué no ha respetado la indumentaria de los personajes propia de la época en la que tuvo lugar su «historia»: «Demás que en *La Dorotea* no se ven las personas vestidas, sino las acciones imitadas» («Al Teatro», pp. 62-63). Por otro lado, la misma clase de observación que he realizado sobre la *imitatio* aristotélica podría hacerse a propósito de la acepción de *fábula* que tiene en mente Lope cuando parafrasea a Robortello (Morel-Fatio, 1901, p. 391) en el siguiente pasaje del *Arte nuevo*: «mirando que la fábula / de ninguna manera sea episódica» (vv. 182-83). Lope podía estar pensando, sencillamente, en obra teatral, y no en «los varios incidentes que constituyen la acción y los medios que se usan en su desarrollo» (Carreño, 1998, p. 557).

[30] «Ya tiene la comedia verdadera / su fin propuesto, como todo género / de poema o poesis, y éste ha sido / imitar las acciones de los hombres / y pintar de aquel siglo las costumbres» (*Arte nuevo de hacer comedias*, vv. 49-52; ver Morel-Fatio,

totélica, dado que ni el mismo Robortello llegaba a distinguir entre
la primera de las acepciones reseñadas y la que se encuentra propiamente en la *Poética*[31].

Estos ejemplos ilustran la necesidad de discernir en cada caso las
acepciones del vocabulario que maneja Lope sobre estas cuestiones, y
la posibilidad de llevar a cabo esta relectura de sus observaciones sobre teoría literaria desde los asuntos y el léxico que habían configurado la tradición gramatical y retórica del periodo medieval. Sin duda,
muchos conceptos teóricos de los que aparecen en la obra de Lope
no podrán explicarse desde los temas y conceptos que encontramos,
por ejemplo, en los textos gramaticales de Despauterio, en los comentarios de Donato o Badio Ascensio a Terencio, en las tipologías
de narraciones de Aftonio y sus escoliastas, o en el compendio de retórica clásica de Suárez. El conocimiento de las disciplinas que han
proporcionado al escritor los principios básicos de su forma de pensar y practicar la poesía, sin embargo, ofrece un conjunto de premisas
estéticas e intelectuales que pueden ayudarnos a comprender la elección de las sentencias que introduce y los fragmentos que traduce y
combina en sus textos y pasajes de teoría literaria. De este modo, una
cita de la *Poética* de Aristóteles sobre el carácter ficticio pero verosímil de los hechos narrados por el poeta, a la luz de las relaciones entre fábula y verosimilitud que he reseñado en Lope, quizá resulte relevante precisamente por todo aquello que no pertenece a las
consideraciones aristotélicas sobre la poesía[32]. La utilización de citas

1901, p. 385); «La comedia imita las humildes acciones de los hombres, como siente
Aristóteles y Robertelio utinense comentándole: "At vero tragedia praestantiores imitatur"» (dedicatoria a don Guillén de Castro de *Las almenas de Toro, Parte XIV*, 1620,
p. 106; curiosamente, después de esta cita se menciona un escolio de Donato sobre
Terencio).

[31] Ver Weinberg, 2003 [1952], p. 66. En ocasiones se ha constatado esta diferencia de significados, pero no se han estudiado las consecuencias que se derivan de ello
(Pérez y Sánchez Escribano, 1961, pp. 81-136; De José Prades, 1971, pp. 56-57). Ver,
también, la interpretación que realiza Díaz Rengifo de la imitación aristotélica (*Arte
poética española*, pp. 3-4).

[32] La cita es la siguiente (está tomada de la traducción de Robortello): «Non poetae esse facta ispa narrare, sed quemadmodum vel geri quiverint, ver verisimile, vel
omnino, necessarium fuerit» («Prólogo al conde Saldaña», p. 25). La misma idea estaba parafraseada por Tasso en uno de sus discursos, pasaje que Lope tradujo en *El peregrino en su patria*, pp. 334-35.

de Aristóteles, Robortello o Tasso, en este sentido, podría estar determinada sencillamente por la confirmación que Lope encontraba en
ellas de principios sobre la ficción literaria que había asimilado de la
tradición gramatical y retórica[33].

La cuestión de las ideas literarias de Lope ha suscitado un considerable número de estudios desde las primeras aproximaciones al conjunto de la producción literaria de Lope (Menéndez Pelayo, Morel-
Fatio, Entrambasaguas, Romera-Navarro, Menéndez Pidal, Fernández
Montesinos, Froldi, Rozas, Rabell, Serés, entre otros). El conjunto de
estos trabajos ha comportado un mejor conocimiento de las ideas de
Lope sobre la poesía y los diferentes géneros literarios del periodo,
con especial atención al teatro y la novela, y ha proporcionado interpretaciones plenamente vigentes de textos fundamentales al respecto.
Sin embargo, quedan todavía considerables aspectos de las ideas teóricas del escritor que no han sido aclarados convenientemente y carecemos, asimismo, de una monografía sobre la materia que responda
del conjunto de aportaciones bibliográficas de los últimos años. En
este sentido, con el presente estudio pretendo, como se desprende de
las páginas de este prólogo, incorporar nuevos elementos de juicio a
propósito de las ideas literarias de Lope de Vega y sugerir otras perspectivas desde las cuales abordar este particular.

El estudio del impreso que reúne los textos de Lope y Colmenares
se ha dividido en tres partes: en la primera parte he tratado de reconstruir el perfil biográfico de Diego de Colmenares, precisar las fechas de composición de los textos de Lope, localizar alusiones a la polémica en el conjunto de las obras escritas y publicadas por Lope a
partir de 1621, así como en la *Historia de Segovia* de Colmenares, y, finalmente, identificar la imprenta en la que se elaboró el impreso. En

---

[33] Como puede observarse, el problema de fondo con el que estamos tratando
es el del solapamiento de tradiciones teóricas que provocaron los traductores de la
Poética de Aristóteles al emplear terminología de la tradición gramatical y retórica para
traducir determinados conceptos del original griego. La utilización de un término
como *fábula* para traducir el concepto griego que expresaba la 'estructuración de los
hechos' (*mythos*) propiciaba que, en una lectura superficial de las traducciones latinas
de la *Poética*, se interpretara la fábula aristotélica como la ratificación de la idea tópica de la poesía como ficción, sin advertir las diferentes acepciones que cifraba esta
palabra. Las mismas confusiones se propiciaban al traducir *mímesis* por *imitatio* o *eikós*
por *verosimilitudo*.

la segunda parte del trabajo he estudiado, por un lado, el género literario de los textos y, por otro, la presentación editorial de los mismos, tanto en el caso de los dos textos de Lope dentro de dos obras misceláneas como son *La Filomena* y *La Circe*, como en el caso del propio impreso[34]. Finalmente, en la tercera parte he analizado y colocado en su contexto, dentro de sus respectivos marcos teóricos, el conjunto de críticas e ideas sobre la poesía que esgrimen Lope y Colmenares en el desarrollo de esta polémica. En la edición del impreso, basada en los ejemplares del mismo conservados en la Biblioteca Nacional de España y la Biblioteca Histórica Municipal de Madrid, he procurado presentar un texto limpio de erratas y errores y de localizar todas las fuentes de que se sirven Lope y Colmenares para su argumentación, entendiendo que este trabajo resultaba relevante para la caracterización de la formación intelectual y la tradición teórica de la que dependían ambos autores.

★★★

Han sido muchas las personas que han hecho posible este libro. Quiero consignar mi agradecimiento a Alberto Blecua, Gonzalo Pontón y Guillermo Serés, que me brindaron todo su apoyo personal e intelectual en las diferentes fases de elaboración de este trabajo. A Antonio Carreira, José María Micó, María Morrás, Victoria Pineda, Francisco Rico y Ramón Valdés, que leyeron una primera versión de estas páginas y me proporcionaron útiles consejos y observaciones para su mejora. A Laura Fernández y Neus Foix por la ayuda inestimable que me prestaron durante las semanas finales de redacción. Finalmente, con Ignacio Arellano y Juan Manuel Escudero de la Universidad de Navarra tengo una deuda impagable, por su apoyo en la publicación de este libro[35].

---

[34] En este sentido, los títulos de cada texto, teniendo en cuenta que los de Lope sufrieron variaciones al ser editados en el impreso (ver p. 80), se han utilizado en la forma original de las misceláneas cuando me ocupo de estos volúmenes, y en la forma nueva que presentan en el impreso cuando me centro en este opúsculo.

[35] Este estudio se ha llevado a cabo con la ayuda del Departament d'Universitats, Recerca i Societat de la Informació de la Generalitat de Catalunya.

INTRODUCCIÓN

CRÓNICA DE UNA POLÉMICA

«LICENCIADO DIEGO DE COLMENARES»

El otoño de 1621 se presentaba, sin duda, repleto de promesas para Lope de Vega. La concesión del cargo de cronista real a Francisco de Rioja en septiembre de ese mismo año no debió de empañar las esperanzas depositadas en las dedicatorias a personajes importantes que el escritor había diseminado por todas sus publicaciones[1]. En agosto llegaba a las librerías *La Filomena*, volumen misceláneo dedicado a Leonor de Pimentel, dama de notable influencia en la corte del joven monarca Felipe IV, que pocos meses después le encargaría la composición de una comedia para una representación cortesana[2]. La publicación entre noviembre y diciembre de las *Partes XV, XVI* y *XVII* de comedias, con treinta y seis dedicatorias dirigidas, entre otros, al mismo conde-duque de Olivares, representaba asimismo la culminación de una estrategia editorial diseñada para ganarse el favor de los hombres que estaban adquiriendo posiciones de poder en el nuevo gobierno[3].

---

[1] Está documentada la solicitud del cargo de cronista real por parte de Lope en mayo de 1620 (reproducen el documento Castro y Rennert 1968 [1919], p. 251, n. 37). El escritor aparece, también, entre las trece personas que solicitan el cargo de cronista de Indias en 1625 tras la muerte de Antonio de Herrera, que había desempeñado hasta entonces el cargo (Wainer, 1986, p. 730).

[2] Para las relaciones de Lope de Vega con Leonor de Pimentel y la comedia representada en mayo de 1622 en Aranjuez, ver Marcos Álvarez, 1982.

[3] Para los diferentes objetivos que perseguían las dedicatorias de Lope, ver Case, 1975, pp. 17-36.

En este contexto de optimismo por las posibilidades de obtener un trato favorable de la corte, recibió Lope una carta inesperada, fechada en Segovia el 13 de noviembre y firmada por un licenciado llamado Diego de Colmenares. Se trataba de una respuesta contundente y pormenorizada al «Discurso sobre la nueva poesía» que Lope había incluido en *La Filomena*. La carta pudo llegar a sus manos —desconozco por qué medios— en diciembre, y Lope no tardó —como veremos— en redactar una respuesta que introduciría año y medio después en *La Circe*, nueva miscelánea dedicada esta vez al Conde-Duque. Cabe la posibilidad de que Lope y Colmenares hubieran coincidido antes en alguna tertulia o academia madrileña, teniendo en cuenta las aficiones literarias del segundo y las visitas puntuales a la capital que debió de realizar durante esos años. Con todo, la trayectoria personal del segoviano había discurrido siempre (y así continuaría siendo) fuera de Madrid.

Nacido en 1586, estudió gramática en el Colegio de Santa Cruz de su ciudad natal, para trasladarse después a Salamanca y graduarse, tras los seis años requeridos, como bachiller en cánones el 21 de abril de 1606, continuando cuatro años más hasta conseguir el título de licenciado en teología. Una sólida formación teológica y la ordenación como sacerdote se resolvieron en una trayectoria profesional estrechamente ligada al estamento eclesiástico y culminada, en 1617, con la toma de posesión del curato de san Juan de los Caballeros de Segovia, cargo que desempeñó y compaginó con otros de menor importancia hasta su muerte en enero de 1651[4]. El cargo de cura de san Juan de Segovia, además de concederle prestigio dentro de la comunidad religiosa y civil de su ciudad natal, le permitía emplear las horas libres en la lectura y la práctica de sus dos disciplinas preferidas, la historia y la literatura. Además de las lecturas de prosa y poesía propias de los cursos de gramática, Colmenares debió de ampliar su bagaje en la materia durante los años universitarios en Salamanca, realizando desde entonces sus primeros ensayos de composición literaria. El primer poema del que se tiene noticia, un par de octavas acrósticas firmadas bajo el nombre de Calveta, está fechado precisamente en 1609[5]. Buen

---

[4] Toda la documentación relativa a la familia y la vida de Colmenares puede leerse en el trabajo de Vera, 1951a.

[5] Baeza y González, 1877, p. 245.

lector de poesía y poeta, sin duda, menor, el conjunto de la producción literaria conservada apenas sobrepasa las diez composiciones, y resulta difícil que escribiera muchas más (así, por lo menos, se desprende de los reproches de Lope al principio de su respuesta, p. 199). Esta limitada creatividad no fue obstáculo para que algunas de sus composiciones gozaran de cierto renombre y fueran presentadas incluso, a través de la *Heroida ovidiana* (1628) de Sebastián de Alvarado y Alvear, como ejemplo de reparo en la *Agudeza y arte de ingenio* de Gracián (vol. I, p. 110)[6].

La afición por la historia debió de manifestarse también desde sus primeros años de universitario. Las citas de las censuras dirigidas a Lope demuestran, en todo caso, un conocimiento directo y especializado de textos históricos y teóricos sobre la disciplina (Cesare Baronio, Pedro Antonio Beuter, Flavio Dextro o Gilbert Genebrard, entre otros más). Por otra parte, el mismo Colmenares indica que concibió el proyecto de escribir una historia sobre su ciudad natal hacia 1620, precisión que confirma una dilatada afición previa por el género[7]. Colmenares trabajó aplicadamente durante más de una década en la recopilación y organización del material para la *Historia de la insigne ciudad de Segovia*, que abarcaba desde su fundación mítica hasta 1621. El cierre de la segunda epístola a Lope de Vega en 1624, con la petición al madrileño de información sobre el obispo segoviano Hieroteo, y la correspondencia que mantuvo con Gil González Dávila entre 1627 y 1628, son dos alusiones a su trabajo como historiador que permiten adivinar una dedicación lenta pero continuada al proyecto iniciado en 1620[8]. Tengamos en cuenta, además, que son de esos años la mayoría de sus composiciones literarias, así como su biografía de fray

---

[6] Ver A. Blecua, 2000, p. 104.

[7] «Me resigné a este cuidado el año 1620 en treinta y cuatro de mi edad. Revolví los archivos generales y algunos particulares de nuestra ciudad y obispado, junté libros y papeles con mucho gasto y diligencia, procurando con trabajo y perseverancia y desvelos suplir en algo la falta de mi suficiencia para empresa tan grande; y habiendo empleado en ella catorce años, aunque conocía cuán imperfecta estaba, recelando la cortedad de la vida y que tan ilustres noticias podían perecer, me resolví a publicarlas» («Dedicatoria del autor a su patria», ¶4r). Modernizo la ortografía en ésta y todas las citas de textos de la época.

[8] El intercambio epistolar conservado entre Colmenares y González Dávila empieza el 9 de marzo de 1627 y termina el 6 de enero de 1628, y está dedicado a dis-

Domingo de Soto (impresa antes de 1631) y una edición costeada por él del *Argenis* de John Barclay (en la imprenta de Gregorio Morillo, Segovia, 1632)[9]. Finalmente, la *Historia* se publicó en 1637 a costa del autor, según palabras del propio Colmenares en la portada; si bien constan en el Archivo Municipal y en el Archivo de Protocolos de Segovia la entrega de 600 ducados por parte del Municipio y de 50 por parte de la Junta de los Nobles Linajes de Segovia para costear la edición[10].

La recepción de la *Historia* fue, al parecer, muy favorable[11]. Hubo reedición del volumen ese mismo año, con añadidos varios, y una emisión de esta reedición en Madrid tres años después[12]. La publicación de la obra y la definitiva consolidación de Colmenares como historiador (téngase en cuenta que la *Historia* se presentaba en el título no sólo ceñida a los avatares de la ciudad, sino como «compendio de las historias de Castilla»), debieron de animarle a solicitar el cargo de cronista real en 1641. La petición, sin embargo, fue desestimada, entre otros, por José de Pellicer[13]. Colmenares, de todos modos,

---

cutir datos históricos concretos relativos a la historia de Segovia (para una edición moderna de las cartas, ver Quintanilla, 1952). Otro tanto sucede en la carta conservada de Tomás Tamayo de Vargas a Colmenares, fechada el 7 de marzo de 1636 (ver Quintanilla, 1957).

[9] El Privilegio de la edición (27 de febrero de 1632) se concede a Diego de Colmenares (ver ¶1v de la edición: BNE, R. 10677). Reyes Gómez, 1997, vol. I, pp. 151-52, no especifica en su descripción de la edición este particular. Baeza y González, 1877, p. 233, daba la noticia de esta edición presentándola equivocadamente como una traducción al latín de un original que imaginaba (suponemos) en inglés. Por entonces ya circulaban dos traducciones del *Argenis* (1621) al castellano realizadas por José de Pellicer y Gabriel del Corral (ambas de 1626).

[10] Ver Reyes Gómez, 1997, vol. I, p. 155. Una carta del segoviano a Francisco de Urrea, fechada el 15 de mayo de 1638, nos informa de las características materiales de la primera edición de la *Historia* (167 pliegos, papel de Génova), insistiendo en que los costes de la impresión han corrido a su costa (*Colección de cartas de eruditos españoles del siglo XVII*, BNE, ms. 8389, fol. 534r).

[11] «Nuestra *Historia de Segovia* y compendio de las historias de Castilla... ha sido tan bien recibida que están ya despachados más de 600 libros en esta corte, Sevilla y otras partes» (Carta de Diego de Colmenares a Francisco de Urrea, fol. 534r).

[12] Se trata de ejemplares de la segunda edición con nueva portada (Madrid, 1640). Para el concepto de emisión, ver Moll, 1979, pp. 59-65.

[13] Ver Pérez Pastor, 1971 [1891-1907], vol. III, p. 363, que reproduce el documento del Archivo Histórico Nacional. En un ejemplar de la *Historia del emperador Carlos V* escrita por Pedro Mexía, anota Colmenares: «de nada cuidan menos los re-

prosiguió su labor como cronista y trabajó en las genealogías de familias nobles, como los Contreras de San Juan y los González de San Salvador. La cuidada impresión de estas dos genealogías, probablemente de 1646, debió de ser uno de los últimos trabajos de Colmenares, fallecido cinco años después.

El inventario de la biblioteca de Colmenares está en perfecta correspondencia con el amplio bagaje de lecturas que reflejan las citas de sus censuras a Lope de Vega: la presencia de obras de contenido religioso, histórico, jurídico o literario permite reconstruir el perfil de un individuo de notable formación cultural. Tras su muerte, libreros de Madrid y Valladolid pugnaron económicamente por hacerse con la biblioteca del escritor, que se había formado de los propios libros de Colmenares y de la biblioteca de su hermano Francisco, bachiller en cánones por la Universidad de Salamanca, que había fallecido en 1627[14]. De la colección particular del hermano proceden dos ejemplares de *La Filomena* y *La Circe* de Lope de Vega que no constaban, en principio, en la biblioteca de Diego: en el inventario póstumo sólo se computa un ejemplar de cada libro[15]. Cabe la posibilidad de que los ejemplares hubieran sido originalmente de Diego de Colmenares, que los habría regalado o prestado a su hermano, pero también que hubiera sido su hermano Francisco quien comprara en 1621 y 1624

yes de España que de sus historias», criticando el desacierto en la elección de cronistas reales por parte de los Austrias (citado por Menéndez Pelayo, 1941, p. 34).

[14] En el *Inventario de la librería del bachiller Francisco de Colmenares* (1627) se registran, entre otros, los siguientes títulos: *Obras* de Blosio, *Obras* de fray Luis de Granada, *Obras* de fray Jerónimo Gracián, *Obras* de Cornelio en romance, *Historia Natural* de Plinio en romance y en latín, *Historia General de España* de Mariana, *La Filomena* y *La Circe* de Lope, *Guzmán de Alfarache*, Virgilio traducido, *Cisma de Ingalaterra*, *Experiencias de amor* de Quintana, *Novelas amorosas*, *Vida de Séneca* de Juan Pablo Mártir Rizo, y el *Orlando furioso* y las *Metamorfosis* de Ovidio en italiano (documento conservado en el Archivo Histórico Provincial de Segovia, reproducido por Vera, 1951a, p. 89).

[15] Para el contenido y la venta de la biblioteca de Diego de Colmenares, ver Quintanilla, 1951, p. 127. Además de las obras heredadas de su hermano, la biblioteca contaba con los siguientes títulos: Antonio Coronel, *Comentarios sobre los Posteriores de Aristóteles*, 1507; Alonso de Barros, *Proverbios morales*, 1598; Alonso de Ledesma, *Conceptos espirituales* (primera y segunda parte, 1606, 1613); un Boecio (la *Consolación* o bien alguna antología) y la biografía de Diego García de Paredes de Tamayo de Vargas (Quintanilla, 1951). De las obras de contenido religioso se ocupa Ayuso Marazuela, 1951.

ambos títulos y se los prestara al primero. En todo caso, el inventario de la biblioteca de este último y el hecho de que contara con ambas obras de Lope entre sus libros permite suponer la existencia de un diálogo fluido sobre literatura contemporánea entre dos hermanos que, por otra parte, firmaban juntos todas las ventas y arrendamientos de casas que llevaron a cabo en Segovia durante la década de los veinte[16].

LAS FECHAS DE COMPOSICIÓN

El «Discurso» de «La Filomena»

Tanto la primera como la segunda respuesta de Colmenares se escribieron, como señalan las fechas con las que el segoviano cierra ambos textos (13 de noviembre de 1621 y 23 de abril de 1624), poco después de la aparición de *La Filomena* y *La Circe*, respectivamente. La redacción del «Discurso de la nueva poesía» se ha situado en torno a 1617[17], a partir de dos pasajes espigados de la correspondencia de Lope con el duque de Sesa. El primero de ellos aparece en una carta fechada por González de Amezúa a principios de septiembre de ese año:

> Estos días he pasado mal con los de la nueva poesía. No sé qué ha de ser de mí, pero leerele a Vuestra Excelencia cuando le vea una carta que le escribí, y no se la he dado ni copiado del original porque me arrepentí de haberla escrito y estudiado, conociendo que disponía mi quietud a las arrogancias y desvergüenzas de sus defensores (que éstos aun no faltaron a Lutero), y por la mayor parte señores. Dios guarde a Vuestra Excelencia, que así sabe conocer y distinguir la verdad entre las tinieblas de la soberbia y novedad de los hombres[18].

La particularidad de tratarse de una «carta» escrita al Duque, según la ficción que luego construirá el mismo Lope en *La Filomena* presentando este «Discurso» como respuesta a la pregunta de «un señor de estos reinos» sobre la «nueva poesía», parece una razón sólida para

---

[16] Reproduce estos documentos, fechados algunos en marzo de 1624, Vera, 1951b.

[17] La Barrera, 1973 [1890], vol. I, p. 199; Thomas, 1909, p. 122; y Millé y Giménez, 1928 [1923], p. 204. El estudio de Millé y Giménez, todavía hoy, resulta el más completo sobre la fecha de composición del «Discurso».

[18] *Epistolario*, núm. 347.

afirmar que estamos ante la misma composición publicada en la miscelánea de 1621[19]. Resulta significativo, además, el comentario de Lope sobre los defensores de la «nueva poesía»: «la mayor parte señores» (véanse pp. 86 yss.). La buena acogida de Góngora entre la nobleza de la corte madrileña determinó la singular estrategia llevada a cabo por Lope en su intento de desprestigiar la poesía del cordobés, cuyo primer ejemplo se concretó precisamente en el citado intercambio epistolar ficticio de La Filomena, donde un noble pregunta a Lope sobre la poesía de Góngora (véanse pp. 77 y ss.).

En otro pasaje de esta carta se alúde a la inminente preparación de una nueva Parte de comedias («En otra impresión quieren poner otro tomo, por que salgan aprisa, y solicitan criados de Vuestra Excelencia los libreros»), siendo posible que remita tanto a la décima Parte como a la undécima[20]. Esta alusión permite fijar un intervalo cronológico en el que podría haberse escrito el «Discurso» —entre el mes de junio o julio de 1617 y el mes de enero de 1618— a la luz de las tasas y aprobaciones de las citadas Partes[21].

El segundo pasaje de la correspondencia de Lope con el Duque en el que se ha visto una alusión al «Discurso» publicado en La Filomena pertenece a una carta fechada por el editor del epistolario en primavera de 1617:

---

[19] La identificación del «señor de estos reinos» con el duque de Sesa la han sostenido todos los lopistas, desde La Barrera, 1973 [1890], vol. I, p. 199, hasta J. M. Blecua, 1989 [1983], p. 808, basándose en las relaciones estrechas que mantenía Lope con el Duque y, sobre todo, en el comentario sobre la estancia del «Duque mi señor» en Roma que se introduce en el «Papel que escribió un señor de estos reinos» a Lope, alusión que se ha interpretado directamente referida a la estancia del padre del duque de Sesa como embajador en dicha ciudad entre 1590 y 1603 (Millé y Giménez, 1928 [1923], p. 207). Consta, sin embargo, que en la época se realizaron otras identificaciones: Pedro de Espinosa, de aludir a nuestro texto en un pasaje de El perro y la calentura, vio detrás de este «señor» al duque de Feria (Rodríguez Marín, 1909, p. 391, n. 37; y Millé y Giménez, 1928 [1923], pp. 208-10).

[20] Marín, 1985, p. 212, sostiene, sin argumentarlo, que Lope alude a la futura Parte XI. Dixon, 1996, p. 57, en cambio, considera que el escritor habla de la Parte X.

[21] La impresión de la Parte IX se realizó entre junio y principios de julio de 1617 (la tasa lleva fecha del 13 de julio). La Parte X obtuvo la aprobación el 7 de noviembre de 1617 y se imprimió entre diciembre de 1617 y la primera semana de enero del siguiente año (la tasa es del 8 de enero de 1618). La Parte XI cuenta con una aprobación del 4 de febrero de 1618.

Las cartas verá Vuestra Excelencia, señor: la de Salinas, a propósito, y las otras, al tiempo. La que trata de Góngora no se ha copiado, que es de tres pliegos, y no tengo oficial más de mi pluma, cuando no ocupada, falta de buena letra[22].

Los «tres pliegos» suponen una cantidad de papel más que suficiente (incluso excesiva) para el «Discurso de la nueva poesía»[23]. El resto de la carta, por otra parte, no ofrece datos concretos que permitan precisar una fecha segura[24].

El duque de Sesa, pariente de Francisco Fernández de Córdoba, fue uno de los primeros en recibir el *Examen del «Antídoto»* que compuso éste para rebatir las críticas vertidas contra las *Soledades* por parte de Jáuregui. En carta del 25 de julio de 1617, el Abad de Rute indica que el *Examen* está concluido y que solamente queda la tarea de sacar algunas copias en limpio («La respuesta al *Antídoto* voy trasladando»)[25]. El Duque debió de recibir una copia del *Examen* ese mismo verano y probablemente se la facilitó a Lope inmediatamente para que le diera su opinión, pues el escritor deja constancia de haberlo leído en carta fechada por González de Amezúa en septiembre de 1617:

La [materia] de este libro es notable y el autor debe de haber querido darse a conocer por él más que decir lo que siente. Creo que ha de levantar alguna borrasca, porque el Jáurigui sabe y no sufre. Yo pienso estar a la mira del suceso, dejando el juicio de estas cosas a la critiquería de

---

[22] *Epistolario*, núm. 295.

[23] Orozco, 1969, p. 294, señaló que Lope podía estar refiriéndose a la extensa carta dirigida a Góngora y fechada, en el manuscrito editado por el estudioso, el 16 de enero de 1616. La fecha que se considera válida actualmente para esta carta atribuida a Lope, 16 de enero de 1614 (Carreira 1989 [1986], p. 340; Jammes, 1994, p. 624), convierte en más que improbable esta hipótesis (en el supuesto caso de que consideremos a Lope como autor de la misiva). De las dos cartas anónimas dirigidas a Góngora y atribuidas a Lope, Jammes, 1994, pp. 624-25, que duda de la autoría, considera que la de 1614 recuerda más («por mala») a la prosa de Lope que la de 1613.

[24] Diego de Silva y Mendoza, conde de Salinas, obtuvo el título de marqués de Alenquer en 1616, y cabe la posibilidad de que la carta mencionada por Lope tenga relación con la obtención de este título nobiliario, dato que permitiría desplazar la fecha de composición a 1616.

[25] Edita y comenta la carta Alonso, 1982 [1975], pp. 230-31, 233. Ver Jammes, 1994, p. 648.

la corte, donde tantos dicen que saben, que no sé para qué hay libros ni maestros[26].

La primera de las cartas citadas (núm. 347) y esta última reflejan una misma precaución ante la posibilidad de implicarse en la polémica en torno a las *Soledades* de Góngora. Sin embargo, parece razonable suponer un intervalo de tiempo mayor que unos días o unas semanas (según se desprende de las fechas propuestas por González de Amezúa) entre la redacción de una epístola que informa de la composición de un discurso sobre la nueva poesía y la carta que acabo de citar (núm. 346), donde la actitud de mantenerse en silencio ante la polémica no parece el resultado de una decisión tomada poco antes de redactarse la carta, tal y como sí sucede en el primer caso («me arrepentí de haberla escrito y estudiado», señalaba Lope).

Los dos pasajes esgrimidos por la crítica para fechar el «Discurso» en 1617 (*Epistolario*, núms. 347 y 295) y el último de los fragmentos comentados (núm. 346), desconociendo si las cartas remiten, en efecto, al «Discurso» de *La Filomena* y careciendo de las fechas exactas en que fueron escritas, sólo permiten plantear como hipótesis que el texto se compusiera después del mes de junio de 1617, es decir, durante o después de la impresión de la *Parte IX* de comedias presumiblemente aludida por Lope en la primera misiva (véase p. 41, n. 21).

Además de los datos recopilados del epistolario de Lope con el duque de Sesa, el propio «Discurso de la nueva poesía» y el intercambio epistolar en el que se introduce dentro de *La Filomena* ofrecen referencias interesantes al respecto. En la primera de las cuatro cartas que componen la citada correspondencia, el «señor de estos reinos» menciona un «discurso» contra las *Soledades* y el *Polifemo* que cabe la posibilidad de identificar con el *Antídoto* de Jáuregui, pues ningún otro texto de los que circularon antes de 1621 censurando la poesía del cordobés tiene la entidad que parece concedérsele en esta carta. Consta que el discurso de Jáuregui circulaba por Andalucía durante el verano de 1615, así que la fecha de su aparición situaría, como mínimo,

---

[26] *Epistolario*, núm. 346; ver, asimismo, la carta núm. 303. Millé y Giménez, 1928 [1923], pp. 235, ya comentaba este pasaje en el sentido que aquí indico. Para los interrogantes planteados a propósito del «libro» y del anonimato del mismo («el autor»), ver Alonso, 1982 [1975], pp. 241-45.

la composición del «Discurso» a finales de ese año, de no tener otros datos para comparar[27]. En la tercera carta de la citada correspondencia, asimismo, el corresponsal agradece a Lope la respuesta enviada con el regalo de dos libros: las obras completas de Justo Lipsio y los *Humanae salutis monumenta* de Benito Arias Montano[28]. Las obras completas de Lipsio se publicaron en 1613 en la imprenta de Lyon de Horace Cardon (la edición ocupaba ocho volúmenes), y el libro de versos de Montano apareció por primera vez impreso en 1571 en Amberes.

El «Discurso» contiene, como se ha dicho, varias citas y alusiones que, sin embargo, sólo en dos casos ofrecen información relevante para su fecha de composición, partiendo del hecho evidente de que el texto, por su contenido, fue escrito después de la difusión del *Polifemo* y las *Soledades* (primavera de 1613). Las citas de una versión castellana del *De partu Virginis* de Sannazaro y de una elegía y una canción de Fernando de Herrera, de haberse realizado por la traducción de Francisco de Herrera Maldonado (1616) o por la edición de la poesía del sevillano llevada a cabo por Francisco de Pacheco (1619), respectivamente, habrían permitido establecer, principalmente en el segundo caso, un intervalo menos extenso de tiempo para la composición del «Discurso». Sin embargo, Lope cita por la traducción de Gregorio Hernández de Velasco (1554), elogiado en los mismos términos que aquí en el *Laurel de Apolo* (Silva I, vv. 395-414), y por la edición de las obras de Herrera (1582) preparada por el propio poeta[29]. La cita de un pasaje de la *Elocuencia española en arte* de Bartolomé Jiménez Patón podía realizarse tanto por la primera edición (1604) como por la segunda (1621), ampliada sustancialmente e incluida como primera parte del *Mercurius Trimegistus*, pues en ambas ediciones aparece el mismo ejemplo de cacosíndeton que recuerda Lope («elegante hablastes men-

---

[27] Para las fechas de composición del *Antídoto*, ver Jammes, 1994, pp. 618-21 y Rico García, 2002, p. 22.

[28] «En pago del estudio que esto habrá costado, envío a Vuestra Merced todas las obras de Lipso, de la mejor impresión que han venido a España y encuadernadas a mi gusto, y ese librito que llamó Arias Montano *Humanae salutis monumenta*, cuyos versos no deben nada a cuantos están escritos: la Antigüedad perdone» (*La Filomena*, fol. 200r; p. 824).

[29] Lope continuaba citando por esta edición en la *Justa poética* de 1620, como ya observó Millé y Giménez, 1928 [1923], p. 213. En *La Dorotea*, sin embargo, cita un terceto por la edición de 1619 (III, IV, p. 265).

te»; p. 107 y fol. 109r, respectivamente)[30]. Tampoco la mención de los *Orígenes de la lengua castellana* (1606) de Bernardino de Alderete resulta útil en este sentido, ni la alusión a Felipe III como monarca reinante, que sólo nos permite afirmar que el texto fue escrito antes del 31 de marzo de 1621, fecha de su muerte.

Solamente la cita de un verso de Góngora, «fulgores arrogándose, presiente», extraído del poema *Al favor que san Ildefonso recibió de Nuestra Señora* que el poeta presentó para el certamen celebrado en octubre de 1616 en Toledo para el traslado de la Virgen del Sagrario, permite afirmar que el «Discurso» tuvo que redactarse después de la fecha del certamen[31]. Caben aquí dos posibilidades: o bien que Lope leyera el poema en copia manuscrita, o bien que lo conociera a través de la relación de las fiestas publicada por Pedro de Herrera (tercera sección, fol. 41r). Por las fechas de los preliminares del volumen puede afirmarse que el libro pudo adquirirse en las librerías a partir del mes de julio de 1617[32]. Con independencia de si Lope tomó el verso de una copia manuscrita o de la edición impresa de estas octavas, cabe pensar que la redacción del «Discurso» no se llevó a cabo mucho después de que el poema se difundiera entre los lectores de poesía del momento, dado que la crítica implícita en la cita —no tomada de los poemas mayores del cordobés— perdería eficacia a medida que el poema se alejara de la memoria de los lectores[33].

---

[30] La fe de erratas del *Mercurius* están fechadas, además, el 12 de julio de 1621, y la tasa el 21 de agosto del mismo año, mientras que la aprobación de *La Filomena* es del 31 de mayo. El ejemplo de cacosíndeton lo tomó Jiménez Patón del *Galateo español* de Lucas Gracián Dantisco (p. 142).

[31] Millé y Giménez, 1928 [1923], p. 213, ya señalaba (siguiendo a Lucien-Paul Thomas) el origen de este verso y su utilidad para fijar la fecha de composición, aunque no entraba en detalles, indicando además su aparición posterior en el *Libro de todas las cosas* de Quevedo (p. 197). El verso, muy probablemente, lo tomó Quevedo del «Discurso» de Lope, teniendo en cuenta que el *Libro* fue escrito entre 1629 y 1631 (ver Jauralde, 1982, p. 301).

[32] El volumen lleva dos aprobaciones (del 1 y el 13 de marzo de 1617), una tasa del 7 de junio, una fe de erratas del 25 de junio y un Privilegio del mes de julio de ese mismo año. De no haber erratas en las fechas, la impresión se llevó a cabo antes de contar con el Privilegio y el volumen se tasó asimismo antes de compulsar el impreso con el original.

[33] Thomas, 1909, p. 107, fue el primero en identificar el verso de Góngora citado por Lope en el «Discurso». Ver la presentación del poema que realiza Micó, 1990b, pp. 235-37.

Cabe señalar, por último, el dato cronológico que ofrece Lope sobre los años transcurridos desde su primer encuentro con Luis de Góngora: «hace más de veinte y ocho años». De este pasaje se ha deducido que Góngora y Lope se conocieron en Alba de Tormes durante el otoño de 1593, aunque se carece de cualquier testimonio documental que asegure tal encuentro[34]. Tal hipótesis se basa en considerar el «Discurso» como un texto escrito en 1621, premisa que los estudiosos no siempre declaran. El conjunto de datos reunidos hasta aquí sugiere que el «Discurso» pudo ser redactado años antes de su publicación en *La Filomena*, circunstancia que adelantaría la «entrevista» de ambos escritores varios años (a no ser que se considerara posible que Lope hubiese actualizado este pormenor cronológico al preparar los originales para la imprenta)[35]. En cualquier caso, el hecho de que el número de años no se especifique con exactitud («hace más de...») y, sobre todo, la ausencia de datos en las biografías de ambos escritores que corroboren este particular, invitan a tomar con cautela esta referencia y, para el caso que nos ocupa, no tenerla en consideración.

La lectura del epistolario de Lope entre 1616 y 1621 y el estudio de las fuentes empleadas por el escritor a lo largo del «Discurso» sólo permiten afirmar de manera inequívoca que el texto se escribió entre el mes de noviembre de 1616 (después de que Góngora presentara su poema en las fiestas de Toledo) y el 31 de marzo de 1621, si bien algunos pasajes del epistolario y la interpretación misma de la mencionada cita de Góngora permiten plantear como hipótesis verosímil que el texto se redactara en la segunda mitad de 1617.

La «Epístola» de «La Circe»

La respuesta de Lope a la primera carta de Colmenares tuvo que ser redactada entre finales de noviembre o diciembre de 1621, cuando pudo recibir el texto del segoviano, y el mes de agosto de 1623, cuando se firma la primera censura de las dos que incluye *La Circe*. En la correspondencia de Lope con el duque de Sesa se encuentran

---

[34] Artigas, 1925a, pp. 73-74; y Orozco, 1973, pp. 91-95. Ver, sin embargo, Millé y Giménez, 1928 [1923], pp. 213-14.

[35] Ver Millé y Giménez, 1928 [1923], pp. 213-14.

dos breves cartas sin fechar en las que se hace referencia a un «papel» presumiblemente dirigido contra Lope y a la entrega del borrador de una carta escrita y trabajada durante toda una mañana:

> Envío a Vuestra Excelencia el papel, que no me ha puesto codicia de copiarle, porque no sé si es docto y es poco prudente, tratando a un sacerdote, y de tan grande opinión, fuera de todos los límites de cortesía y modestia; pero el dueño, ¿a quién respeta, a quién teme, a quién perdona[36]?

> La carta escribí y estudié aquella mañana. Dice un hombre docto y religioso, a quien la mostré, que no he acertado otra cosa en mi vida. Ése es el borrador; no la pierda Vuestra Excelencia, suplícoselo, sino enmiéndelo si le agradare, y guarde Dios a Vuestra Excelencia muchos años[37].

Ambas cartas carecen de fecha y el editor propone como periodos cronológicos en los que pudieron haberse escrito, para la primera, los años 1621 y 1622, y para la segunda, la primavera de 1621. Teniendo en cuenta que la «Epístola» de *La Circe* no va dirigida a Colmenares sino a «un señor de estos reinos», en un envío que llevaría adjunto el texto del segoviano («este discurso que envío a Vuestra Excelencia»)[38], parece razonable proponer la hipótesis de que estos billetes de Lope al duque de Sesa remiten, por un lado, a la censura de Colmenares y, por otro, a la «Epístola» publicada finalmente en *La Circe*, en la medida en que aluden tanto al envío de un texto presumiblemente escrito contra Lope como a la hipotética respuesta del escritor[39]. En tal caso, probablemente deberían modificarse las fechas de redacción propuestas por el editor a la luz de las conclusiones que se desprenden de los textos comentados a continuación.

---

[36] *Epistolario*, núm. 457.

[37] *Epistolario*, núm. 444.

[38] No sería la primera vez que Lope avisaría en carta privada de la composición o inminente publicación de un texto literario dirigido al mismo destinatario (ver *Epistolario*, núm. 448, y la «Epístola a Diego Félix Quijada y Riquelme» publicada en *La Filomena*).

[39] Cabe la posibilidad, sin duda, de no identificar al «sacerdote» de la primera misiva con el mismo Lope. No he localizado, sin embargo, ningún texto o alusión por esas fechas a un texto dirigido contra un sacerdote conocido o amigo del escritor.

La mención del virreinato del príncipe de Esquilache en el Perú al final de la «Epístola» («virrey agora del Perú») permite acotar un intervalo temporal más estrecho en el que pudo escribirse la respuesta de Lope que el derivado de la fecha de la primera carta de Colmenares y las censuras de *La Circe*. El virreinato de Francisco de Borja en la provincia del Perú había comenzado en 1615 y debía prolongarse hasta 1621. Consta, sin embargo, que a principios de 1620 el príncipe de Esquilache solicitó el relevo de su cargo y la posibilidad de regresar a España. Aunque la petición fue aceptada en carta del 28 de marzo de 1620, todavía está documentada su presencia en el Perú el 10 de mayo de 1621. Su regreso no tuvo lugar hasta el otoño de ese mismo año, como se desprende de una carta de Góngora a Francisco del Corral fechada el 26 de noviembre en la que avisa a su corresponsal de la vuelta del Príncipe[40]. Esta circunstancia pone en cuestión la efectividad del comunicado del mes de marzo de 1620; es posible, pues, que finalmente le obligaran a cumplir con su compromiso inicial. En cualquier caso, el 24 de diciembre de 1621 se ordena al nuevo virrey, Antonio Fernández Montiel, que había desempeñado el cargo de oidor en la Audiencia de la ciudad de la Plata, que «tome residencia al príncipe de Esquilache, mi virrey que fue de esas provincias, y a sus criados y allegados», dato que indica que el anterior virrey había abandonado definitivamente su puesto[41]. Con posterioridad al mes de febrero de 1622, Lope expresaba en la dedicatoria de la comedia titulada *El valor de las mujeres*, dirigida al doctor Matías de Porras, quien había acompañado a Francisco de Borja en su viaje al Perú en 1615 para desempeñar el cargo de corregidor y justicia mayor en la provincia de Canta, su deseo de que «el excelentísimo Príncipe acabe su gobierno felicemente, de que me dicen que está cerca, para que goce-

---

[40] «Aquí no hay cosa nueva sino el embargo de la hacienda del príncipe Esquilache, que viene del Pirú, y la reformación del consejo de Hacienda, no sé en qué forma» (*Epistolario*, núm. 76, p. 136).

[41] *Provisiones reales para el gobierno de las Indias*, BNE, ms. 2989, p. 1415. Este volumen facticio contiene, entre otros documentos, correspondencia sobre la actuación del Príncipe de Esquilache como virrey del Perú (ver p. 1275 para la renuncia al cargo). Para la biografía de Francisco de Borja, ver González Palencia, 1949; y Green, 1939.

mos de su divino ingenio»[42]. Parece ser que los primeros meses de su vuelta los pasó en una de sus propiedades del reino de Valencia, pero no tardó demasiado en instalarse de nuevo en Madrid o mantener frecuentes visitas a la capital, como demuestra su participación como juez en la *Justa poética* para la beatificación de San Isidro organizada por el Colegio Imperial y celebrada el mes de junio de 1622 (el cartel donde aparecía, junto con el marqués de Velada y el marqués de Cerralbo, como juez del certamen, con el mismo Lope de secretario, se publicó el 6 de mayo de ese año)[43].

La noticia que aporta Lope en su «Epístola» sobre la permanencia de Francisco de Borja en el Perú —partiendo de la cronología reseñada y de la fecha con que cierra Colmenares su primera respuesta (14 de noviembre de 1621)— reduce el intervalo temporal en el que fue escrita la carta a unos pocos meses: de diciembre de 1621 al mes de marzo o abril de 1622, siendo posible (y así lo indicaría la citada carta de Góngora) que Lope presentara al Príncipe como virrey sabiendo que había por entonces renunciado al cargo y estaba de regreso en España. De hecho, la utilización de Esquilache como modelo poético enfrentado a la poesía de los imitadores de Góngora la emprende Lope presumiblemente cuando sabe de su vuelta, es decir,

---

[42] *Parte XVIII*, p. 210. El final de la dedicatoria alude al ingreso de Marcela, hija de Lope y Micaela Luján, como novicia en el Monasterio de las Trinitarias Descalzas de Madrid y al destacamento en Sicilia de Lope Félix, el segundo hijo del escritor con la actriz. El ingreso tuvo lugar en febrero de 1622 (se barajan dos fechas posibles, el 13 y el 28), y la profesión en febrero de 1623 (el noviciado duraba un año). Una carta al duque de Sesa (*Epistolario*, núm. 455), una capitulación con el mismo Duque (23 de enero de 1622), un convenio con las monjas (13 de febrero de 1622) y un documento en garantía de la dote firmado por el escritor (12 de febrero de 1623) confirman que el ingreso y la profesión se realizaron en las fechas indicadas, en contra de lo que señala un documento perteneciente al Convento de las Descalzas Reales que reproduce Barbeito Carnero, 1986, p. 439, y la *Vida de sor Marcela* editada por S. Smith, 2001, p. 94. El error ya se encontraba en La Barrera, 1973 [1890], vol. I, p. 230, pero fue corregido por Cotarelo, 1915, pp. 53-54. A propósito del periodo real de tiempo que sirvió Lope Félix en las galeras destacadas en Sicilia, ver el documento editado por Florit Durán y Ruiz Ibáñez, 1996.

[43] Remito a Fernando Monforte y Herrera, *Relación de las fiestas que ha hecho el Colegio Imperial de la Compañía de Jesús de Madrid en la canonización de san Ignacio de Loyola y san Francisco Javier*, fols. 12r (para el cartel) y 12v (para la fecha de su publicación). Ver más información sobre esta justa poética en Simón Díaz, 1992, pp. 99-103.

cuando los elogios que le prodiga podrán redundar en la defensa de
su propia poética y de su prestigio literario por medio de la intercesión directa del Príncipe en los ambientes cortesanos (ver pp. 117-18).
Si la «Égloga» de Pedro Medina de Medinilla que cerraba el intercambio epistolar de *La Filomena* sobre la «nueva poesía» cifraba, sobre
todo, un homenaje personal a la amistad mantenida con el primero
durante su estancia en Alba de Tormes, la «Égloga» de Francisco de
Borja se prologa e incluye al final de nuestra «Epístola» con el propósito bien calculado de halagar al recién llegado y servirse de su influencia en la corte. Puede contemplarse la posibilidad de que Lope escribiera la «Epístola» después del mes de abril de 1622 y que la
información sobre la permanencia del Príncipe en el cargo de virrey
fuera una superchería para retrasar ante el lector la redacción de la
carta y evitar que la elección del Príncipe se leyera en los mismos términos en que fueron leídas las dedicatorias a personajes contemporáneos que anteponía a las comedias que integraban sus *Partes*[44]. Sin embargo, resulta inverosímil que Lope manipulara con tal escrúpulo la
realidad cuando el volumen en el que se inserta la «Epístola» está tru-
fado de dedicatorias desde el mismo frontispicio de la obra. En esta
ocasión, creo que puede tomarse por cierta la información que ofrece
Lope y considerar, de este modo, que la respuesta se escribió pocas
semanas o meses después de recibir la carta de Colmenares, quizá pensando ya en su inclusión dentro de un volumen misceláneo que
recibiría el título de *La Circe*, imitando con esta «Epístola» el mismo
tipo de carta a «un señor de estos reinos» que había publicado en *La
Filomena*[45].

---

[44] Véanse los Prólogos a la *Parte XIII* y *XX* de comedias (citados por Case, 1975, pp. 20-21).

[45] «Pero si ya no puede ser menos, tenga paciencia; y sirva este advertimiento al lector de que cosas tan indignas no son suyas, como ello dejará mejor advertido en *La Circe*, que saldrá presto, escribiendo a algunos de sus amigos sus sentimientos» (Sebastián Francisco de Medrano, «Al lector», *Parte XVIII*, Juan González, Madrid, 1623, ¶3r). Este prólogo podría ser anterior a las dos aprobaciones del libro (16 y 22 de junio de 1622, respectivamente), pero también podría haberse incluido tras la impresión del mismo (el 4 y el 6 de diciembre de ese mismo año se fechan la fe de erratas y la tasa, respectivamente), teniendo en cuenta que el pliego de preliminares se imprimía en último lugar (Andrés Escapa y otros 2000, p. 40). En todo caso, la promesa de una inminente publicación («saldrá presto») indica que el volumen se ha-bía concebido y se estaba preparando desde hacía muchos meses.

Los ecos de la polémica

De «La Filomena» a «La Circe» (1621-1623)

La circunstancia de que Lope se molestara en responder (aunque fuera indirectamente) a la censura de Colmenares es indicativa de la notable importancia que le concedió. La lectura de los textos literarios, la correspondencia, los prólogos y las dedicatorias que escribió Lope entre la lectura de esta carta y la publicación de la «Epístola» corroboran que las ideas expuestas por Colmenares permanecieron durante meses en la memoria del escritor.

La dedicatoria de la comedia *La pobreza estimada*, perteneciente a la *Parte XVIII* (1623), va dirigida al príncipe de Esquilache, al que Lope presenta de nuevo en el cargo de virrey del Perú sin mencionar, al parecer, el retorno del que necesariamente debía tener noticia por entonces[46]. La fecha de aprobación del volumen, 16 de junio de 1622, y el hecho más que probable que las dedicatorias se redactaran durante los primeros seis meses de ese año (no tendría sentido que Lope preparara dedicatorias antes de 1622, cuando todavía no habían aparecido las *Partes XV, XVI* y *XVII*, retrasadas durante más de un año por circunstancias no esclarecidas todavía), son circunstancias que avalan una lectura de las referencias a Francisco de Borja presentes en la dedicatoria en el mismo sentido que he propuesto para la que aparece en la «Epístola» de *La Circe*. En esta dedicatoria, Lope describe al príncipe de Esquilache la aparición de la nueva poesía, al simular que no tuvo ocasión de conocerla por su partida al virreinato del Perú, resumiendo sus características y comunicándole la división entre «culteranos» y «llanos» que se había fraguado en el panorama poético contemporáneo[47]. En el curso de esta presentación se alude a «alguna defensa» que

---

[46] El cargo de virrey cierra los títulos del encabezado de la dedicatoria y es mencionado como vigente a lo largo de la misma («Esto hay en el mundo de acá, harto mejor para el que Vuestra Excelencia gobierna, por la parte, digo, que hay indios bárbaros», fol. 26r). Sin embargo, cabe la posibilidad de que la siguiente exclamación esté declarando el conocimiento de la vuelta del Príncipe a España: «Paréceme que está ya deseoso Vuestra Excelencia de ver algún ejemplo: irá con ésta, y ¡plega a Dios que no halle a Vuestra Excelencia en ese reino!» (fol. 26r). Se entiende que Lope le enviará la *Parte* y un ejemplo de esta nueva poesía.

[47] El Príncipe y su comitiva partieron hacia América el primero de mayo de 1615 (González Palencia, 1949, p. 109). Es indudable que, por entonces, Francisco de Borja,

se ha hecho por parte de los partidarios de «esta fiera introducción de
voces» que representa una «violenta injuria de nuestro idioma». Nada
en el pasaje permite adivinar el perfil de Colmenares. Sin embargo,
un poco después, antes de referirse a los que alaban aquello que no
entienden (como en el inicio de la «Epístola»), escribe Lope que este
«nuevo arte» presenta «algunas figuras imposibles a la retórica, a quien
niegan que sea el fundamento de la poética; digo en las locuciones,
que en lo demás ya sé que lo es la filosofía» (fol. 25v). Se trata de la
objeción central de la primera carta de Colmenares («me admiro de
que Vuestra Merced fundase su dotrina en principios de tan diversa
profesión como es la retórica de la poética»), sobre la cual centrará
Lope la primera parte de su respuesta publicada en *La Circe*. Los términos precisos en los que se formula esta posición teórica y la certeza
de que Lope había leído la censura de Colmenares cuando redactó la
dedicatoria son datos que avalan, si no la posible redacción de la
«Epístola» por las mismas fechas que la dedicatoria, sí por lo menos la
impresión duradera que le causó el texto de Colmenares, pues nada
en la dedicatoria invitaba específicamente a mencionar una idea de
estas características.

En el Prólogo de la *Parte XV* se encuentra una crítica de las
«trasposiciones, las locuciones inauditas y las metáforas de metáforas»
que Lope reiterará, una vez más, en la «Epístola» de *La Circe* (pp. 200
y 205), si bien en este caso la valoración se realiza en el marco de una
discusión sobre el lenguaje apropiado a la comedia, y no a la lírica.
En todo caso, algunas afirmaciones del Prólogo son análogas a las ideas
que le suscitó la lectura de la censura: «caso notable que tengan muchos por bueno aquello solo que no entienden. Creo que tienen razón,
porque desconfiando de sus juicios les parece cosa de poco ingenio la
que con facilidad alcanza el suyo». Por otro lado, las fechas de la fe de
erratas (diciembre de 1621) y de la tasa (17 de diciembre del mismo
año) de la *Parte XV*, que contaba con aprobación de septiembre de
1620, reducen todavía más la posibilidad de que, por lo menos, Lope
hubiera leído la respuesta de Colmenares (aunque no la invalida de
por sí, como demuestra una dedicatoria a la comedia *Pedro Carbonero*,

poeta y organizador de academias literarias, tenía noticia de los poemas mayores de
Góngora, difundidos en la corte desde hacía prácticamente dos años.

séptima de la *Parte XIV*, fechada a 20 de mayo de 1620 y con de de erratas del 7 de junio).

En el «Elogio» que escribe Lope a Soto de Rojas como preliminar al *Desengaño de amor en rimas* (1623), redactado entre mayo de 1621 (por la alusión a Felipe IV) y mayo de 1623 (por la fe de erratas del volumen), aparece una definición de la poesía extraída de la misma fuente que utiliza el escritor para el tratamiento de este asunto en la «Epístola» de *La Circe*, en concreto, el *Apologeticus* de Girolamo Savonarola (remito a las pp. 139-40 para el estudio de esta fuente):

> Cum enim haec disciplina [ars poetica] sit pars philosophiae rationalis, oportet obiectum eius esse partem entis rationis [...] Impossibile est enim quemquam qui logicam ignorat, vere posse esse poetam. [...] quia impossibile est scire speciem ignorato genere. Syllogismi autem natura nequaquam potest sciri sine logica, ergo sine logica neminem posse poetam appellari manifestum est. (*Apologeticus*, IV, A6v-B1r)

> Parte de la filosofía racional la llamó Savonarola, y así viene a ser al poeta precisamente necesario su conocimiento, porque como no se puede saber la especie ignorando el género, ni el silogismo sin saber la lógica, ninguno puede ser sin ella verdadero poeta. «Impossibile est», dice en su compendio, «quemquam qui logicam ignorat, vere esse poetam». Finalmente consta ser arte, pues se perficiona de sus preceptos. («Elogio», *Desengaño de amor en rimas*, ¶7v)

> Esta disciplina, que en fin es arte, pues se perficiona de sus preceptos, es parte de la filosofía racional, por donde le conviene a su objeto ser parte del ente de razón. [...] ¿o por qué le será tan precisa la lógica? Que el que no la sabe no podrá ser poeta, sino versista. («Epístola», *La Circe*, fols. 190v-191r)

Como es sabido, el original del *Desengaño* contaba con privilegio de impresión desde 1614, pero circunstancias no esclarecidas todavía retrasaron la publicación del libro hasta la segunda mitad de 1623. La fe de erratas fechadas el 26 de mayo y la tasa del primero de junio señalan el límite temporal en el que pudo redactarse el «Elogio». La coincidencia en la fuente puede ser irrelevante para la fecha de composición de este texto. Todo depende de la importancia a efectos cronológicos que se otorgue al hecho de que ideas básicas del «Elogio» aparezcan literalmente en nuestra «Epístola», esto es, al hecho de que

Lope recurriera en dos ocasiones a una misma fuente para la definición de un asunto que el escritor podía abordar desde muchas otras fuentes y perspectivas (como demuestra el panegírico de la poesía incluido en la primera edición de las *Rimas*, donde no aparece ni la clasificación de la poesía entre la filosofía racional ni la autoridad del dominico florentino entre los muchos lugares citados). La reaparición de estas mismas ideas en la silva novena del *Laurel de Apolo* (vv. 468-79) confirma la afinidad intelectual que Lope sentía con las ideas de Savonarola por esos años[48].

Otro testimonio que documenta la proyección que quiso dar el mismo Lope a la polémica (aunque silenciando siempre al contrincante) y la presencia de la misma en fechas posteriores a la redacción de su respuesta, aparece en la «Epístola a Francisco de Herrera Maldonado», publicada también en *La Circe* y compuesta, por su descripción de la profesión religiosa de Marcela sucedida en febrero de 1623 (ver p. 49, n. 42), a finales del invierno o durante la primavera de ese año. La «Epístola» ha sido utilizada fundamentalmente como documento biográfico para reconstruir los movimientos de Marcela y Lope Félix durante esos años. Sin embargo, este texto cuenta al final con una interesante digresión sobre un «aficionado a voces trogloditas» que José Manuel Blecua había identificado «claramente» como una alusión a Góngora:

> Ya tienen las culturas inauditas
> un castellano Horacio en una puente,
> aficionado a voces trogloditas.
> Dice que quiero yo que se contente
> de bajos ornamentos la poesía,
> sintiendo lo contrario quien no siente.
> Yo la lengua defiendo; que en la mía
> pretendo que el poeta se levante,

---

[48] Recuérdese, además, que la publicación del *Laurel* se anunciaba como próxima en la novela *Guzmán el bravo* de *La Circe* (p. 337) y en una dedicatoria de la *Parte XIX* escrita, con toda probabilidad, antes del mes de junio de 1622: se trata de la dedicatoria a la comedia *La mocedad de Roldán*, dirigida a Francisco Diego de Zayas. Una aprobación del volumen está fechada el 12 de junio de 1622. La otra, compartida con la *Parte XVIII*, es del 22 del mismo mes. El volumen se imprimió a finales de 1623 y apareció en 1624.

no que escriba poemas de ataujía[49].
Con la sentencia quiero que me espante,
de dulce verso y locución vestida,
que no con la tiniebla extravagante.
Finalmente, después de defendida
esta nueva opinión, dice lo mismo,
sin que otra cosa la verdad le pida.
Allí nos acusó de barbarismo
gente ciega y vulgar, y que profana
lo que llamó Patón *culteranismo*.

(vv. 280-94)

El puente en el que se encuentra este «castellano Horacio» remite, sin duda, al Puente de Segovia (construido a principios del siglo XVII), que había sido objeto de burlas por parte del mismo Lope[50]. La figura de un «Horacio», vinculado por el citado puente a Segovia, que ha salido recientemente («Ya tienen...») en defensa de la poesía de Góngora, parece remitir a Diego de Colmenares. No se trata solamente, por otra parte, de un ocasional «aficionado» a la poesía del cordobés, sino de un individuo que ha dirigido una serie de reproches a Lope de Vega sobre su concepción de la poesía («Dice que quiero yo...»), los cuales coinciden exactamente con los que había formulado Colmenares en la primera de sus censuras. De hecho, estos tercetos reproducen las mismas ideas que Lope copia literalmente en su «Epístola» de *La Circe* del «Discurso» de *La Filomena* para subrayar que Colmenares no ha leído con atención ni respondido al primero de sus textos:

---

[49] En la «Epístola octava» de *La Filomena* había escrito Lope: «Quien tiene natural, nunca porfía / en las sentencias ser anfibologio, / como un cierto poeta de ataujía, / que por decir reloj, digo horologio» (vv. 385-88). El editor anotaba que la *ataujía* era una «obra de adorno que se hace con filamentos de oro y plata, embutiéndose en ranuras o huecos en piezas de hierro u otro metal» (p. 774).

[50] Ver Fradejas Lebrero, 1992 [1958], pp. 78-86. A pesar de tratarse de un personaje y una escena muy conocidas, el «Horacio» del que habla Lope no parece aludir a Horacio Cocles impidiendo la entrada a los etruscos en el puente sobre el Tíber (Plutarco, *Vida de Publícola*, XVI, 6-9). Por «Horacio» entiende Lope a un personaje que debate cuestiones de poética, en la medida que el poeta romano era una autoridad (por antonomasia durante muchos siglos) en la materia.

de donde me vengo a persuadir que aún no debe de haber leído el discurso a que responde, pues si sólo hubiera visto el proemio, supiera de lo que había de huir, y si la materia de que había de tratar, acordarse que dice: *No digo que las locuciones y voces sean bajas, pero que con la misma lengua se levante la alteza de la sentencia a una locución heroica.* Y en otro lugar antes de éste, dice: *El medio tendrá pacíficos los dos estremos para que no esté tan enervada la dulzura que carezca de ornamento, ni él tan frío que no tenga la dulzura que le compete*[51].

El penúltimo de los tercetos citados plantea el interrogante de si previa aparición de la «Epístola» en *La Circe* el escritor madrileño había respondido directamente a Colmenares y éste, a su vez, le había contestado con una segunda censura (una primera versión, quizás, del texto conservado en el impreso). De todos modos, Lope no mandaría una carta como la «Epístola» a Colmenares, siendo un texto dirigido a otra persona. Asimismo, de haber mediado un intercambio epistolar entre la primera y la segunda censura, Colmenares no habría dudado en imprimirlo con el resto de los textos. Podría tratarse de la alusión a un encuentro de Lope con Colmenares en el que, después de volverse a formular las líneas básicas de la disputa, el segoviano hubiera mantenido su posición inicial ante las explicaciones de Lope. La ambigüedad del terceto no me parece suficiente, sin embargo, como para desestimar la identificación de Colmenares con este nuevo «Horacio» (véase la cita que sobre este pasaje realiza en su segunda «Respuesta», p. 208).

De «La Circe» a la «Historia de Segovia» (1624-1637)

La respuesta de Colmenares al texto publicado en *La Circe* debió de llegar a las manos de Lope a finales de abril o principios de mayo de 1624. En un excelente trabajo, José Enrique Laplana ha sugerido

---

[51] En la *Relación de las fiestas* por la canonización de san Isidro, se reproducen también estas ideas y se alude al «Discurso» de *La Filomena*: «Hablar puramente castellano es usar aquellas locuciones y términos que sufre su dialeto... Ingenuamente lo digo, señores, sin malicia, sin arrogancia, sin ambición, sino con toda humildad y rendimiento, no queriendo que la poesía no tenga adorno, pues dije en el papel impreso que no se usase de voces bajas, pero que se levantase la sentencia en lengua puramente castellana a una locución heroica» (*Relación*, fol. 85r-v). El hecho de que Lope

que Juan Pérez de Montalbán fue el encargado de responder a esta segunda carta, aprovechando el espacio que le ofrecían las dedicatorias a las novelas que componían los *Sucesos y prodigios de amor* (1624). La referencia a los críticos de Lope que éste «castiga sin responderlos» (a Lope de Vega, novela cuarta, p. 133), los comentarios sobre la ignorancia de «muchos, que apenas saben escribir una carta, y por milagro han acertado una vez en su vida, cuando su soberbia no les deja caber en el mundo y no se pagan de cuanto los otros escriben» (a Francisco de Quintana, novela séptima, p. 260), y, finalmente, la alusión a «los tordos» que tienen en poco a «las filomenas» y estiman más las «bachillerías de los estraños, aunque vengan del otro mundo, que el acierto de los hijos propios» (a Antonio Domingo de Bobadilla, novela octava, p. 303), son pasajes que pueden ir dirigidos, en efecto, a Diego de Colmenares y, concretamente, a la muestra de soberbia con la que debió de ser juzgada su segunda respuesta (el fragmento de la dedicatoria a Quintana, en este sentido, me parece inequívoco). Algunas de las dedicatorias (no necesariamente todas), o incluso algunos párrafos o frases de las mismas, pudieron escribirse y añadirse en el original ya rubricado por el censor hasta poco antes de la impresión del volumen (la fe de erratas del mismo están fechadas el 6 de junio de 1624)[52]. Otro tanto puede afirmarse del pasaje de la novela séptima, *Los primos amantes*, que también parece remitir directamente a Colmenares:

> La luna se había recogido con vergüenza de una nube que se quiso oponer a su resplandor, que a la misma luz se atreven las tinieblas, mas no sin castigo, pues luego conocen, aunque a costa de su menoscabo, que son vapores de la tierra y que se opusieron a la claridad del cielo. Pero ¿qué no intentará la ignorancia apasionada de su misma idea o, lo que es más cierto, envidiosa de los méritos que no alcanza? ¿Quién no se ríe de ver a un hombre (que porque no sabe más de un poco de gramática, se

no sienta la necesidad de especificar el libro en el que se incluyó este «papel impreso» denota que *La Filomena* y el «Discurso» gozaron de notable difusión.

[52] Laplana, 1996, p. 91, sostiene que todas las dedicatorias fueron redactadas entre mediados de marzo o abril y el mes junio de 1624 (después, en cualquier caso, del 10 de marzo, fecha del privilegio). Sin embargo, a mi juicio, carecemos de datos concluyentes al respecto; en el caso, por ejemplo, de la dedicatoria a fray Plácido Tosantos, por el hecho de que aparezca reseñado su cargo de obispo de Zamora, con-

le puede llamar gramático simple), satisfecho de su buen juicio y pagado de sus buenas letras, hablar y tomar la pluma contra quien alaban todos? Hombre, o gramático, o lo que fueres, que bien poco puede ser quien se deja vencer de su envidia, ¿de qué te sirve querer deslucir al sol y oponerte a sus divinos rayos, si naciste nube y es fuerza que su mismo calor te venga a deshacer? ¿Qué importa que se atreva tu ingenio (si acaso le tienes) a vituperar los escritos que todo el mundo estima, si nadie te escucha, porque no tienes autoridad sino para contigo? Escribe algo, intenta algún poema; que no se gana la opinión propia sólo con censurar los trabajos ajenos. Pero Séneca te disculpa, porque un envidioso, ¿qué ha de hacer sino consumirse y ladrar porque le falta a él lo que mira en otros? Mas dejemos esto, que los desengaños, por lo que tienen de verdades, no agradan todas veces.

La noche, finalmente, era tan obscura [...] (pp. 282-83)

La digresión resulta extraña al contexto y podría haberse introducido después en el original que tenía la imprenta. La existencia de la segunda carta de Colmenares fechada en abril de 1624 no debe obligarnos, sin embargo, a leer todas las alusiones que, con mayor o menor seguridad, se hacen de sus ataques a Lope en clave de respuesta a la citada censura. Muchas de estas alusiones podrían remitir a periodos anteriores de la polémica (si no al hipotético encuentro entre ambos autores que he planteado arriba): la cita de Quintiliano sobre la claridad de la prosa explícitamente aplicada al verso (al príncipe de Esquilache, novela primera, p. 13), por ejemplo, remite directamente a los primeros textos de la polémica[53], pero no necesariamente a la segunda carta de Colmenares. En cualquier caso, con independencia de cuándo fueran escritos o insertos estos comentarios sobre Colmenares por parte de Pérez de Montalbán, su testimonio es importante porque supone la única referencia conocida de otro autor a la polémica mantenida entre Lope y el segoviano.

---

cedido el 27 de abril de 1624, no puede deducirse sin más que la dedicatoria fuera enteramente escrita en abril o en mayo de ese año, dado que este dato concreto bien pudo añadirse con posterioridad a la rubricación del volumen, teniendo en cuenta que en la dedicatoria no vuelve a haber ninguna alusión al recién obtenido cargo.

[53] Laplana, 1996, pp. 97-98, señala que la cita de Quintiliano quizá remita a uno de los elementos claves del *Discurso poético* de Jáuregui, que estaba a punto de ser publicado y que debió de circular por Madrid antes de entregarse a la imprenta.

Durante la segunda mitad de 1624, Lope redactó una dedicatoria para su comedia *Lo cierto por lo dudoso* dirigida a don Fernando Afán de Ribera Enríquez, duque de Alcalá (entre otros títulos nobiliarios), que apareció publicada el año siguiente en la *Parte XX* de comedias. La dedicatoria se ocupa, una vez más, del lenguaje poético de la poesía de Góngora y de sus imitadores (aunque el silencio sobre los nombres es absoluto). Entre los diferentes asuntos que va tratando el escritor, destaca, por un lado, la distinción entre el «hablar natural» y «figurado», precisando que el lenguaje figurado no debe confundirse con el empleo de voces extrañas o nunca oídas; y, por otro, la relación de la poesía con la retórica, en la medida que esta última proporciona los preceptos estilísticos a la primera[54]. Como veremos, las cartas de Colmenares se ocupan de ambos temas, por lo que resulta verosímil deducir que Lope tuvo en mente la primera o la segunda de las respuestas del segoviano al redactar esta dedicatoria.

Ésta es la última alusión posible a Colmenares y sus cartas que he localizado en los textos de Lope. La mención de Colmenares en el *Laurel de Apolo*, seis años después, se enmarca en los elogios tópicos de autores que prodiga Lope en esta obra, y no deja entrever ningún recuerdo de la polémica, a no ser que el elogio exagerado del poeta deba leerse irónicamente:

> Al docto Colmenares, donde habitan,
> como en sus dulces cárceles inclusas,
> que al Aurora los prados solicitan,
> ejércitos de letras y de musas,
> pues sus estudios en el fruto imitan

---

[54] «No es ésta la diferencia del hablar natural o ornado, *ut in sermone latino*; poco ornato de la oración poética sería llamar naturalmente a los ojos, *el sentido con que vemos*; pero en el figurado basta llamar a Aristóteles *lumen Graeciae*, a la juventud, *flos aetatis*, *manus* a la potestad, y *caput* al principio, con otros lugares tópicos donde hay diferencias y tropos; y aun de esto, *modicus et opportunus usus*; que así se ilustra la oración, como quiere Fabio Quintiliano: "Ne usitata et usu remota in orationem ingeras", dijo el Ticinense; puesto que la peregrinidad sea vicio de los españoles, como refiere Crinito, y lo confirma la inconstancia de sus trajes, barbas y cabellos; pero sacar de su naturaleza a la retórica y que no sea su definición "arte de bien decir", sino de lenguaje bárbaro, ¿qué facultad lo permite? ¿Qué nación lo sufre?» (*Parte XX*, pp. 244-45). Romera Navarro, 1935, pp. 214-15, citaba este pasaje, pero sin relacionarlo con la polémica con Colmenares.

> partos de tantas flores,
> estímele su patria y rinda honores,
> porque la copia que en sus versos veo
> no la tuvo jamás el campo hibleo.
>
> (Silva IV, vv. 125-33)

Lope y Colmenares volvieron a coincidir tres años después de la publicación de *La Circe* en los preliminares de un volumen de poesía de Antonio Balvás Barona titulado *El poeta castellano* (Juan de Jaén, Valladolid, 1627). El prólogo del autor resume la postura que públicamente sostenían Lope y sus seguidores sobre la poesía culta, defendiendo la poesía del cordobés pero criticando la de sus imitadores:

> He querido parecer lo que soy por no hacer a la disfrazada poesía figura de carnestolendas, dando letras al vulgo con máscara de disfraz, en deshonor, afrenta y vituperio de la patria España, donde, hecha Ginebra, tantos escriben con libertad de ingenio, tan mal entendidos en esta equivocación, que lo que en buen romance o mal latín llaman culto, sólo se concede al Colón de este descubrimiento, don Luis de Góngora, como al Apolo español Lope de Vega Carpio la alteza y majestad de las coplas castellanas entre lo heroico de mayor jerarquía, a quien siempre he tenido delante de los ojos. Esta imitación quisiera ver yo en los que afectan lo culto y no la bastarda forma de sus escritos, mas ¿quién es tan poderoso que pueda lo que quiere? (¶4v-¶5r)

El volumen contaba con una aprobación de Lope (fechada en Madrid el 26 de febrero de 1626) y varios poemas en elogio del autor, entre los cuales estaban los segovianos Alonso de Ledesma y Diego de Colmenares. La aprobación reunía el preceptivo elogio del contenido y, como era usual en las licencias y aprobaciones firmadas por Lope por esos años, la defensa de la lengua castellana frente a la lengua poética empleada por Góngora y sus imitadores:

> conviene lo escrito con el nombre, pues en lenguaje casto y puramente castellano, adorna de elegancia y dulzura sus pensamientos, satisfaciendo lo que propone, y más en tiempo que con tantas voces peregrinas lo parece nuestra lengua de su primera patria. (¶3r)

El soneto escrito por Colmenares en elogio del autor es un ejemplo de la clase de poesía que podían llevar a cabo los imitadores de

Góngora, sobre todo en lo que afecta a los recursos más superficiales como los sintácticos:

> Antes de entrar en tal jardín advierte,
> oh letor, su belleza, y admirado,
> del culto Agricultor premia el cuidado
> de enseñarte con dulce entretenerte.
> No Vertumno en mil formas se convierte,
> Apolo le preside transformado
> ya en pastor, si bucólico, adornado,
> ya en delicado amor, ya en Marte fuerte.
> Éste, pues, que al entrar es Paraíso,
> laberinto al salir será agradable
> al alma en sus primores divertida.
> Prueben, pues, si el salir fuere preciso,
> vista aguda, memoria irrevocable,
> para que sientas menos la salida[55].

Cabe la posibilidad de que Lope restara importancia a las censuras de Colmenares con el paso de los años, teniendo en cuenta que el contenido de las mismas no tuvo difusión alguna (ver p. 70). Colmenares, sin embargo, mantuvo el juicio emitido sobre Lope y no se privó de llevarlo a la imprenta tras la muerte del dramaturgo en 1635. La buena acogida que recibió la *Historia de la insigne ciudad de Segovia* le animó a preparar una reedición del volumen completada con un catálogo biográfico de escritores segovianos. En la trayectoria poética de Alonso de Ledesma, Colmenares destaca el empleo de equívocos como el rasgo estilístico más característico del autor de los *Conceptos espirituales* (otro tanto hará Gracián años después). La definición del equívoco (que recuerda la realizada por el propio Colmenares en la primera de sus cartas a Lope, p. 193) y la legitimación de su uso a partir de ejemplos extraídos del Libro de Daniel y del Evangelio de san Mateo preceden a la inesperada aparición de una cita de Lope de Vega:

---

[55] Compárense los dos primeros cuartetos con *Soledades*, II, vv. 236-38.

Toda su poesía, como al principio dijimos, consiste en metáforas, y éstas, en frases y voces equívocas, que Aristóteles, en el principio de sus *Categorías*, nombra *homónimas*, y otros nombran *diafirmos*, esto es, voces que sinifican cosas diversas, las cuales por sus difiniciones se diferencian [...]. De la calidad de este modo de escribir, poco o nada hemos visto escrito en los antiguos, ni aún en los modernos; y verdaderamente le vemos usado en escritores de autoridad griegos y latinos; y en las sagradas letras le usó Daniel en la judicatura de Susana y sus acusadores; y lo que es de suma autoridad, Cristo, sabiduría inmensa, le usó cuando, según refiere san Mateo, dijo a aquel discípulo (o fuese Felipe, como escribe Clemente Alejandrino, o el mismo Mateo, como imagina Tertuliano), que le pedía licencia para sepultar a su padre, «Deja a los muertos sepultar sus muertos». Un poeta de nuestra edad y corifeo de los modernos (aunque de más naturaleza que arte) dijo en uno de sus muchos libros «que no le agradaban versos y conceptos equívocos por no ser traducibles, y porque las más veces hacen los pensamientos muy humildes y aun bajos». De lo cual resulta mayor escelencia a nuestro segoviano, pues en lo que otros generalmente pecan humillando lo escelso, él merece realzando lo humilde de metáforas equívocas a la alteza de misteriosos asuntos y altos conceptos que en sus obras se reconocen (p. 780).

cap. 13, vers. 59

cap. 8, vers. 22

En Los pastores de Belén, lib. 4, [p. 510]

La actitud despectiva que cifra el sintagma «corifeo de los modernos», así como el juicio sobre su deficiente conocimiento o escaso seguimiento (ambas lecturas son posibles) de las reglas del arte, contrapuesto irónicamente a su facilidad para escribir («uno de sus muchos libros»), son apreciaciones críticas en la misma línea que las presentadas en sus dos censuras dirigidas a Lope. Colmenares sigue concibiendo la poesía como un género definido por un tratamiento lingüísticamente elevado de todos los asuntos. Incluso la poesía religiosa, que precisa del empleo de un lenguaje humilde para llevar a cabo su propósito devocional («discurso de metáforas vulgares para aficionar con su llaneza todo género de gente, aun lo más vulgar, a la devoción de los misterios más profundos», p. 779), genera un significado elevado en las palabras y giros cotidianos por medio del equívoco, como sucede en la poesía de Ledesma. La agudeza orientada al ennoblecimiento de los objetos cotidianos que practica Ledesma en su poesía religiosa comparte la misma premisa artística que explica la riqueza lingüística y la erudición que reúnen las *Soledades* de Góngora: en ambos casos, con las diferencias propias que implican objetivos muy dispares, la poesía está concebida como género que pide, como dice el mismo Colmenares, «estilo realzado sobre todos».

UN IMPRESO EN BUSCA DE IMPRENTA

El impreso que reúne los textos de Lope y Colmenares apenas fue objeto de atención por parte de los primeros estudiosos de la polémica gongorina en general, y de la obra de Lope, Góngora y Colmenares en particular. Al margen de las notas descriptivas de Tomás Baeza y González, solamente Cayetano Alberto de la Barrera y Lucien-Paul Thomas reseñaron la polémica y describieron un ejemplar del impreso[56].Tanto Marcelino Menéndez Pelayo como Américo Castro y Hugo Rennert mencionan a Colmenares, pero se limitan a extractar directamente de *La Filomena* y de *La Circe* algunos fragmentos del «Discurso» y la «Epístola» de Lope[57]. C. Colin Smith fue el primero que planteó las cuestiones básicas que suscitaba el impreso, como la imprenta y el año de impresión y la persona que tuvo la iniciativa de llevar a cabo este proyecto[58]. El cotejo llevado a cabo por Smith entre la tipografía de libros impresos en los talleres de la viuda de Alonso Martín durante el periodo 1620-1625 (entre ellos, *La Filomena* y *La Circe*) y la de nuestro impreso le permitieron concluir que este último salió de la misma imprenta. Las características del opúsculo (con la carta de Colmenares cerrando la polémica) y el desinterés de Lope por difundir un «Discurso» y una «Epístola» que ya andaban impresas resultaban, por otra parte, dos circunstancias que avalaban la hipótesis de una impresión ordenada por Colmenares. El estudio del autógrafo de la primera censura del segoviano que realizó Emilie Bergmann años después confirmó la hipótesis de Smith en este sentido, pues el cotejo del manuscrito y la versión impresa revela variantes de autor, a dife-

---

[56] Baeza y González, 1877, pp. 230-32; y Thomas, 1909, p. 122.

[57] Menéndez Pelayo, 1947, pp. 344-45; Castro y Rennert, 1968 [1919], pp. 258, 270.

[58] C. Smith, 1955, pp. 21-23.

rencia de lo que sucede con los dos textos de Lope, reeditados sin cambios y (añado) con errores del copista[59].

Si bien parece que sólo Colmenares podía tener interés en preparar una edición de estas características, resulta menos verosímil que la llevara a cabo en la misma imprenta donde se editaban y habían editado buena parte de las obras de Lope. Smith arguye con acierto que Colmenares no necesitaba desplazarse a Madrid para controlar esta edición, dado que contaba con amigos en la capital que podrían haberla supervisado. Sin embargo, la cuestión no radica tanto en la disponibilidad física del segoviano o de alguno de sus amigos para llevar a cabo este trabajo como en el hecho mismo de realizarse en la citada imprenta, pues en tal caso la viuda de Alonso Martín, Francisca de Medina, estaría comprometiendo su vínculo con el más importante de los escritores contemporáneos por satisfacer los intereses de un individuo punto menos que desconocido. Lope (al igual que los escritores de su círculo) continuó imprimiendo sus obras en la imprenta de Francisca de Medina después de la publicación de *La Circe* (los *Triunfos divinos*, por ejemplo, al año siguiente, además de las *Partes XX* y *XXI* de comedias), y cabe pensar que habría tenido noticia inmediata de la impresión de unos pliegos que contenían textos suyos con censuras de otro autor.

Aunque Smith no aporta datos concretos de su cotejo tipográfico, es probable que comparara las letras capitales del impreso con las de la segunda miscelánea de Lope (en *La Filomena* no se encuentran ejemplos de las cuatro capitales del impreso). La comparación de las siguientes letras capitales (ambas de 16x16 mm) debió de fundamentar su conclusión al respecto:

---

[59] Bergman, 1985, pp. 150 y 156. La primera edición del manuscrito fue realizada por Zarco Cuevas, 1925, que acompañó la transcripción con un breve comentario. Simón Díaz, 1970, p. 566, reseñó el manuscrito en su bibliografía y Bergmann, 1985, pp. 151-55, lo editó de nuevo con las variantes (todas ellas de poca importancia).

IX
R(
po
pr
tan , feñor E
(fean de quic
criuirla , y m
nos enfeñan c
hidalgo a vn N

Impreso, fol. 13v

IX
Re
ſpoı
pre
tan, feñor Ex
(fean de quie
efcriuirla , y
que nos enſeſ

La Circe, fol., 190r
(También en fols. 108v y 176r)

No
eſı
el
bl
*te,*añadiendo
Haſta aora,ſe
los dos pregu
quando quiſie
pulo,que emu

Impreso, fol. 17v

Mb
to iı
mer
fue neceſſario
cilidad con qı
den:*Vnico bien*
mal a la Ignora
dicha.Si eſtuı

La Circe, fol. 232v

La coincidencia en los tipos empleados para dos letras capitales de las cuatro del impreso resulta, en efecto, un argumento sólido para defender la elaboración del opúsculo en la imprenta de Francisca de Medina. Sin embargo, ambos tipos con idénticas medidas pueden localizarse en impresos de otro editor establecido en Madrid por esas fechas: Diego Flamenco.

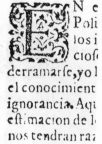

Juan Bautista Sosia, *Sosia perseguida*, 1621, fol. *5r.	Salvador Ardevines Isla, *Fábrica universal y admirable de la composición del mundo*, Madrid, 1621, s. p.	Juan Pablo Mártir Rizo, *Norte de príncipes*, 1626, ¶6r (también en ¶2r).

Diego Flamenco había comprado en 1618 los aparejos de la imprenta de Miguel Serrano de Vargas y desarrolló, desde entonces, una notable labor como impresor en Madrid y Segovia[60]. El estudio de las letras capitales empleadas por Serrano de Vargas en sus impresiones demuestra que los dos tipos reseñados formaban parte de la letrería adquirida por Flamenco en 1618[61]. La coincidencia en el uso de los tipos reseñados podría explicarse por su fundición en un mismo juego de matrices. Es probable, por lo tanto, que Alonso Martín y Miguel Serrano de Vargas encargaran los tipos a un mismo fundidor[62].

En este primer estadio del análisis tipográfico, cabía la posibilidad de realizar una comparación entre las capitales de ambas imprentas (la

[60] El documento de la venta lleva fecha del 30 de enero de 1618 (ver Reyes Gómez, 1997, vol. I, p. 51, n. 64). Para la actividad editorial de Diego Flamenco, ver la información reunida por Delgado Casado, 1996, pp. 236-37 y, sobre todo, Reyes Gómez, 1997, vol. I, pp. 51-54; y Moreno Garbayo, 1999, vol. I, pp. 52-54. Para Serrano de Vargas, que ejerció de impresor en Salamanca (1586-1595), Cuenca (1595-1600) y Madrid (1600-1618), donde también fue editor de Lope, ver Ruiz Fidalgo, 1994; y Alfaro Torres, 2002.

[61] Ver, por ejemplo, Cristóbal Núñez, *De coctione et putredine*, Madrid, 1613, fols. 143r, 195v, 315v y 334r (BNE, 3/2069). Señalo, por otro lado, que la misma E capital se encuentra en otros libros de finales del siglo XVI, impresos por editores de Madrid como Francisco Sánchez (ver Martín Abad, 2004, p. 1056).

[62] Ver Carter, 1999 [1969], pp. 145-79; y Norton, 1972, pp. 98 y 100.

de Francisca de Medina y la de Diego Flamenco) y las que aparecen en el impreso para deducir, a partir de las características del cuerpo del tipo (grosor y verticalidad), en cuál de ellas se imprimió[63]. Sin embargo, ampliando el estudio de las letras capitales al resto del impreso y documentado la presencia de las mismas en diferentes volúmenes de ambas imprentas, la posibilidad de que el opúsculo se elaborara en el taller de la viuda de Alonso Martín queda descartada. En ninguno de los libros salidos de la imprenta de Alonso Martín (1603-1613) o de su viuda (1614-1639) que he podido consultar[64], se han encontrado ejemplos de la M capital (34x31 mm) y la L capital (19x19mm) que aparecen en nuestro impreso:

fol. 1r

fol. 8 v.

Sin embargo, tanto los impresos publicados por Diego Flamenco (1618-1631) como los de Miguel Serrano de Vargas (1586-1618), el impresor al que había comprado los aparejos de la imprenta, muestran

---

[63] Ver Moll, 1994, pp. 111-12.

[64] Para este análisis he consultado los siguientes volúmenes: Jerónimo Paulo de Manzanares, *Estilo y formulario de cartas familiares*, 1607; Lope de Vega, *Partes II*, 1609; *VI*, 1615; *VII*, 1617; *VIII*, 1617; *IX*, 1617; *X*, 1618; *XI*, 1618; *XII*, 1619; *XIII*, 1620; *XV*, 1621; *XVI*, 1621; *XVII*, 1621; *XX*, 1625; Miguel de Cervantes, *Viaje del Parnaso*, 1614; Lope de Vega, *Rimas sacras*, 1614; *La Filomena*, 1621; Bernabé Moreno de Vargas, *Discursos de la nobleza de España*, 1622; Pedro Soto de Rojas, *Desengaño de amor en rimas*, 1623; Lope de Vega, *La Circe*, 1624; Juan Fragoso, *Cirugía universal*, 1627; Juan Díaz Rengifo, *Arte poética castellana*, 1628; Fernando Caldera, *Mística teología y discreción de espíritus*, 1629; Francisco Aguado, *El cristiano sabio*, 1635.

la utilización de los mismos tipos para las letras M y L capitales, y, en el caso de esta última, con la misma rotura en la parte inferior derecha del tipo:

Vy
ſtra
aſs:
vnc
per
cia
niſ
cia
Qu
na finiſsima triaca,perm
vn ſu hijo,para q̃ tomand
grande excelencia y virtu
que cayeſſe ſu Apoſtol,pa
grande excelencia y virtu

Juan Bautista de Madrigal,
Discursos predicables, Madrid, 1606,
fol. 174v (también fols. 208r, 233r,
238r y 309v).

Os I
para
neſte
ra ſal
gido
parte
tercer año,eran del
ſo, hazian coleĉtas:
junto al templo ,
tiendo, conforme ;
coſao declara ſobre

Gabriel de Toro,
Tesoro de misericordia, Cuenca,
1599, p. 315.

A I
mej
zon
la d
fun

73·c

A Dquiereſele
  ſion cierta aſ

Francisco Vélez de Arciniega,
Pharmacopoea, Madrid, 1603,
fol. 12r (también en fol. 6r).

OS
la r
de
mo
q̃
los quiere arruin
tres puntas de ſu
raaas ; los moſq
niſtros de ſu juſt:
Eſta verdad ſ

Pedro Mateo,
*Historia de la prosperidad infeliz
de Felipa Catanea*,
Madrid, 1625, fol. 1r.

El empleo de tipos idénticos en diseño y tamaño y la rotura en la parte inferior de uno de los mismos[65] son, por lo tanto, datos tipográficos suficientes para afirmar que el impreso se compuso e imprimió en la imprenta de Diego Flamenco[66].

El 8 de noviembre de 1627, después de ocho años trabajando como impresor en Madrid, Diego Flamenco se comprometió con la ciudad de Segovia para instalar allí su imprenta por un periodo de ocho años: «en ellos tengo que cursar y ejercer en todos los que se ofrecieren el dicho mi oficio de impresor de libros y los demás papeles que se me entregaren»[67]. A lo largo de 1628 y la primera mitad de 1629 la imprenta de Flamenco producirá diez ediciones: cuatro relaciones de sucesos (género muy característico de sus impresiones madrileñas), tres obras de contenido religioso y tres obras literarias (entre ellas, *El zurdo alanceador* de Quevedo y la *Arcadia* de Lope). El escaso rendimiento económico que debió de extraer de las ediciones motivó, probablemente, su petición de liberarse del compromiso contraído en el mes de noviembre de 1627, lo cual le fue concedido el 27 de julio de

---

[65] Véanse más ejemplos del tipo roto en las siguientes obras, todas ellas impresas por Miguel Serrano de Vargas: fray Pedro de Vega, *Segunda Parte de la declaración de los siete psalmos penitenciales*, Madrid, 1602, fol. 166r; Francisco Luque Fajardo, *Fiel desengaño contra la ociosidad y los juegos*, Madrid, 1603, fol. 247.

[66] Para la realización de este apartado se han consultado, sin encontrar ejemplos, los siguientes impresos de Miguel Serrano de Vargas: Inocencio III, *De sacro altaris mysterio*, Salamanca, 1586; Alfonso de Mendoza, *Quaestiones quodlibeticae*, Salamanca, 1588; Francisco Sánchez de las Brozas, *De nonnullis Porphyrii aliorumque in dialectica erroribus* y *Organum dialecticum et rhetoricum*, Salamanca, 1588; Luis de Tovar, *El triunfo de nuestro Señor*, Salamanca, 1589; Juan Díez Rengifo, *Arte poética española*, Salamanca, 1592; Fernando López del Arroyo, *Clarissimis iuris studiosis*, Salamanca, 1593; Juan Yáñez Parladorio, *Rerum quotidianarum sesquicenturia*, Salamanca, 1595; también Rafael Sarmiento, *Promptuarium conceptum ad formandas conciones*, Madrid, 1604; Diego de Jesús, *Comentarii cum disputationibus et quaestionibus in universam Aristotelis logicam*, Madrid, 1608; Alonso Jerónimo de Salas Barbadillo, *El caballero puntual*, Madrid, 1614; Hernando Muñoz, *Sermón a la Inmaculada Concepción*, Madrid, 1617; y de Diego Flamenco: Cristóbal González del Torneo, *Vida y penitencia de santa Teodora de Alejandría*, Madrid, 1619; Lope de Vega, *Parte X*, Madrid, 1621; Bernardo de Balbuena, *El Bernardo o victoria de Roncesvalles*, Madrid, 1624; Pedro Mateo, *Historia de la muerte de Enrico el Grande*, Madrid, 1625; Alonso Remón, *La casa de la razón y el desengaño*, Madrid, 1625.

[67] Reproduce el documento Reyes Gómez, 1997, vol. I, p. 51, a quien remito para el resto de datos relativos a la estancia de Flamenco en Segovia.

1629. Ese mismo verano regresó a Madrid, donde siguió desempeñando su trabajo de impresor hasta 1631, año de su muerte.

Resulta verosímil, por lo tanto, que Colmenares pagara la impresión del opúsculo a Diego Flamenco durante la estancia de más de veinte meses del impresor en Segovia. El segoviano debió de entregar los originales manuscritos de sus cartas y dejar prestados los ejemplares de *La Filomena* y *La Circe*, especificando previamente los cambios a realizar en los títulos del «Discurso» y la «Epístola» (véase p. 80). El tipo de errores que cometió el cajista de la imprenta confirma, en este sentido, que trabajó sobre los textos de Lope impresos (véase el Aparato crítico).

Quienes han estudiado los documentos conservados de esta polémica se preguntan por la ausencia de cualquier noticia contemporánea sobre la misma que no proceda de Lope ni de su círculo. Las censuras de Colmenares tenían suficiente entidad, por ejemplo, para pasar a engrosar las listas de los defensores de Góngora elaboradas en la década de los treinta y posteriormente por Martín de Angulo y Pulgar, Francisco Andrés de Uztarroz o Martín Vázquez Siruela[68]. El silencio sobre el mismo, sin embargo, es absoluto. Carecemos de datos para concluir que Colmenares no pretendía aprovechar el intercambio epistolar manuscrito con Lope para darse a conocer, tal y como le reprocha este último. Pero resulta evidente que cuando decidió imprimir los textos no estaba impulsado por el afán de difundirlos. Todo lo contrario. Se trató de una impresión para un consumo privado, una decena o quincena de ejemplares, que repartiría entre amigos íntimos o que guardaría él mismo, pero que en ningún caso pondría en manos de personas que pudieran difundirlos entre los círculos literarios de la capital. A la luz de lo sucedido con la *Spongia* de Pedro de Torres Rámila, de la que no se ha localizado ningún ejemplar, la nula circulación de su impreso resultó probablemente beneficiosa para su conservación posterior, teniendo en cuenta la considerable cantidad de ejemplares que ha pervivido del mismo hasta nuestros días.

---

[68] Ver la *Defensa de la patria del invencible mártir san Laurencio* (reproduce el listado Ryan, 1953, p. 450), las *Epístolas satisfatorias* de Angulo y Pulgar (fol. 54r) y la lista de «Autores ilustres y célebres que han comentado, apoyado, loado y citado las poesías de don Luis de Góngora», con una primera parte de autor anónimo y una segunda de puño y letra de Vázquez Siruela (Ryan, 1953, p. 428). C. Smith, 1955, p. 22, ya señalaba el silencio de estos listados sobre el segoviano.

Un cuaderno facticio preparado por Colmenares con impresos suyos ilustra un proceder que se ajusta al que se acaba de postular para el opúsculo (véanse pp. 170-71). Este cuaderno contenía el impreso, un conjunto de poesías suyas (en latín y en castellano) y, por último, la *Vida del maestro fray Diego Soto*. El cuaderno ocupa 38 folios: 24 de la censura y 14 para el resto. En la dedicatoria que abre la *Vida* del fraile segoviano, Colmenares anotó: 22 de diciembre de 1630[69]. Tal indicación permite acotar la impresión de la *Vida* y, probablemente, de los poemas, revelándonos de este modo el cuidado especial con el que Colmenares costeaba la impresión para un uso privado de sus textos por las mismas fechas en que debió de imprimirse nuestro opúsculo.

---

[69] Baeza y González, 1877, p. 230. Esta *Vida* fue incluida en el *Índice de escritores segovianos* añadido en la reedición de la *Historia de Segovia*.

GÉNERO LITERARIO Y DISPOSICIÓN EDITORIAL

GÉNEROS

Los textos publicados en *La Filomena* y en *La Circe* sobre la nueva poesía pueden ser objeto de dos diferentes clasificaciones desde el punto de vista de su género literario: epístolas o cartas y discursos. La caracterización que realiza Lope de un mismo texto como epístola y discurso ha facilitado estas distintas adscripciones por parte de la crítica[1]. La razón de esta permeabilidad para el caso de la epístola y el discurso obedece a las particulares características que adquirió el género epistolar en su evolución a lo largo de los siglos XV, XVI y XVII, al convertirse en un género con pocos rasgos distintivos y abierto prácticamente a cualquier tema y estilo.

La composición epistolar se había fundamentado en Europa desde finales del siglo XI en las secciones del discurso retórico (o *ars dictaminis*), distribuyendo las partes de la carta según el modelo estructural de la *oratio* ciceroniana (*salutatio, exordium, narratio, petitio* y *conclusio*), preceptuando una prosa rítmica muy cuidada (*cursus*), la adecuación del estilo al asunto y al destinatario (*decorum*) y la sujeción del desarrollo del contenido al principio de la brevedad (*brevitas*). Este modelo de carta resultaba de gran eficacia para las misivas públicas, necesitadas de unas pautas fijas que facilitaran su redacción, pero dificultaba necesariamente la expresión más íntima o espontánea propia de la carta personal. La recuperación y circulación de las epístolas de

---

[1] Ver un planteamiento del asunto en Campana, 1998, pp. 746-53, así como el trabajo más reciente de Matas Caballero, 2002, donde se estudia el carácter satírico del texto publicado en *La Filomena*.

Cicerón, de Séneca y de Plinio, en el marco de la imitación de los modelos latinos propugnada por el humanismo, propició, con Petrarca en primer lugar y después con los humanistas del siglo XV, que la práctica epistolar neolatina, tanto pública como privada, ganara en flexibilidad estructural y en variedad de contenidos[2]. Los teóricos del género epistolar como Vives y Erasmo reflejaron en sus descripciones del género la evolución que había experimentado la composición epistolar durante el siglo XV, presentándolo como una forma literaria susceptible de vehicular cualquier contenido y sujeta tan sólo a la necesidad de adecuar el estilo al asunto tratado y al destinatario[3]. La epístola neolatina y en lengua vulgar, en España como en Europa, fue convirtiéndose a lo largo de los siglos XV y XVI en un género con unos mínimos requisitos estructurales (saludo inicial y despedida) y una absoluta libertad en la elección de los temas, una evolución similar a la que sufre la epístola en verso a medida que supera el modelo horaciano durante los siglos XVI y XVII[4].

La «Respuesta de Lope de Vega Carpio al papel que escribió un señor de estos reinos» (*La Filomena*), un «papel» en el que se le pedía su opinión sobre la «nueva poesía», es un escrito estructurado a grandes

---

[2] Para las etapas y características del *ars dictaminis*, ver el estudio clásico de Murphy, 1974, pp. 194-268, y Camargo, 1991. Para su evolución y convivencia con la epistolografía y la oratoria humanista hasta bien entrado el siglo XV, ver Witt, 1982. Los intentos de modelar una práctica epistolar basada en la correspondencia ciceroniana, ejercitando la imitación a partir de la memorización de lugares comunes y de listados de léxico, como sucede por ejemplo en los manuales de Barzizza, los estudia Moss, 2002 [1996], pp. 98-107. Sobre el género epistolar en el siglo XV español, ver Lawrance, 1988; para el progresivo abandono del *ars dictaminis* en la práctica del género epistolar en las letras castellanas, ver Pontón, 2002, pp. 39-126.

[3] Para el *Opus de conscribendis epistolis* (1522) de Erasmo, su evolución en la descripción del género y el ascendente de la retórica en la tipología de cartas, ver Henderson, 1999 [1983]. Para un repaso y comparación de la descripción del género practicada por Erasmo y Vives (*De conscribendis epistolis*, 1536), ver Trueba Lawand, 1996, pp. 59-77.

[4] Ver el trabajo de Guillén, 2000 [1986], sobre la epístola en prosa del renacimiento y las dificultades que plantea su definición genérica, solucionables con la consideración de la carta como cauce de comunicación (junto a la narración, el poema cantado y la representación) y no como género literario, según la distinción planteada por Northop Frye entre *genre* y *radical of presentation*. Para la evolución de la epístola en verso, remito al clásico estudio de Guillén, 1988 [1972], y a los trabajos incluidos en el volumen coordinado por López Bueno, 2000.

rasgos sobre las partes propias del discurso (exordio, narración, argumentación y conclusión)[5], combinando elementos característicos del género deliberativo, al aconsejar la imitación de determinados poetas y desaconsejar la de otros, y demostrativo, al pronunciar elogios y vituperios de personajes y conductas[6]. La voluntad de reunir en el texto los rasgos que permitían identificarlo como discurso se observa tanto en su construcción interna como en su presentación editorial, pues el mismo Lope (cabe suponer que es él quien decide este pormenor editorial) lo califica «Discurso de la nueva poesía» en el titulillo de la edición (en el cierre de la «Respuesta», también afirma: «doy fin a este discurso», p. 186). Sin embargo, este «Discurso» se integra en una sucesión de cuatro textos (dos peticiones del «señor de estos reinos» y dos respuestas de Lope) que conforman una pequeña correspondencia sobre el asunto (no en vano el citado titulillo se reproduce en casi todos los folios que ocupan las misivas intercambiadas, fols. 189v-201v). Las partes del discurso oratorio que se observan en esta «Respuesta» pueden interpretarse como un ejemplo de la pervivencia del ascendente retórico sobre el género epistolar (en la medida que las partes del discurso retórico —sin el carácter estricto del *ars dictaminis* medieval— seguían proyectándose sobre toda clase de composición escrita) pero también, sencillamente, como la utilización de la epístola como marco en el que introducir un discurso concebido como tal. La «Respuesta» de Lope, por lo tanto, puede abordarse desde diferen-

---

[5] El exordio del texto (pp. 173 y ss.) presenta recursos habituales para ganarse la benevolencia del público (lector), destacando el desinterés y la virtud del orador (escritor) y vituperando la parte contraria. Se formula claramente, por otro lado, el objetivo del discurso. La narración expone la historia del caso (pp. 175 y ss.), describiendo la evolución literaria de Góngora y el cambio que ha experimentado su poesía. La relación de las características de su poesía, que cabría situar en el marco de la narración, se combina con las censuras del propio Lope, de modo que narración y argumentación avanzan paralelamente a lo largo del discurso (pp. 177 y ss.). La conclusión, una vez deslegitimada la opción estética de Góngora, la encontramos en la propuesta de otro modelo para la imitación poética: Fernando de Herrera (pp. 184 y ss.). El caso del discurso, en este sentido, es precisamente la capacidad de la «nueva poesía» de Góngora para constituirse como norma y modelo claro de imitación poética.

[6] Sobre la superposición de ambos géneros de discurso, ya advertida por Aristóteles, ver Kennedy, 2003 [1999], pp. 114-15.

tes perspectivas, pero en todas ellas debe constar la naturaleza epistolar de la misma[7].

El texto publicado en *La Circe* se presenta como «Epístola séptima», y en el titulillo se lee: «A un señor de estos reinos». En este caso, la clasificación del mismo Lope y la desaparición que se constata de los rasgos estructurales del discurso (el discurrir de la argumentación es más desordenado en este caso y da comienzo *in medias res*, sin *propositio* ni *exordio*), permiten caracterizarla como epístola.

En el caso de las respuestas de Diego de Colmenares a los textos de Lope, la primera de ellas recibe en la versión manuscrita el título de *Apología por la nueva poesía*. De la segunda no tenemos testimonio manuscrito; en el impreso aparece como «Respuesta a la carta antecedente». Ambos textos se configuran como epístolas, tanto por la salutación inicial y las apelaciones al remitente como, sobre todo, por el cierre con el lugar y la fecha de redacción. La caracterización de la primera como apología, tal y como sucede con el título de invectivas, sátiras o panegíricos que recibieron algunos de los textos polémicos sobre la literatura del periodo, no remite a un género literario con unos rasgos formales que permitan identificarlo como tal, sino al contenido de los textos. Son ejemplos de cartas, por otra parte, que desarrollan sus observaciones sin plegarse al modelo estructural que proporcionaba la retórica (la segunda, por ejemplo, se construye explícitamente —«por sus mismos puntos»— siguiendo el orden de los comentarios de Lope para su epístola de *La Circe*).

De este modo, por lo tanto, el primer texto de la polémica presenta unos rasgos formales que lo diferencian de los tres restantes. Sin embargo, el simple hecho de que aquél ordene los materiales según el modelo de la oración retórica no implica, como he señalado, que deba considerarse un discurso en lugar de una epístola. Los cuatro textos son epístolas que podríamos caracterizar de doctas, siguiendo, por ejemplo, la tipología de Cascales («Al lector», *Cartas filológicas*, pp. 10-11), por contener «ciencia y sabiduría y cosas no de epístola vestidas con ropa de epístola». En la triple división que ofrece Cascales de este tipo de cartas, las de tema filológico responden perfectamente al ejemplo de las epístolas del impreso.

---

[7] Guillén, 1995, p. 167, solventa el problema terminológico hablando de «marco epistolar» para este texto (y para el de *La Circe*).

En la elección por parte de Lope de géneros para la reflexión sobre cuestiones literarias se observa una progresión, desde las composiciones publicadas en las *Rimas* hasta la «Respuesta» de *La Filomena* y la «Epístola séptima» de *La Circe*, que conduce del modelo de discurso autónomo o que asume la naturaleza de epístola nuncupatoria o prólogo, como los incluidos en la primera edición de las *Rimas*, al uso del género epistolar e incluso de intercambios epistolares ficticios que le permite aprovechar la flexibilidad estructural del género y su notable capacidad persuasiva derivada de las referencias e interpelaciones directas a un corresponsal. Esta predilección por el género epistolar se corrobora en el elevado número de epístolas en verso que Lope escribe entre 1615 y 1623 (más de la mitad de su producción total), en las cuales demuestra concebir el género como un marco abierto a cualquier estilo y asunto (inclinándose a menudo por las cuestiones literarias), superando el ascendente horaciano caracterizado por contenidos satíricos, morales y familiares, que había determinado en buena medida la naturaleza del género durante el siglo XVI[8].

PRESENTACIÓN EDITORIAL

Una vez descritas las características formales de estos textos, conviene prestar una mínima atención a la presentación editorial de los mismos, tanto en el caso de los dos escritos de Lope, observando su disposición dentro de los libros misceláneos en los que fueron editados y explicando, para el primero de ellos, la función que desempeña la elección del marco epistolar, como en la edición conjunta de las cuatro composiciones preparada por Diego de Colmenares.

La disposición de la «Respuesta de Lope de Vega Carpio» o «Discurso sobre la nueva poesía» en el marco de una pequeña correspondencia entre un «señor de estos reinos» y el escritor resulta un formato editorial novedoso en la obra de Lope y plantea una serie de cuestiones a propósito de su sentido, sobre todo cuando es evidente que el «Discurso» podría haberse publicado de forma independiente, sin necesidad de justificación, como una contribución más al debate en torno a la poesía gongorina. Es más que probable que todo el in-

---

[8] Para las epístolas poéticas de Lope, ver Sobejano, 1993; Guillén, 1995; Campana, 1998, pp. 665-98; y Estévez Molinero, 2000.

tercambio epistolar fuera obra del mismo escritor. El estilo de las dos breves misivas del «señor de estos reinos» recuerda al de Lope no sólo por la presencia de zeugmas (una figura, por otra parte, muy común en la prosa de la época)[9], sino, sobre todo, por la introducción de incisos que alargan demasiado algunas frases[10]. La imagen del escritor que se proyecta en ambos textos, subrayando su competencia para evaluar la poesía de Góngora y su ingenio al tiempo que su «modestia» y su «humildad», es demasiado parecida a las presentaciones que de sí mismo hacía en otras composiciones para creer que ambos papeles fueron escritos por distinta mano. En este sentido, Lope trató de reforzar la verosimilitud de las piezas introduciendo detalles biográficos que remitían a la biografía del duque de Sesa (véase p. 41, n. 19) y permitían atribuirle la autoría de las dos cartas.

Una primera razón para la elaboración de esta correspondencia es la voluntad del escritor de relativizar a ojos del público lector su interés en pronunciarse sobre el asunto, estrategia que redunda en una persuasión más eficaz del receptor. El largo exordio del «Discurso», donde se explotan los modos que reseñaba la retórica clásica para hacerse con la benevolencia de los oyentes, subrayando que no está movido por el interés, destacando su natural humilde y vituperando al rival contrario, debe leerse en este mismo sentido[11]. Este proceder es característico de Lope en casi todas las obras donde se manifiesta públicamente sobre cuestiones de actualidad. Sin embargo, no es ésta la razón más importante que explica la elaboración de esta ficción epistolar.

Para entrever los diferentes propósitos que están cifrados en esta decisión conviene tener presente al público cortesano al que priori-

---

[9] «He visto este papel de Vuestra Merced, y no puedo encarecerle la que me ha hecho» (fol. 200r; p. 824).

[10] «Mas confieso a Vuesa Merced, señor Lope, que querría que me dijese lo que siente de esta novedad, y si le estará bien a nuestra lengua lo que hasta agora no habemos visto; porque si en esta frasi se escriben libros, será necesario que salgan la primera vez con sus comentos, y, éstos, pienso yo que se hacen para declarar después de muchos años las dificultades que en otras lenguas o fueron sucesos de aquella edad, o costumbres de su provincia; que en lo que es historia y fábula, ya tenemos muchos, y pienso que los que ahora comentan no hacen más de hacer otras cosas a propósito por ostentación de sus ingenios» (fols. 189v-190r; p. 808, según la puntuación de J. M. Blecua).

[11] Lausberg, 1966 [1960], vol. I, pp. 247-48.

tariamente iba dirigida *La Filomena*, recordar las aspiraciones de Lope de ganarse un puesto como cronista o como poeta oficial de la corte de Felipe IV, y no perder de vista que el prestigio literario de un poeta se valoraba, en gran medida, por el grado de aceptación que obtuviera su poesía en el ámbito cortesano (véanse, más adelante, pp. 86 y ss.). Así, resulta significativo que el corresponsal de Lope no sea un escritor, un hombre culto, un profesor de universidad, sino un noble («Vuestra Excelencia», y no «Vuestra Merced»)[12]. Poner en boca de un miembro de la nobleza y de la corte como el duque de Sesa una opinión escéptica sobre la poesía de Góngora primero, y una petición a Lope de Vega para que exponga su opinión al respecto y dictamine si la nueva poesía es conveniente o no para la lengua castellana después, representaba una calculada estrategia para cuestionar la poesía de Góngora en el entorno social donde precisamente causaba más admiración y tenía más seguidores y, simultáneamente, proponerse a sí mismo como árbitro del gusto y el buen hacer literarios, es decir, como auténtico modelo para los nobles y escritores de la corte.

La «Epístola séptima» de *La Circe* manifiesta una evidente continuidad con el intercambio epistolar incluido en *La Filomena*, tanto por remitirse «a un señor de estos reinos», que cabe identificar presumiblemente con el mismo «señor» al que iba dirigido el «Discurso» (o, en todo caso, con un personaje de una misma posición social), como por la repetición de un esquema editorial que combina la reflexión en prosa sobre la nueva poesía con la presentación de una composición poética de otro autor (en ambos casos, una égloga) que ejemplifica la práctica literaria que Lope acaba de defender. La «Epístola séptima», por otro lado, aparece después de seis epístolas en verso y precede, primero, a la citada «Égloga» de Esquilache, y después, a un par de sonetos de Lope dedicados a este último y a Góngora. El conjunto de las epístolas presentan, a grandes rasgos, un desplazamiento de los asuntos cortesanos y autobiográficos a las polémicas literarias en torno a la poesía gongorina y a sus seguidores. Asimismo, la «Égloga» se propone como ejemplo del estilo a imitar (según se señala al final de la misma «Epístola séptima») y en los dos sonetos, de manera velada pero perceptible en una lectura atenta, se descarta a Góngora

---

[12] Para las fórmulas de tratamiento, ver Lapesa, 1970; y Gutiérrez Cuadrado, 2004, vol. II, p. 866.

como modelo y se propone una vez más a Esquilache (véanse pp. 117 y ss.)[13]. La «Epístola séptima», por lo tanto, aparece colocada cuidadosamente en el espacio del volumen dedicado más explícitamente a la crítica de la poesía gongorina y a la defensa de la lengua poética de Garcilaso, Herrera y, en este caso, Esquilache. A pesar de que esta crítica aparece de forma reiterada a lo largo del libro (desde los mismos preliminares a la «Epístola nona» que cierra *La Circe*), es en esta veintena de folios (174v-204r) donde está concentrada la exposición teórica y práctica de sus argumentos al respecto.

La publicación de estos últimos cuatro escritos comportará algunos cambios en los títulos y los titulillos que Colmenares introdujo para dotar de autonomía al conjunto de textos editados. En el cuadro siguiente pueden apreciarse las modificaciones realizadas:

	TÍTULOS ORIGINALES	TÍTULOS DE LA EDICIÓN CONJUNTA
La Filomena (1621)	*Título*: Respuesta de Lope de Vega Carpio *Titulillo*: Discurso de la nueva poesía	*Título*: Censura de Lope de Vega Carpio *Titulillo*: Discurso de la nueva poesía
Segovia 13-IX-1621	*Título*: Apología por la nueva poesía *Sin titulillo*	*Título*: Respuesta a la censura antecedente *Titulillo*: Discurso de la nueva poesía
La Circe (1624)	*Título*: Epístola séptima *Titulillo*: A un señor de estos reinos	*Título*: Respuesta a la carta antecedente, de Lope de Vega Carpio *Titulillo*: Discurso de la nueva poesía
Segovia, 23-IV-1624	No se conserva el manuscrito original	*Título*: Respuesta a la carta antecedente, por sus mismos puntos *Titulillo*: Discurso de la nueva poesía

La sustitución del título del primer escrito de Lope, cambiándolo de «Respuesta» a «Censura», desgaja el «Discurso» del intercambio epistolar en el que aparecía originalmente, aunque la «Censura» siga presentándose desde la primera línea como respuesta a una consulta previa. La sustitución del título de *Apología* por el de «Respuesta» viene determinado por la perspectiva global de los cuatro textos que conforman la correspondencia: no se trata de un texto ocasional, sino de la primera de dos respuestas. La consideración de la «Respuesta» de *La Filomena* como «Censura» y de la «Epístola» de *La Circe* como «car-

---

[13] Ver el análisis de Campana, 1998, pp. 518-19.

ta» podría derivarse de la percepción, por parte de Colmenares, de la diferente naturaleza formal de estos dos textos, a pesar de responder ambos al género epistolar. La elección del titulillo que presentaban los folios que reunían las cuatro cartas en *La Filomena* termina de vincular los cuatro textos entre sí.

LA POLÉMICA

LA «CENSURA» DE LOPE DE VEGA (*LA FILOMENA*, 1621)

La primera exposición detallada y razonada de las opiniones de Lope sobre la «nueva poesía» de Góngora se presentaba al público con una serie de características que denotaban la precaución del escritor al implicarse directamente en la polémica. La naturaleza epistolar del «Discurso», según señalé anteriormente, enmarcado en un intercambio de cartas producido entre el escritor y «un señor de estos reinos», pretendía negar cualquier iniciativa de Lope por manifestar su opinión al respecto. El mismo «Discurso», además, dedicaba los dos primeros folios a confesar la inocencia y sinceridad de sus opiniones («con las más llanas razones y de más cándidas entrañas»), contraponiéndolas de forma sistemática al proceder de quienes escriben sátiras para calumniar a los demás («algunos que a las cosas del ingenio responden con sátiras a la honra»)[1], y se cerraba con la cita de un soneto es-

---

[1] «No es buena manera de disputa la calumnia», insiste más adelante, además de preguntarse «qué tiene que ver el soneto deslenguado con la oposición científica». El carácter genérico de estas reflexiones sobre las polémicas literarias, no circunscritas al ámbito de la disputa en torno a la poesía de Góngora, y la certeza de que el «Discurso» no se compuso antes de 1617, legitiman la interpretación de las mismas tanto como directas alusiones a las sátiras y la *Spongia* redactadas por Pedro de Torres Rámila (Entrambasaguas, 1967 [1946], pp. 254-62, 283-344; 1967 [1947], p. 66), como a las composiciones en verso de Góngora que circularon contra Lope y sus seguidores («sonetos», tal vez, que cabe entender como epigramas, según una identificación usual en la época y confirmada por el mismo Lope: «la señora Juana, sujeto de la mayor parte de estos epigramas», en el Prólogo al lector de las *Rimas de Tomé de Burguillos*, p. 1242).

crito por Lope en defensa precisamente del *Polifemo* y las *Soledades* (y que había circulado años antes en una de las cartas echadizas a Góngora)[2]. Asimismo, en diferentes momentos del texto, Lope sostenía la distinción entre Góngora y sus imitadores que se definiría como posición oficial del escritor.

El común de los lectores de la época aficionados a la poesía y atentos a las polémicas que suscitaban los poemas mayores de Góngora sabía perfectamente, cuando apareció *La Filomena* en verano de 1621, que Lope estaba en desacuerdo —con independencia de las razones— con la propuesta estética del cordobés, de la misma manera que este último lo estaba con el tipo de poesía que practicaba el primero[3]. Las tres cartas anónimas dirigidas a Góngora que le fueron atribuidas, o la pintada que realizaron en la pared de su casa hacia 1617 con un vítor a favor del cordobés, resultan testimonios indicativos del carácter público de esta opinión[4]. El nombre de Lope no apareció, por otro lado, en los listados de personas que habían defendido públicamente el mérito literario de las *Soledades*, después de haber sido citado como uno de los individuos capacitados para valorar el poema por parte de

---

[2] «Doy fin a este discurso con este soneto que hice en alabanza de este caballero, cuando a sus dos insignes poemas no respondió igual la fama de su misma patria». Con independencia de si el soneto formaba parte de la redacción original del «Discurso» (de 1617 o posterior) o se añadió para la impresión del mismo en *La Filomena*, resulta difícil pensar que se compusiera muchos años después del verano de 1613, cuando comenzaron a circular las copias manuscritas de las *Soledades* en la capital. El motivo que impulsó su redacción debió de ser la aparición del *Antídoto* de Jáuregui (que se conocía en Andalucía, al menos, desde el verano de 1615, como indica Jammes, 1994, p. 619). La datación de este soneto (y su relación con la carta echadiza en la que se incluye; *Epistolario*, núm. 321) ha generado múltiples hipótesis al respecto (de 1614, según Orozco, 1973, pp. 164-65; de 1615 o 1616, según Jammes, 1994, p. 90, n. 87; Campana, 1998, pp. 516-18, resume las opiniones previas y se limita a sugerir que tal vez Lope se inventó esta supuesta mala acogida, hipótesis que no comparto).

[3] El escritor es perfectamente consciente de este particular: «ni querría dar gusto a los que esta novedad agrada, ni pesadumbre a los que la vituperan, sino sólo descubrir mi sentimiento, bien diferente de lo que muchos piensan».

[4] Sobre la autoría de estas cartas, comparto las reservas expresadas por Jammes, 1994, pp. 612-14, 624-25, 642-45. A propósito de la carta atribuida a Góngora, ver Carreira, 1998 [1994a], pp. 260-66, que la considera auténtica. Relata la anécdota de la pintada Orozco, 1973, p. 291.

Andrés Almansa y Mendoza en sus *Advertencias* (p. 198)[5]. Sin embargo, conviene recordar que Lope no se había pronunciado explícitamente sobre Góngora y sus poemas mayores en textos impresos o manuscritos firmados por él; había introducido parodias del léxico y la sintaxis de la nueva poesía en algunas comedias escritas después de 1613 y había manifestado su rechazo de esta lengua poética en los prólogos a la *Parte IX* de comedias (1617) y al *Triunfo de la fe en los reinos del Japón* (1618), así como en la prosa y los versos de la *Justa poética* que se celebró en Madrid para la beatificación de san Isidro en 1620, pero nunca había expresado públicamente su opinión crítica (con independencia de si los espectadores o lectores de estos pasajes críticos pensaron o no en Góngora, que lo hicieron; véase la *Expostulatio Spongiae*, fol. 21v)[6]. En realidad, todos estos pasajes podrían considerarse críticas y burlas dirigidas a la poesía que practicaban los imitadores del cordobés, pero no al mismo poeta, de acuerdo con la distinción que Lope afirmó repetidas veces en sus juicios críticos. Cabe la posibilidad, por lo tanto, de que Lope mantuviese una ofensiva (disimulada tras el anonimato, en cualquier caso) contra Góngora durante los primeros meses en que circularon y se leyeron sus poemas, en el supuesto caso de que las cartas anónimas sean realmente suyas, pero parece evidente que el escritor optó rápidamente por mantener

---

[5] No aparece citado, por ejemplo, en el *Examen del «Antídoto»* de Francisco Fernández de Córdoba (pp. 419-20). Será en textos de la polémica aparecidos años después de su muerte cuando Lope se incluya entre los defensores del cordobés (ver, por ejemplo, Juan de Espinosa Medrano, *Apologético en favor de don Luis de Góngora*, pp. 142-43). El citado soneto («Claro Cisne del Betis, que sonoro») incluido en *La Circe* fue citado por admiradores de Góngora como sincero testimonio del aprecio de Lope por el cordobés. Ver, por ejemplo, el comentario del padre Matienzo en su *Heroida ovidiana* (citado por A. Blecua, 2000, p. 108); la bibliografía gongorina editada por Ryan, 1953, p. 430, o el *Apologético* de Espinosa Medrano, pp. 142-43.

[6] Ver Romera Navarro, 1935, p. 154; Orozco, 1973, pp. 252-53, 290-92 y Campana, 1998, pp. 480-82, que comentan los pasajes de Lope en las obras reseñadas y en las comedias *El capellán de la Virgen*, *El desdén vengado* y *Quien todo lo quiere*. Wright, 2001, p. 132, deduce de un pasaje de *Los ramilletes de Madrid* (c. 1615) una crítica a la nueva poesía de Góngora y a su circulación manuscrita. El pasaje de la comedia, sin embargo, parece aludir a los versos de un conocido romance de Góngora («Diez años vivió Belerma», 1582) y, a mi juicio, carece de la menor connotación crítica (situándose, en realidad, en el mismo plano de la letrilla del cordobés citada en *No son todos ruiseñores*).

una opinión pública respetuosa con Góngora, diferenciándolo —no sin dificultad, como veremos— de sus imitadores y elogiándolo en varias ocasiones. La composición de la «Censura», con independencia de si fue en 1617 o con posterioridad, por las cautelas señaladas en la disposición editorial del texto y por su estructura y contenidos, participa plenamente de esta decisión.

Tras este posicionamiento no cabe imaginar ni una repentina admiración por el *Polifemo* y las *Soledades* de Góngora, cuya imitación habría tratado de evitar en vano —como si el poeta no fuera consciente de los recursos que emplea al escribir— durante la década de los veinte, ni una voluntad de mantener buenas relaciones personales con el cordobés (por temor a sus sátiras o sentimiento de inferioridad, como se ha escrito algunas veces), instalado desde abril de 1617 en la capital. Lope consideraba sinceramente —con muchos de sus contemporáneos— que la poesía ensayada por Góngora resultaba una propuesta literaria equivocada, al margen del aprecio ocasional que pudiera tener por algunos de los versos de las *Soledades* y con independencia de la calidad textual de las copias que hubiera manejado del poema[7]. La cuestión no radicaba, pues, en el poeta ni en su producción poética, sino en la favorable acogida que estaba obteniendo la misma entre los miembros de los colectivos que concedían o negaban el prestigio literario de un escritor en la época, los mismos colectivos que Lope trataba de ganarse desde principios de siglo con la publicación de obras épicas, líricas e históricas[8].

Los nombres reseñados en las listas de personas que defendieron los poemas mayores de Góngora permiten advertir que el reconocimiento literario provenía tanto del ámbito aristocrático como del estrictamente literario o cultural. «El aplauso del vulgo bien puede tal vez dar nombre, pero reputación nunca», escribía significativamente José de Pellicer en la dedicatoria de sus *Lecciones solemnes* dirigida a

---

[7] Un pasaje del *Antídoto* refleja indirectamente el aprecio que muchos debían de tener por los «buenos pedazos» del poema, prescindiendo de los considerados imperfectos (p. 54). A propósito de los errores de transcripción y la deficiente puntuación de las copias en las que circularon y se leyeron las *Soledades* hasta la primera edición impresa, ver Jammes, 1994, pp. 105-106 y Carreira, 1998 [1994b], pp. 275-76.

[8] Al respecto, ver el importante estudio de Wright, 2001, sobre las obras publicadas por Lope durante el reinado de Felipe III y su relación con los intentos de medrar en la corte. A propósito de *La Dragontea* en particular, ver García Reidy, 2004.

don Fernando de Austria, hermano de Felipe IV. La importancia de los juicios emitidos por la aristocracia sobre una obra literaria se explica en buena medida por las relaciones de patronazgo que mantenía la nobleza con los escritores de la época. Las necesidades económicas y el propósito de entrar a formar parte del servicio de un aristócrata (no necesariamente como escritor) determinan los desmesurados elogios a monarcas, validos y miembros de la nobleza en general que prodigan los escritores de la época en sus obras. El juicio favorable de un aristócrata sobre una composición literaria podía determinar una recompensa —las fórmulas para llevarla a cabo eran muchas— que aliviara una precaria situación económica, circunstancia que explica el interés de los autores por conseguir el elogio de los miembros de la nobleza. Sin embargo, además de las simples exigencias pecuniarias de cada caso, la percepción de los miembros de la aristocracia como individuos elegidos y superiores al resto de hombres por la nobleza de sangre heredada, determinaba que sus juicios estéticos cobraran un prestigio de distinto signo —superior, incluso, para muchos— que el derivado de la opinión favorable de un bachiller, un licenciado, un profesor universitario o un escritor reconocido. La colocación de los nombres en los listados de Almansa y Mendoza, Francisco Fernández de Córdoba o Martín de Angulo y Pulgar, por citar tres ejemplos, cuida especialmente de distinguir ambos colectivos, citando en primer lugar a los miembros de la aristocracia o bien separándolos del resto, como en el *Examen del «Antídoto»* del Abad de Rute, donde la ristra de nobles defensores de las *Soledades* se cita en último lugar pero se presenta como un grupo de personas «que no sólo por la calidad de su sangre generosa, sino por la de sus ingenios, pudieran darse muy por principio» (p. 420). Los nombres citados no tienen desperdicio, a la luz de las relaciones de Lope con la aristocracia y del «Discurso» publicado en *La Filomena*: «el duque de Sesa, el de Feria, virrey de Valencia, el conde de Lemos, presidente de Italia, el conde de Castro, duque de Taurisano, virrey de Sicilia, el príncipe de Esquilache, virrey del Perú, el conde de Villamediana, el marqués de Cerralvo» (p. 420)[9]. Fernández de Córdoba podía concluir, con razón, que 'gustar a los hombres principales no es el menor de los elo-

---

[9] Tengo presentes los reparos de Rozas y Pérez Priego, 1983, p. 645, a la inclusión de Esquilache entre los defensores de Góngora (a propósito, sobre todo, de su

gios' («principibus placuisse viris non ultima laus est», Horacio, *Epistulae*, I, XVII, 35; p. 420)[10].

Góngora había conseguido con las *Soledades* el prestigio como escritor entre los aristócratas que Lope no había logrado con sus diferentes publicaciones. La recomendación de su lectura en las instrucciones y advertencias para jóvenes de la nobleza resulta un ejemplo paradigmático al respecto[11]. Paralelamente, además, las obras de Góngora despertaban la admiración de los hombres de letras de la época y el poeta empezaba a ser llamado por sus panegiristas con el título de «príncipe» de la poesía española. La presentación de Lope como admirador de Góngora, por lo menos, desde el citado soneto incluido en *La Filomena*, no puede desvincularse de estas circunstancias. La presencia en el *Examen del «Antídoto»* del duque de Sesa entre los nobles que han demostrado su aprobación por los poemas mayores del cordobés indica que la posición del Duque sobre el particular era co-

mención en las *Epístolas satisfatorias*). En todo caso, me parece incontrovertible que si Fernández de Córdoba lo menciona en esta lista de 1617 es con la certeza de que nadie de los círculos literarios lo asociaba por entonces entre los críticos de las *Soledades*, y que para la mayoría podía resultar verosímil (de haber existido) su aprobación del poema.

[10] La figura del poeta desempeñaba asimismo una función social para el noble que lo tuviera a su servicio, dado que este último podía estar interesado en ostentar públicamente que protegía a las mejores plumas del momento (recuérdese, en este sentido, la boda francoespañola de 1615, con el duque de Sesa acompañado de Lope y el conde de Olivares, rivalizando con el Duque, llevando consigo no uno sino dos poetas, según la descripción de Quevedo, en «Al duque de Osuna», p. 823; ver Eliott, 1990 [1986], pp. 60-61; y Wright, 2001, pp. 13-14). En términos prácticos, esto significaba contar con los mejores panegiristas de su persona y de su linaje, circunstancia sin duda codiciable en un periodo donde las pretensiones de reconocimiento social y económico por parte de los miembros de las familias nobles eran una constante (así lo ha puesto de relieve, en relación a las comedias genealógicas de encargo, Ferrer Valls, 2004). Ver, en este sentido, el elogio de Francisco Pacheco a Lope que se incluye en la *Jerusalén conquistada* (pp. 18-19), donde se ensalza explícitamente a los nobles que han dado «ocupación» al que se presenta como mejor poeta de su tiempo.

[11] La difundida *Instrucción* de Juan de Vega (1548), con las adiciones de Juan de Silva, conde de Portalegre (1592), introduce en las copias manuscritas de 1620, actualizando el capítulo de lecturas recomendadas, el nombre de Luis de Góngora, que se suma al de Garcilaso, presente ya en el texto original (Bouza, 2001, pp. 57, 231-32).

nocida entre los círculos aristocráticos y literarios de Madrid[12]. La decisión de Lope era, en este sentido, la más oportuna, sobre todo después de que Góngora se instalara en la capital.

Las biografías de Góngora suelen presentar sus años madrileños como una sucesión de fracasos y desengaños. Este balance de su experiencia cortesana puede resultar apropiado en el contexto de un repaso cronológico por su trayectoria vital, pero no responde a la perspectiva que un personaje como Lope de Vega podía tener, desde la primavera de 1617, del lugar que podría llegar a ocupar Góngora en la corte tras su llegada de Córdoba, cuando acababa de concedérsele una capellanía real («a quien los tutelares dan nombre de llave maestra a mayores ascendencias», en palabras de Góngora) por intercesión directa del duque de Lerma, y contaba con la protección de hombres tan poderosos como el conde de Villamediana[13]. Lope desconocía mucha de la información sobre sus contemporáneos que hoy utilizamos para reconstruir la trayectoria vital de un personaje de la época (las contradicciones en torno a la fecha exacta de la vuelta del príncipe de Esquilache del Perú, en este sentido, son un ejemplo paradigmáti-

---

[12] Wright, 2001, pp. 133-34 ha sugerido que el duque de Sesa, por su parentesco con uno de los defensores de Góngora, Francisco Fernández de Córdoba, con quien había viajado a Roma (ver Alonso, 1982 [1972], pp. 209-12), podría haber tenido un especial interés en suscitar la polémica y extraer de la misma beneficios para su imagen pública. La pertenencia de Rute al señorío del Duque y la representación de los intereses del mismo por parte de su deudo, Francisco Fernández de Córdoba, en la zona son, según Wright, circunstancias que convendría tener en cuenta en este sentido. Sin embargo, esta conjetura parte de la premisa de que fue el Abad de Rute quien hizo circular las *Soledades* por Madrid («who circulated the *Soledades*», p. 133), cuando todo parece indicar que tal labor fue desempeñada por Andrés Almansa y Mendoza. Por otra parte, resulta difícil imaginar que el duque de Sesa tuviera interés en suscitar el enfrentamiento entre Góngora y Lope (por lo menos después de 1617), cuando el primero comenzaba a gozar de la protección del duque de Lerma, de quien el mismo Sesa trataba de lograr algunos favores (ver las veinte minutas conservadas que redactó Lope para la correspondencia de su señor con el duque de Lerma, todas ellas entre 1618 y 1622). Difícilmente, por lo tanto, estaría interesado el Duque en enfrentar a Lope (que formaba parte, a ojos de todos, de su servicio; ver *Epistolario*, núm. 215) con el poeta preferido del duque de Lerma.
[13] La cita procede de la carta de Góngora a don Diego de Mardones (4-VII-1617), la primera conservada desde su llegada en abril a la capital (*Epistolario*, núm. 4). Ver Orozco, 1973, pp. 277-81, donde describe la llegada de Góngora a la capital y sus relaciones con las actividades y miembros de la corte.

co)[14]. El cargo de capellán real y el prestigio que gozaba el poeta entre los aristócratas, con el rumor que probablemente circuló desde entonces de que fueron «grandes señores» quienes habían insistido al escritor para que abandonara Córdoba y se trasladara a Madrid, debían de ser augurios para Lope de una rápida consolidación del autor de las *Soledades* en el ámbito aristocrático[15].

Cabía la posibilidad, sin duda, de orquestar una ofensiva contra los poemas mayores de Góngora, y es probable que el escritor o sus seguidores se plantearan esta posibilidad. Lope contaría para este combate con el apoyo incondicional de sus admiradores del mundo de las letras, pero carecería del respaldo del duque de Sesa y del resto del estamento aristocrático, a diferencia de lo que sucedió con la *Expostulatio Spongiae* redactada contra Pedro de Torres Rámila, opúsculo que se abre precisamente con un catálogo de los hombres ilustres que recomendaron las obras del escritor (*Catalogus virorum illustrium qui Lupum a Vega Carpium suis scriptis commendarunt*), empezando por los condes, duques y príncipes. En este sentido, resulta tan significativo que Lope diseñe su ataque a los preceptistas aristotélicos con un volumen dedicado al duque de Sesa, reproduciendo su escudo en dos ocasiones y presentándose bajo su protección ('¿Qué puedo temer del dardo amenazante del enemigo siendo tú mi escudo y mi César?', «Quid timeam hostilis minitantia spicula dextrae si mihi tu Clypeus, si mihi Caesar ades?», *Expostulatio*, ¶1v), como que se decida por un indefinido «señor de estos reinos» para articular el «Discurso» publicado en *La Filomena* contra la «nueva poesía». Las circunstancias eran, desde luego, diferentes, pero no tanto como para explicar de por sí un proceder tan distinto en uno y otro texto. De no haber obtenido las *Soledades*

---

[14] Quizás esta falta de información precisa (y no voluntaria desinformación) permita explicar por qué Lope cita entre los críticos de las *Soledades* a personajes de la nobleza que aparecen en las listas de los que han mostrado su aprobación por el poema, como sucede, por ejemplo, con la dedicatoria al príncipe de Esquilache de la comedia *La pobreza estimada*. Tanto Francisco de Borja como el conde de Lemos y el duque de Taurisana habrían sido, según Lope, «grave socorro» de haber estado en España tras la aparición de las *Soledades* (Case, 1975, p. 195). Los tres aparecen citados, sin embargo, por el Abad de Rute entre los nobles que han aprobado las *Soledades* (*Examen del «Antídoto»*, p. 420).

[15] El rumor llegaría a José de Pellicer (*Vida mayor*, pp. 584-85) y al autor del *Escrutinio* (c. 1633), como señala Orozco, 1984, p. 47. Para las relaciones de Góngora

de Góngora el menor aplauso por parte de grandes señores de la época ni de los hombres de letras, siendo objeto de un rechazo unánime, Lope no se habría molestado en opinar al respecto, o habría despreciado a Góngora sin más (como hizo con otros autores de su época menos importantes)[16]. El caso, sin embargo, era muy distinto. En este sentido, el texto de *La Filomena* pone de relieve la dificultad que comportaba el combinar esta actitud pública de aprecio por el escritor y desprecio por sus imitadores (reiterada insistentemente por él y sus seguidores) con el análisis de la misma poesía de Góngora, que sólo podía formularse en términos negativos (ya anticipados por el mismo «señor de estos reinos» en su carta inicial). El ficticio intercambio epistolar y el desinterés e inocencia simulados por Lope, así como los elogios prodigados a Góngora a pesar de las críticas que se vertían contra sus poemas mayores en la «Censura», eran elementos introducidos para ganarse la benevolencia del público admirador de Góngora y convencerle de que sus críticas eran acertadas y desinteresadas[17].

Luis de Góngora en perspectiva

La «Censura de Lope de Vega Carpio» se abre con el largo exordio ya mencionado en el que, además de presentarse a sí mismo con las características que se han reseñado, legitima su derecho («licencia») a disputar sobre «el arte de hacer versos» por la fundamentación del mismo en «la filosofía», disciplina que consta de tres partes, entre las cuales se encuentra precisamente el disertar sobre lo falso y lo verdadero y las cualidades de un discurso. Prosigue la «Censura» con el per-

---

con la aristocracia y el duque de Lerma en particular, ver el clarificador trabajo de Carreira, 1998 [1994a].

[16] Ver, en este sentido, la carta de Lope a Diego Félix de Quijada, en la que Lope se burla sin reservas del estilo de Góngora (*Epistolario*, núm. 448, escrita entre el 12 y el 16 de mayo de 1621).

[17] A propósito del público aristocrático al que van dirigidos fundamentalmente los textos de *La Filomena* y *La Circe*, ver la petición que realiza Lope de que el «señor de estos reinos» ensalce la Égloga de Esquilache para que produzca un elogio «de señor a señor», quedándose el escritor en un segundo plano. Convendría, en definitiva, revisar las relaciones de Lope y Góngora a la luz de las circunstancias aquí aludidas, en un trabajo de las mismas características que el de Paz, 1999, a propósito de Góngora y Quevedo.

fil biográfico de Luis de Góngora, aludiendo a sus estudios universitarios en Salamanca y a la fama adquirida como poeta desde su primera juventud, colocándose rápidamente entre el grupo de poetas reconocidos, y al cambio de su estilo poético con la composición del *Polifemo* y las *Soledades*. Continúa Lope con un repaso de los vicios estilísticos que ha cometido Góngora y que reproducen sus imitadores, subrayando la necesidad del empleo moderado de los recursos elocutivos. Finalmente, la reivindicación de los «sonetos y canciones» de Fernando de Herrera como «el más verdadero arte de poesía» y el modelo a imitar precede al cierre de la «Censura», con el recordatorio de que admira la poesía del cordobés y la elogia públicamente frente a quienes la critican.

El escritor dedica un espacio considerable a reconstruir la trayectoria literaria del poeta cordobés, destacando su buen hacer en el género satírico, muy apreciado por sus contemporáneos (y al que algunos críticos, como Jáuregui o Faria y Sousa, reducían su talento como poeta)[18], y su mezcla de «erudición y dulzura», en alusión al binomio horaciano del deleite y la enseñanza. Lope caracteriza positivamente esta primera etapa del escritor para contraponerla a la segunda, en la que Góngora «quiso (a lo que siempre he creído con buena y sana intención, y no con arrogancia, como muchos que no le son afectos han pensado), enriquecer el arte y aun la lengua con tales exornaciones y figuras, cuales nunca fueron imaginadas ni hasta su tiempo vistas»[19]. La obra poética de Góngora hasta la aparición del *Polifemo* y las *Soledades*, por lo tanto, estaría considerada positivamente por Lope. Sin embargo, aunque éste distingue siempre entre el ingenio (*natura*) y el estilo (*ars*) del poeta cordobés, ensalzando el primero y censurando el segundo, no tiene inconveniente en realizar afirmaciones equívocas

---

[18] Jáuregui, *Antídoto*, pp. 79-81; Faria y Sousa, citado por Juan de Espinosa y Medrano en su *Apologético*, pp. 126-27.

[19] La referencia en este contexto al poeta genovés Gabriello Chiabrera, a quien se ha identificado en la alusión del pasaje donde se indica que las novedades estilísticas de Góngora fueron «algo asombradas de un poeta en idioma toscano, que por ser de nación ginovés no alcanzó el verdadero dialeto de aquella lengua», ha sido bien estudiada. Ver Millé y Giménez, 1928 [1923], pp. 221-27; Alonso, 1982 [1966] y Orozco, 1973, pp. 306-309. Para el papel del canon de poetas italianos en la polémica gongorina, ver Romanos, 1986, aunque discrepo de su asociación de Lope con Ariosto frente a Tasso (p. 123), y M. Blanco, 2004a.

que ponen en entredicho la sinceridad de los elogios que acaba de formular, como sucede cuando señala que «muchas veces la falta del natural es causa de valerse de tan estupendas máquinas del arte», crítica que por el contexto sólo puede ir dirigida a Góngora, y que implica cuestionar globalmente la capacidad misma del cordobés como poeta[20].

La construcción en perspectiva de un itinerario biográfico marcado por un hecho que determina un cambio radical, en positivo o en negativo, es una estrategia característica del relato biográfico y autobiográfico, de san Agustín a Petrarca (o el mismo Lope: véase, por ejemplo, la «Epístola al doctor Matías de Porras» en *La Circe*)[21]. Cabe la posibilidad, por lo tanto, de considerar que esta presentación de la trayectoria poética de Góngora responde al interés de sus críticos por desprestigiar en bloque toda su producción reciente. Pero conviene preguntarse, también, si los contemporáneos de Góngora tenían suficiente conocimiento del conjunto de su obra poética como para discriminar esas continuidades estilísticas y temáticas que la crítica moderna ha subrayado en toda la poesía del cordobés[22]. ¿Qué conocía Lope de Góngora hacia 1613? Algunos romances y letrillas (que reaparecen en comedias escritas después de esa fecha), un puñado de sonetos, alguna canción; desde luego, poco más. Y probablemente nada, en todo caso, que augurara las características de los poemas mayores. Quizá sea necesario partir de la percepción que un contemporáneo podía tener de la producción literaria de Góngora para comprender la sorpresa que supusieron el *Polifemo* y las *Soledades*. Los mismos amigos de Góngora, que después de los ataques de Jáuregui salieron en su defensa, fueron inicialmente bastante críticos con el poema (el caso de Francisco Fernández de Córdoba es paradigmático), y no deja de ser significativo que las primeras revisiones de esta división de la obra poética del cordobés provengan de autores que ya contaban con las

---

[20] Jáuregui había expresado sin disimulo el mismo juicio, al escribir que no había nacido «para poeta concertado», por «mengua de natural y por falta de estudio y arte» (*Antídoto*, p. 4).

[21] Remito a las notas de Rico, 1992-1993, p. 207, n. 49 a propósito de Petrarca y la cuarentena.

[22] Ver, sobre el particular, el estudio de Micó, 1990a.

ediciones de Vicuña y Hoces en sus bibliotecas[23]. La división de su trayectoria literaria en dos épocas bien deslindadas no tenía por qué ser, por lo tanto, una interpretación voluntariamente simplificadora de la realidad, sin que esta circunstancia signifique que la diferencia no se subraye con una intención muy evidente.

La retórica de la poesía

La sección más importante de la «Censura» está dedicada a la exposición de la serie de juicios negativos sobre el estilo de la poesía gongorina que esgrimían habitualmente los partidarios de una elocución poética menos compleja léxica y sintácticamente. La enumeración de esta serie de críticas estilísticas se formula desordenadamente a lo largo de la sección dedicada a la descripción de la «nueva poesía», pero la agrupación de las mismas revela que, al formularlas, Lope partía de las virtudes que la retórica reseñaba, en el ámbito de la *elocutio*, como constitutivas de todo buen discurso, es decir, la pureza (*puritas*), la claridad (*perspicuitas*), el ornato (*ornatus*) y el decoro (*aptum*), que es principio y fin del resto de virtudes. La valoración de rasgos estilísticos de una obra literaria practicada desde los principios que la retórica apuntaba sobre el particular era un proceder característico de la crítica literaria contemporánea. Más adelante, cuando Lope y Colmenares debaten sobre las bases teóricas de su crítica literaria, me ocuparé de caracterizar esta tradición. Por ahora, me limitaré a describir cómo se concretan los preceptos estilísticos de la retórica en los juicios críticos de la «Censura»[24].

Las virtudes del discurso se proyectan tanto sobre palabras individuales como sobre combinaciones de palabras. Faltar a una de estas virtudes supone una desviación: se hablará de vicio (*vitium*) por de-

---

[23] Martín de Angulo y Pulgar, por ejemplo, advertía que Góngora se había servido de «hipérbatos y metáforas antes que compusiese el *Polifemo* y *Soledades*», de cuyo empleo, como en los citados poemas, «pudo resultar oscuridad para el indocto» (*Epístolas satisfatorias*, fols. 39r-41r; la cita, 39r). Una excepción, sin embargo, la representa el excelente artículo de Alonso Veloso, 2005.

[24] La presencia de la terminología retórica en las obras de Lope no ha sido estudiada sistemáticamente, atendiendo a las obras clásicas y compendios de retórica contemporáneos que podía haber utilizado. No aporta datos importantes la contribución de Estil·lés Farré, 1997.

fecto o por exceso si la desviación no está justificada, y de licencia (*licentia*), si lo está por una exigencia mayor que la virtud infringida. Los conceptos de vicio y licencia no se aplican de forma idéntica a un discurso y a un poema, como los mismos teóricos de la oratoria clásica habían puesto de manifiesto a la luz de las diferentes características y distintos objetivos que perseguían ambos textos (Aristóteles, *Retórica*, III, II, 1405a; Cicerón, *De oratore*, I, XVI, 70; III, XXXVIII, 153; Quintiliano, *Institutio oratoria*, I, VI, 2; VIII, VI, 17; X, I, 28)[25]. Sin embargo, la constatación de esta diferencia no dejaba de comportar la dificultad de precisar con exactitud, en el campo de la crítica literaria, los límites entre vicio y licencia poéticos, indefinición que afectaba al análisis del uso que se realizaba de un recurso determinado, es decir, si era moderado y aceptable o excesivo y condenable.

El uso de palabras nuevas (cultismos léxicos y semánticos, extranjerismos) era censurado por la retórica porque atentaba contra el principio de la pureza lingüística (*puritas*). Cabía la posibilidad de emplearlas, pero siempre con moderación y cuando el contexto así lo precisara. El planteamiento del escritor a propósito de esta primera virtud de la elocución es teórico y práctico: recuerda, en primer lugar, la precaución con la que deben introducirse palabras de otras lenguas en textos castellanos, apoyándose en fragmentos de Aulo Gelio (XI, VII, 1), Cipriano Suárez (III, XIV) y Quintiliano (I, V, 71; VI, 3), y se centra, después, en el caso concreto de los cultismos latinos y el abuso que de los mismos realiza Góngora[26]. Este juicio se articula, en primer lugar, por medio de la comparación de un verso de Góngora («Fulgores arrogándose, presiente», *Al favor que san Ildefonso recibió de Nuestra Señora*, v. 9) con dos versos del *Laberinto de Fortuna* (vv. 153 y 898), en los que Mena —como el primero— se excedió en el uso de cul-

---

[25] Para los vicios de la elocución, ver Lausberg, 1967, pp. 381-91, y para las licencias poéticas reseñadas en la retórica clásica, del mismo, 1966, pp. 88-89; 1967, p. 340.

[26] Se trata de un lugar común en los análisis de la oscuridad de la poesía gongorina, de las cartas de Pedro de Valencia y el *Parecer* de Francisco Fernández de Córdoba en adelante. Ver, sobre todo, el capítulo segundo del *Discurso poético* de Jáuregui. Los fragmentos pertinentes pueden leerse cómodamente en el estudio de Roses Lozano, 1994, pp. 153-68. Un antecedente importante sobre el particular lo ofrecen las *Anotaciones* de Herrera a propósito del soneto IX.

tismos: «todo es meramente latino», concluye Lope[27]. Y en segundo lugar, contraponiendo los citados versos con un pasaje de la Elegía III de Fernando de Herrera, según la edición de 1582 (vv. 19-25), donde se observa como «con la misma lengua» es posible levantar «la alteza de la sentencia puramente a una locución heroica». La lengua castellana («la misma lengua»), por lo tanto, cuenta con suficiente vocabulario como para lograr, sin atentar contra el principio de la pureza lingüística («puramente»), la elocución heroica que es propia de aquella poesía de contenidos nobles («alteza de la sentencia»), y que Góngora ha tratado de reproducir equivocadamente por medio de cultismos léxicos y semánticos de la lengua latina.

Las citas de Aulo Gelio, Quintiliano y Cipriano Suárez ofrecen un ejemplo del proceder habitual de Lope y sus contemporáneos en el manejo de las autoridades. El fragmento extraído del manual por el que se enseñaba retórica en todas las escuelas de jesuitas, por ejemplo, se introduce con el propósito de ilustrar con una autoridad retórica el carácter esporádico con el que deben utilizarse palabras de otras lenguas. Sin embargo, el fragmento se toma de un pasaje que se ocupa, en efecto, de la moderación, pero aplicada al uso de la onomatopeya. La lectura de los autores clásicos de retórica y poética permite siempre dos niveles de interpretación, desde el más literal y sujeto a las circunstancias de su enunciación, al más universal y descontextualizado. Ambas eran perfectamente legítimas, y el hecho de que Lope no tenga inconveniente en advertir que su cita proviene de un pasaje sobre este tropo («hablando de la *onomatopoeia*») resulta indicativo al respecto (Colmenares hará lo propio a propósito de las «anfibologías dialécticas»)[28]. Por otra parte, esta acumulación de citas sobre un

---

[27] Las críticas al léxico y sintaxis latinizantes de Mena se sucedieron desde finales del siglo XV (a propósito de Nebrija, ver Lida, 1950, pp. 323-79; Rico 1982, pp. 103-106 y Terracini, 1993) y a lo largo de todo el siglo XVI (como se comprueba en el prólogo del Brocense a su edición de las obras del poeta, Salamanca, 1582, *5r-*6v), a pesar de las reiteradas ediciones de sus *Obras* hasta los años sesenta. Ver, asimismo, Jáuregui, *Discurso poético*, pp. 110-11. Para la recepción crítica de Mena en los siglos XVI y XVII, ver Matas Caballero, 1993.

[28] Otro ejemplo de cita descontextualizada lo encontramos más adelante, cuando, después de enumerar algunas figuras de dicción tomadas de la poética de Bernardo Daniello, añade: «Verdad es que muchos las usan sin arte, y es causa de que yerren en ellas, porque la retórica quiere una cierta diferencia de ingenio»; esto es, el dominio

mismo asunto es un reflejo directo del modo en que se extractaban pasajes de textos completos y se organizaban posteriormente bajo rúbricas para facilitar una rápida localización de una *auctoritas* por parte de los predicadores, oradores y escritores en general. Además de los índices completísimos de palabras y conceptos que acompañaban las ediciones de los textos clásicos, los libros de lugares comunes y los cartapacios privados eran uno de los instrumentos fundamentales mediante el cual se articulaba, desde las universidades a los tribunales o el púlpito, cualquier argumentación (véase, al respecto, lo apuntado en el «Prólogo»)[29].

La oscuridad del léxico (*verba singula*) o de las estructuras sintácticas (*verba coniuncta*) que impide la comprensión o propicia ambigüedades de significado es el vicio de la elocución que afectaba a la claridad (*perspicuitas*) del discurso. El orador y el poeta en mayor grado tenían licencia para servirse de tropos, palabras o construcciones ambiguas, extranjerismos, neologismos o arcaísmos, pero procurando evitar siempre la excesiva «escuridad y ambigüidad de las palabras» (p. 176; véase, también, pp. 179 y 182), de modo que el discurso o el poema restaran inteligibles para el oyente o el lector[30]. Una cita de Quintiliano sobre el particular, extractada de un pasaje en el que recomienda el empleo de las más antiguas de las palabras nuevas y las

---

de la disciplina retórica, donde se exponen los principios estilísticos sobre los cuales debe fundamentarse cualquier texto escrito, precisa de una mínima capacidad intelectual que permita —continúa Lope, citando a Cicerón a través de san Agustín— comprender globalmente todos los elementos que configuran el arte («de quien san Agustín dijo, tomándolo de Cicerón en el libro *De oratore*: "Nisi quis cito possit numquam omnino possit perdiscere"»). La afirmación de san Agustín se presenta descontextualizada: la cita de Cicerón se recordaba para señalar que las reglas de la elocuencia se aprendían más por la imitación que por el aprendizaje teórico (*De doctrina christiana*, IV, III, 4-5).

[29] La historia, los usos y las tipologías de los libros de citas pueden verse en el completo estudio de Moss, 2002 [1996], que dedica especial atención a la naturaleza de las rúbricas que los estructuraban, procedentes de la tradición dialéctica y retórica clásica de los lugares comunes de la argumentación y de las *auctoritates* como dichos o escritos de autores reconocidos. Plett, 2004, pp. 131-46, estudia esta clase de libros en el marco de las fuentes de la invención poética.

[30] «Porque aquella obscuridad no es culpable, que nace de virtudes o necesarias o convenientísimas a la poesía, sino la que se causa del contexto anfibológico, del cual Quintiliano, libro 8, capítulo 2: "Vitanda in primis ambiguitas, quae incertum intellectum facit". Porque la falta de entender estas oraciones no está en el lector, sino

más nuevas de las palabras antiguas («ut nouorum optima erunt maxime vetera, ita veterum maxime noua»), resume teóricamente la noción retórica de perspuicidad elocutiva, enfrentada a la oscuridad derivada de las palabras: «Oratio, cuius summa virtus est perspicuitas, quam sit vitiosa si egeat interprete?» (I, VI, 14).

La estrecha relación de la perspicuidad (*perspicuitas*) con la pureza (*puritas*) lingüística se pone de manifiesto en las afirmaciones del escritor sobre la «claridad castellana», presentes tanto en esta «Censura» como en todos sus comentarios sobre la «nueva poesía» que aparecen en los textos escritos a partir de 1617 (recuérdese, por ejemplo, el prólogo de la *Parte IX* de comedias). En este mismo sentido cabe interpretar los elogios reiterados de escritores por ser «honra de la lengua castellana», juicio que antes de la aparición de los poemas mayores de Góngora remitía específicamente al prestigio de la lengua castellana en directa relación, a veces, con la expansión del imperio español, pero que desde 1613 cobran un significado añadido en el marco de las críticas al abuso de extranjerismos y del mal empleo de la lengua materna. En la «Epístola séptima» de *La Circe* (el tercero de nuestros textos), escribe Lope: «¿Qué dirá de esa claridad castellana? ¿de esta hermosa exornación? ¿de ese estilo tan levantado con la propia verdad de nuestra lengua?» (p. 205). La pureza ligada a la perspicuidad («claridad castellana»), o presentada de forma autónoma («la propia verdad de nuestra lengua»), así como el ornato («hermosa exornación») determinan, como puede observarse, tanto la censura de la poesía gongorina como los elogios de los versos del príncipe de Esquilache.

Por otra parte, conviene diferenciar esta oscuridad, ceñida al ámbito de la virtud elocutiva de la *perspicuitas*, de la oscuridad conceptual reseñada en las retóricas dentro de la *inventio* y en el marco de la narración, una oscuridad relacionada específicamente con los contenidos del poema. El significado que asume la voz *perspicuidad* en los discursos sobre la poesía contemporánea no es siempre el mismo y conviene, por lo tanto, deslindar en cada caso si el término remite a

---

en el poeta; y si el nuestro tiene algunas anfibologías de éstas, al fin puédese sacar con el estudio el entendimiento de su sentencia por la materia y por los antecedentes y consecuentes, como por esta razón se pueden tolerar otras muchas anfibologías semejantes en excelentes poetas» (Pedro Díaz de Rivas, *Discursos apologéticos*, p. 56). Compárese con los conocidos versos del *Arte nuevo de hacer comedias* (vv. 323-26), a propósito del empleo de léxico ambiguo en los diálogos dramáticos.

una de las tres virtudes retóricas de la narración, junto a la brevedad
y la verosimilitud (Quintiliano, *Institutio oratoria*, IV, II, 31, 36), si se
emplea con el valor estrictamente de virtud elocutiva de la retórica
vinculada al uso de ciertas palabras y construcciones (VIII, II, 22), como
sucede en el caso de Lope, o bien si responde a una virtud elocutiva
de la poética, considerada como disciplina autónoma, teniendo en
cuenta que el adjetivo σαφής del citadísimo apartado sobre la elocución de la *Poética* de Aristóteles fue traducido, entre otros, por
Robortello y Riccoboni por *perspicuitas*[31]. Como ocurre con otros términos de crítica literaria del periodo, la *perspicuitas* se utilizará en ocasiones sin una conciencia clara de las implicaciones teóricas que puede conllevar su simple enunciación en el marco de un juicio crítico,
pero en otras puede tratarse de un uso que remita al marco teórico
desde el cual se está valorando una obra, como sucede con la cita de
Quintiliano que esgrime Lope para prescribir la claridad en los textos literarios[32].

El análisis de los tropos y las figuras de elocución y de pensamiento
que consiguen el ornato (*ornatus*) de la oración se realiza también atendiendo a distinguir el uso aceptado de estos recursos de su empleo
abusivo. De nuevo el análisis de Lope es teórico y práctico. Como
premisa señala que los «tropos y figuras se hicieron para hermosura de
la oración», pero su capacidad de «adornar» un texto literario está sujeta a la oportunidad de su aparición en un contexto determinado,
como puede comprobarse en «Aftonio, Sánchez Brocense y los demás», esto es, en el conjunto de tratados retóricos. La acumulación de

---

[31] «Λέξεως δὲ ἀρετὴ σαφῆ καὶ μὴταπεινὴν εἶναι», 'la excelencia de la elocución
consiste en que sea clara sin ser baja' (*Poética*, XXII, 1458a18); «Elocutionis autem virtus est, ut sit perspicua et non humilis» (versión de Antonio Riccobono, *De poetica*,
p. 209); «Dictionis autem virtus, ut perspicua sit, non tamen humilis» (versión de
Francesco Robortello, *Explicationes*, p. 255). Para la distorsión de las traducciones latinas sobre la recepción de los textos griegos en el contexto del humanismo italiano,
ver E. Blanco, 1993.

[32] La diversidad de tradiciones teóricas que cifra cada acepción del término propiciaba, asimismo, la hibridación entre las mismas y la formulación de planteamientos teóricos novedosos (probablemente algunas afirmaciones de Jáuregui en su *Discurso
poético* deban leerse desde esta perspectiva). Ver la relación de términos y acepciones
sobre la claridad que expone Escaligero (*Poetices libri septem*, IV, I, p. 176), y compárese con las cuatro virtudes del poeta (III, 25-28, pp. 113-20) que vendrían a sustituir a las cuatro virtudes de la elocución retórica (Plett, 1999 [1983], pp. 427-28).

figuras y tropos en una «composición» resulta «vicioso y indigno», similar a la mujer que «habiéndose de poner la color en las mejillas, lugar tan propio, se la pusiese en la nariz, en la frente y en las orejas»[33]. La mención de los afeites y de la partes del rostro de la mujer invitaba a servirse de la comparación clásica entre la oración y el cuerpo humano, partiendo de la representación pictórica del mismo: «una composición llena de estos tropos y figuras», señala Lope, es «un rostro colorado a manera de los ángeles de la trompeta del Juicio, o de los vientos de los mapas», en los cuales el pintor no deja «campos al blanco, al cándido, al cristalino, a las venas, a los realces, a lo que los pintores llaman encarnación»[34]. El uso de estos recursos elocutivos en contextos que no los precisan y el abuso de los mismos se constituyen como los dos defectos de la poesía gongorina contra el ornato.

Lope enumera después un listado de posibles tropos siguiendo la descripción que realiza de los mismos Bernardo Daniello en el segundo libro de su diálogo *Della poetica* (1536), prescindiendo de los ejemplos de Dante y Petrarca que ofrece el italiano para ilustrarlos, y concluye, traduciendo del original, que el empleo de tales tropos debe ser esporádico y «según la calidad de la materia y el estilo» («secondo però la qualità della materia e la diversità degli stili», p. 306). La aparición del tratado de Daniello no es fortuita en el contexto de una crítica planteada a partir de los principios estilísticos de la retórica que tienen que regir la composición de un texto escrito. Este diálogo se caracteriza precisamente por organizar los conceptos y preceptos de la poética de Horacio, uno de los fundamentos de toda la crítica literaria durante el periodo medieval y la primera parte del siglo XVI, según las categorías retóricas de la invención, la disposición y la elocución[35]. Además, la poesía para Daniello resulta tan necesaria como la filosofía en tanto que elabora documentos que ejemplifican una vida

---

[33] Orozco, 1973, p. 302, deducía de este pasaje y de la censura de la oscuridad en general la dependencia del «Discurso» de Lope con el *Parecer* del Abad de Rute. Las imágenes empleadas por Lope, sin embargo, son moneda corriente en los textos de crítica literaria de la época.

[34] Los «vientos» de los mapas son los bustos que soplaban en los márgenes de los mapamundis desde la *Geografía* de Ptolomeo. Pueden verse ilustraciones de esta imagen en Rico, 1994, pp. 103 y 105.

[35] «Dico tre esser le cose principali dalle quali esso suo stato e suo esser prende: l'invenzione prima delle cose, o vogliam dire ritrovamento; la disposizione poi, o ver

virtuosa y acorde con las leyes civiles de la sociedad[36]. Se trata de una concepción estrechamente ligada a la filosofía moral (en su vertiente ética y política) y de larga tradición medieval y renacentista, que somete necesariamente cualquier consideración estética del texto literario a su eficacia como objeto de enseñanza ética y política. Lope comparte en buena medida esta perspectiva de la obra literaria (del papel de la filosofía moral en la poesía hablará en la «Epístola» de *La Circe*) y la finalidad primordialmente didáctica que concede al poema[37].

Finalmente el escritor deslinda del conjunto de tropos y figuras, como botón de muestra del precepto general que acaba de enunciar («ejemplo para todo esto»), el empleo abusivo del hipérbaton, figura de dicción que se constituye en «fundamento» de «este nuevo género de poesía»: «Todo el fundamento de este edificio es el trasponer, y lo que le hace más duro es el apartar tanto los adjuntos de los substantivos, donde es imposible el paréntesis»[38]. Lope cita seguidamente versos de poetas castellanos (Mena, Boscán, Garcilaso, Herrera y Herrera Maldonado) con ejemplos de hipérbatos violentos, presentándolos

---

ordine di esse; e finalmente la forma dello scrivere ornatamente le già ritrovate e disposte, che (latinamente parlando) elocuzione si chiama e che noi volgare, leggiadro et ornato parlare chiameremo» (p. 243).

[36] «Che la poesia sia cotanto agli uomini necessaria quanto è la filosofia, ... che'l poeta a bene e civilmente vivere n'ammaestri e ci sia scorta alla via delle virtuose operazioni» (pp. 238-39).

[37] Para las ideas sobre la poética de Daniello, ver Weinberg, 1961, pp. 721-24. Por la naturaleza de la cita de Lope en su «Discurso», extrayendo elementos de diferentes páginas (98-117 de la primera edición, Venecia, 1536), parece difícil sostener que leyera el pasaje en la entrada sobre «figuras» o «estilo» de alguna poliantea o diccionario poético y no directamente del original. Tal vez, por lo tanto, el escritor conocía no sólo el tratado (o parte del mismo), sino el esquema retórico sobre el que estaba construido y las ideas sobre la poesía que se exponían en él.

[38] Juan de Jáuregui matizará críticamente la última afirmación de Lope en su *Discurso poético* señalando que del simple hecho de apartar los adjuntos de los sustantivos no «resulta aspereza» (p. 81), sino de anteponer los epítetos a los sustantivos y no a la inversa («entiéndese que el sustantivo ha de preceder a su epíteto», había indicado ya en el *Antídoto*, p. 76). Aunque no lo menciona explícitamente («Contra ella [división del epíteto del nombre] vi escrito mucho por algún autor enojado, y siendo lo principal que impugnaba, era sin duda lo que menos entendía»), la alusión de Jáuregui parece inequívoca, si tenemos en cuenta además el enfriamiento de las relaciones que entre ambos tuvo lugar a principios de los años veinte (sobre el particular, ver Laplana, 1996, p. 94, n. 18, y pp. 97-99). Ver p. 148.

como casos justificables por su empleo esporádico en el conjunto de las obras de estos autores. Cabe la posibilidad de que Lope esté repasando simplemente «la filiación del procedimiento», como ha sugerido Francisco Rico, y que las citas valgan por sí mismas como testimonio de lo que no debe realizase en ningún caso (lo que permite la analogía entre la censura formulada por Nebrija contra el cacosíndeton cometido por Mena en el verso «a la moderna volviéndome rueda», y el pasaje del mismo Lope, en el que reaparece el citado verso del *Laberinto de Fortuna* y, aunque más adelante y para otro texto, el mismo tecnicismo para enjuiciar el vicio de la elocución)[39]. Sin embargo, creo que el escritor está citando fragmentos de los poetas que más admira precisamente para ilustrar con la obra de los mejores representantes de la tradición poética castellana que el hipérbaton es una figura susceptible de ser utilizada, pero sólo de manera ocasional: de Herrera, por ejemplo, comenta que «casi nunca usó de esta figura»[40]. En realidad, las seis citas de hipérbatos que trae Lope conforman una unidad que se contrapone al verso citado poco después, «En los de muros», fragmento al que se le aplica específicamente el mismo calificativo que recibía el verso «Elegante hablastes mente», esto es, «cacosíndeton».

El conjunto de principios elocutivos que infringe la poesía gongorina es presentado como una vuelta al estilo latinizante que dominaba la composición literaria durante el reinado de Juan II, lengua literaria calificada por Lope de «bárbara» en la *Justa poética* de 1620 (p. 1112), y que estuvo justificada en su momento por la situación de esclavitud que sufría respecto a la latina. Sin embargo, la lengua castellana ha superado ese estado de subordinación: «ahora», señala el es-

---

[39] «Y Lope, frente a un porvenir de culteranismo triunfante, se nos aparece en simetría especular respecto al Nebrija que dejaba a las espaldas las esclavitudes cuatrocentistas» (Rico, 1982, p. 106).

[40] El proceder señalado por Rico era, por otra parte, muy habitual: Quevedo, por ejemplo, censuraba el empleo de hipérbatos remitiendo a ejemplos del *Cancionero general*, Boscán, Garcilaso, Barahona de Soto y Ercilla, y citando además un verso de Figueroa y otro de Aldana («Al excelentísimo señor Conde-Duque», pp. 150-51); Manuel de Faria y Sousa, asimismo, reunía ejemplos de hipérbatos extraídos del *Laberinto* de Mena (de nuevo, el verso 729), de Petrarca, de Boscán, de Garcilaso y de poetas del *Cancionero general* para ridiculizar el uso de esta figura en la obra de Góngora (ver el texto en el *Apologético* de Juan de Espinosa Medrano, pp. 62-65).

critor, «se ve señora», es decir, compañera del imperio en su máxima
expansión política y militar, como lo fuera el latín en tiempos de
Virgilio, y se configura ella misma como modelo lingüístico para el
resto de lenguas[41]. Esta afirmación no puede dejar de anotarse al margen del pasaje en el que Góngora confiesa que gracias a sus poemas
mayores «nuestra lengua» ha llegado «a la perfeción y alteza de la latina» (*Respuesta de don Luis de Góngora*, p. 257). En este sentido, cabe
recordar que el desencuentro entre dos concepciones de la alteza lingüística, vinculada a la expansión territorial del imperio, o medida por
el grado de similitud con la lengua latina, ya se había formalizado en
la carta dirigida a Góngora y Antonio de las Infantas, fechada el 16
de enero de 1614, y que se ha atribuido repetidas veces al mismo
Lope[42]. La opción estética de Góngora, por lo tanto, no sólo atenta
contra los principios elocutivos de la retórica, sino que supone el re-
troceso a un estadio de lengua del todo superado, caracterizado por
el uso de hipérbatos latinizantes y cultismos, según se observa en el
ejemplo extraído del Prólogo a la *Coronación del Marqués de Santillana*
de Juan de Mena («Trabajan mucho algunos por volver al pasado siglo nuestra lengua; este cuidado, si es justo, dirá el tiempo, que con
las novedades se descuida si no son acertadas», reiteraba en la
Introducción a la *Justa poética* de 1620, p. 1114)[43].

[41] Remito para la cuestión al clásico estudio de Asensio, 1960.

[42] «Nadie ignora que nuestra lengua llega a la alteza de la latina, y si Vuestra
Merced es autor de esta grandeza ha de ser o por haberla estendido tanto como ella
o por haberla dado igual perfección. La extensión parece que tiene mayores fundamentos, porque como la que tuvo la latina procedió de la extensión de su imperio
en el cual era ella vulgar, extendiéndose gobernadores y ministros de él se extendió
la necesidad de negociar en ella... y de esta misma extensión del imperio español procedió la de su lengua, sin debérselo a Vuestra Merced, de que no puede dudarse, y
así viene a estar el engaño en atribuirse Vuestra Merced la perfección que le debemos» (*Respuesta a las cartas de don Luis de Góngora y de Antonio de las Infantas*, pp. 160-
61). A favor de la fecha de composición propuesta por Carreira, 1989 [1986], p. 340,
permítaseme señalar que esta *Respuesta* parece ignorar la correspondencia de Góngora
con Pedro de Valencia (ver p. 161), dato que difícilmente se podría desconocer a la
altura de 1616 (Orozco 1969, p. 326); Díaz de Rivas, por ejemplo, la cita en sus
Discursos apologéticos.

[43] A propósito del juicio estético de Lope sobre la poesía del siglo XV se había
pronunciado Montesinos, 1967, en sus primeros estudios (de 1925) al señalar que el
escritor consideraba ese periodo literario como superado, aunque valoraba su inge-

Razones para la oscuridad

El conjunto de críticas parciales a los respectivos vicios de la elocución, de la pureza al ornato, cifran en su conjunto una oscuridad más general, presentada como oscuridad de las «palabras» (*elocutio*) y enfrentada generalmente con la oscuridad de las «sentencias» (*inventio*): allí «donde causa dificultad la sentencia», resume Lope, «aquí la lengua». La dificultad en la lectura de cualquier clase de texto es legítima cuando se deriva de la naturaleza misma de los contenidos, que pueden resultar complejos, pero no cuando procede del abuso de los recursos elocutivos. Se trata, como es sabido, de una oposición que reaparece continuamente en la crítica literaria de la época y que participa de dos tradiciones diferentes pero estrechamente vinculadas desde la antigüedad: la retórica y la filosofía. La retórica prescribía una subordinación general de las palabras (*elocutio*) a los contenidos (*inventio*) para la consecución de los tres fines del discurso oratorio (mover, deleitar, persuadir), precepto que ya desacreditaba de por sí la excesiva preocupación por la elocución, y reseñaba asimismo la claridad, tanto de los asuntos (*inventio*) como de las palabras (*elocutio*), como una de las virtudes de la narración (Quintiliano, IV, II, 36; VIII, II, 22). El carácter que asumía la retórica de teoría general para toda clase de discurso justificaba para los críticos de la poesía gongorina la apelación a las reglas de esta disciplina, asumiendo incluso que el poeta contaba con mayores licencias elocutivas que el orador[44]. La filosofía pagana y cristiana, por su parte, que mantenía unas relaciones no siem-

---

nio y su manejo del concepto, es decir, de la sentencia. Lama, 1995, retomó el asunto distinguiendo las diferentes corrientes poéticas del siglo XV y señalando que, por lo que respecta a la poesía de cancionero, Lope demostró siempre respeto y admiración ante ella. Montesinos tenía razón en señalar que el escritor observaba la literatura del siglo XV como una edad superada (el texto de la «Censura», no citado por Lama, es inequívoco al respecto, y es un buen punto de referencia para leer adecuadamente la presunta indecisión de Lope a la hora de valorar la poesía y la prosa del siglo XV), aunque en el juicio sobre géneros concretos, en efecto, la opinión variara: el rechazo de la prosa y la poesía latinizante es contundente, mientras que el juicio sobre la poesía de cancionero, si bien destaca la rudeza del estilo, ensalza el uso del concepto. En el plano práctico, Lope construye todo el verso octosílabo amoroso de su teatro sobre el léxico y el estilo de los cancioneros (sin mucho del neoplatonismo que se le adjudica equivocadamente), así como parte de su poesía en endecasílabos.

[44] «Ni deben eximirse los versos de esta obligación, aunque se les encargue mayor adorno» (Jáuregui, *Discurso poético*, p. 136).

pre cordiales con la retórica, recomendaba la claridad estilística para
no dificultar la comprensión de unos contenidos que eran complejos
por naturaleza (véase, por ejemplo, Séneca, *Epistulae ad Lucilium*,
LXXV, 1-7; C; CXV, 1-2; san Agustín, *De doctrina christiana*, IV, VIII-
XI)[45]. Ambas disciplinas coincidían en la prescripción de la claridad
conceptual y elocutiva, pero las razones para formular este precepto
se derivaban de objetivos distintos: la persuasión del juez o del público para la retórica y la comunicación de la verdad para el filósofo, el
teólogo o el predicador.

Los críticos de la oscuridad de la poesía gongorina podían servirse de las autoridades que proporcionaban ambas tradiciones, en función del concepto que tuvieran de la retórica y de la poesía como
disciplinas. La presencia de los lugares de la tradición retórica, como
puede observarse en la «Censura» de Lope, es mayor desde el momento en que la terminología y los conceptos de la crítica literaria,
centrada en los aspectos estilísticos, se fundamentaban en el léxico y
los principios de esta disciplina. Sin embargo, cuando el escritor quería proyectar sus censuras contra la oscuridad poética más allá del ámbito elocutivo, la retórica dejaba de proporcionarle argumentos al respecto desde el momento en que la concebía como disciplina
reguladora exclusivamente de los principios de la elocución. Las consideraciones del escritor sobre la oscuridad derivada de los contenidos se refrendarán con autoridades filosóficas o teológicas, pero nunca con los múltiples lugares de la retórica sobre la claridad conceptual.
Éste es el marco teórico en el que debiera de interpretarse la presencia tan importante de san Agustín en la polémica por parte de Lope,
y en particular del *De doctrina christiana*, según el mismo escritor pone
de manifiesto cuando remite en bloque al libro cuarto de esta obra
para todo lo referente a «las *cosas* oscuras y ambiguas, y cuánto se deben huir» (el subrayado es mío)[46].

[45] Azaustre Galiana, 2003, p. 65, n. 17. Para un repaso de las relaciones entre la
retórica y la filosofía desde la antigüedad al siglo XX, ver Vickers, 1988, pp. 83-213.
Para el Renacimiento en particular, ver el estudio de Seigel, 1968, teniendo presentes los matices que introduce Vickers, 1988, p. 180, n. 18, a su análisis de la retórica
en Valla y que son relevantes en el marco de nuestro comentario a las ideas literarias
de Lope de Vega.

[46] Lope lo formulaba de manera explícita en un pasaje de una dedicatoria que
alude probablemente (como ya he indicado) al primer texto de Colmenares: «pero le

De igual modo que las tradiciones retórica y filosófica proporcionaban preceptos o consejos para censurar la oscuridad, ésta también contaba con argumentos que la legitimaban en determinados contextos y que defensores y críticos de los poemas mayores de Góngora esgrimirán repetidas veces en diferentes sentidos. Las referencias eruditas que comportaba el tratamiento de «materias graves y filosóficas» o la ocultación de significados por medio de la alegoría, por ejemplo, así como el género y los estilos literarios, el carácter divino de la inspiración que dictaba los versos de un poema, o las relaciones establecidas entre la enseñanza a través del esfuerzo intelectual y los efectos placenteros que dispensa resultaban circunstancias alegadas por separado o vinculadas entre sí para justificar la oscuridad de las *Soledades* gongorinas[47]. Este repertorio de argumentos aparece en diferentes pasajes de los cuatro textos que conforman este episodio de la polémica. En la «Censura» de Lope se rechaza que el poema sea oscuro por la erudición de sus contenidos y que la dificultad de comprenderlo pueda ser causa de placer por parte del lector. En las dos respuestas de Colmenares, en cambio, como veremos más adelante, se plantea la naturaleza excepcional del poeta y se justifica la dificultad de las *Soledades* por el estilo «realzado» que es propio de la poesía.

El conjunto de autoridades agrupadas para ilustrar la necesaria moderación en el uso de recursos elocutivos y la claridad general que debe presidir sobre cualquier clase de texto escrito se cierra presentando la excepción por la que está justificada la oscuridad: «En las materias graves y filosóficas, confieso la breve escuridad de las sentencias», esto es, la oscuridad derivada de la expresión sintética de ideas cifradas en sentencias, teniendo en mente el conocido pasaje de

certifico, así las musas me sean favorables, que no tiene todo su diccionario catorce voces, con algunas figuras imposibles a la retórica, a quien niegan que sea el fundamento de la poética; digo en las locuciones, que en lo demás ya sé que lo es la filosofía» (dedicatoria a Francisco de Borja, *La pobreza estimada, Parte XVIII*, p. 195).

[47] El estudio más completo sobre la oscuridad poética en el marco de la polémica gongorina es el de Roses Lozano, 1994. Ver el comentario de García Berrio, 1975, pp. 239-53, al pasaje de las *Tablas poéticas* de Cascales sobre la oscuridad, así como el clásico estudio de Vilanova, 1983, con las reservas expuestas a propósito de la alegoría (ver pp. 107-108), y el artículo de Domínguez Caparrós, 1992. Ver, entre los trabajos más recientes, las páginas que dedica Azaustre Galiana al asunto, 2003, pp. 64-67 y ss.

Horacio («Brevis esse laboro, / obscurus fio», *Ars poetica*, vv. 25-26; véase *Antídoto*, p. 86).Y añade: «como lo disputa admirablemente Pico Mirandulano a Hermolao Barbaro: "Vulgo non scripsimus, sed tibi et tuis similibus"». Esta oscuridad viene determinada por la naturaleza de las «sentencias» y no debe ser censurada porque los lectores a los cuales están dirigidas estas obras cuentan con los conocimientos suficientes para leerlas e interpretarlas sin dificultad. El fragmento escogido por Lope procede del discurso en forma de elogio paradójico que presenta Pico en boca de un escolástico para desvincular la retórica de la filosofía. Lope, sin embargo, que conocía el contenido de esta carta (véase la dedicatoria de la comedia *Pedro Carbonero*, en la *Parte XIV*), interpreta la afirmación referida en su contexto a las obras filosóficas escolásticas como una sentencia de validez general para cualquier clase de texto que contenga «materias graves y filosóficas»[48]. Conviene subrayar, por lo tanto, cómo en un texto en el que se discute teóricamente sobre la naturaleza y las relaciones de la filosofía y la retórica puede encontrar Lope una cita que confirme su posición a propósito de la oscuridad del «lenguaje» frente al de las «sentencias», con el objetivo de señalar que la poesía de Góngora carece de contenidos graves y difíciles que expliquen su oscuridad.

Lope acomete en la «Censura» contra la equiparación de las *Soledades* a los poemas de Homero, donde se reunían, en opinión de Platón, «todas las ciencias humanas y divinas», y pregunta irónicamente si la circunstancia de no entender el poema se explicará por el hecho de faltar «Platones» que expongan «el secreto de este divino estilo». La oscuridad de las *Soledades*, sostiene Lope, carece de justificación porque no encubre ninguna clase de contenido valioso, limitándose a complicar hasta el virtuosismo la mínima trama del poema por medio de los recursos elocutivos.

La concepción de la poesía como texto que transmite conocimientos importantes, sea o no por medio de la alegoría, y que cifra por lo tanto diferentes clases de lecturas se consolidó en el siglo XIV

---

[48] El texto de Pico compara a continuación la dificultad de los textos filosóficos escolásticos con los velos con que cubrían los poetas antiguos sus narraciones («Nec aliter quam prisci suis aenigmatis et fabularum involucris arcebant idiotas homines a mysteriis», p. 46). No deja de resultar significativo que Lope, en este contexto, no recurra al argumento de la alegoría para legitimar la oscuridad conceptual.

con las explicaciones y ensayos de Dante (*Convivio*, II, 1), Petrarca (*Familiares*, X, IV) y Boccaccio (*Genealogia Deorum*, XIV-XV), que además asociaron la poesía a disciplinas respetadas como la teología y la filosofía moral y natural. Esta tradición ofrecía una serie de lugares comunes para justificar la deliberada oscuridad de un texto literario (léase, por ejemplo, *Invectiva contra medicum*, III, *Seniles*, XII, 2, o *Genealogia*, XIV, XII), pero difícilmente podía legitimar una decisión estética tan arriesgada como la adoptada por Góngora: las *Soledades* carecen de significado alegórico más allá de una «representación general del hombre en el misterioso joven protagonista del poema», en palabras de Dámaso Alonso[49], y tampoco pueden considerarse un poema concebido para transmitir conocimientos filosóficos a estudiantes y lectores de poesía, a la manera de los textos de Lucrecio o Manilio («los doctos podrán bien deleitarse con este género y estilo de poesía, pero aprovecharse no, siendo de cosas que no deben ignorarlas», señalaba, en este sentido, Francisco Fernández de Córdoba en su primer comentario del poema)[50]. En realidad, la oscuridad de las *Soledades* es uno de los elementos que convierte al poema en revolucionario precisamente porque el hecho de no poder justificarse por ninguna de estas líneas de interpretación no invalidaba para muchos de sus contemporáneos el carácter excepcional de la obra (la teoría literaria de

---

[49] Alonso, 1955, pp. 527-28. Un pasaje de la famosa carta atribuida a Góngora en la que se exige la «capacidad para quitar la corteza y descubrir lo misterioso que encubren» (p. 256) supone, en mi opinión, otro elemento de peso para cuestionar la autoría del cordobés (ver Jammes, 1994, pp. 614-16, y confróntese con Carreira, 1998 [1994a], pp. 260-66), que difícilmente remitiría a la tradición escolar, tanto medieval como renacentista, de lecturas alegóricas para defender la oscuridad de su obra y anticipar el descubrimiento de unos contenidos misteriosos. La voz «corteza» (*integumentum*) remite, en efecto, a las lecturas alegóricas medievales y renacentistas de los autores clásicos (y muy probablemente la oscuridad atribuida a las *Metamorfosis* deba entenderse en términos de dificultad para desentrañar la alegoría de sus versos, en contra de la oscuridad gramatical que propone Rico, 1982, pp. 108-109). Para el papel de la lectura alegórica renacentista sobre los textos literarios, además de los estudios clásicos de Seznec y Allen, ver, últimamente, Moss, 2003, pp. 224-84. Para el ámbito español, ver los estudios de Serés, 1997, pp. 52-54 y notas 5-8; pp. 59-60 y n. 40; 2000.

[50] *Parecer*, p. 136. Confróntese, sin embargo, con sus afirmaciones al respecto en el *Examen del «Antídoto»*, pp. 417-18. Ver, asimismo, la crítica (del todo hiperbólica) de Jáuregui en su *Antídoto*, p. 18.

la época no desconocía afirmaciones abiertamente favorables al gusto individual y a la actualización de las reglas del arte a las nuevas exigencias —y no sólo en el teatro: véanse, por ejemplo, el *Examen del «Antídoto»*, p. 426, y el apéndice a la *Expostulatio Spongiae*). En este sentido, tanto las interpretaciones alegóricas de Manuel Serrano de Paz como la presentación del poema en pie de igualdad con las «obras de filósofos y las Sagradas Escrituras» de Manuel Ponce, por citar dos ejemplos, resultan significativas no tanto por ilustrarnos algunas de las posibles lecturas que las *Soledades* podían suscitar en la época, sino porque representan una aproximación hermenéutica al poema que permitía integrarlo en el marco de las convenciones literarias de la época, desde el momento en que se adoptaba un tipo de exégesis legitimado por la tradición[51].

Inmediatamente después de ironizar sobre la necesidad de intérpretes («Platones») para comprender las *Soledades*, Lope recuerda otro de los argumentos para defender la oscuridad de la poesía, según el cual ésta se ha escogido deliberadamente para ejercitar la inteligencia de los lectores. La cita que ilustra este particular —instalado quizá también aquí en la ironía— se extrae de un pasaje de san Agustín sobre el Apocalipsis («In hoc quidem libro, cuius nomen est Apocalipsis obscure multa dicuntur, ut mentem legentis exerceant»). Lope no pone en cuestión la afirmación de san Agustín, sino la conveniencia de aplicarla al caso de las *Soledades*. El argumento que recuerda Lope en este pasaje será fundamental en el marco de las defensas de la oscuridad o dificultad en la poesía contemporánea (véase la *Respuesta de don Luis de Góngora*, pp. 256 y 258), presentándose a menudo bajo las revisiones que se practicarán del binomio horaciano en torno a la enseñanza y el deleite, sobre el cual se había configurado la definición de los objetivos de la poesía durante siglos[52]. Las apariciones de estos térmi-

---

[51] Para el contenido de los comentarios de Serrano de Paz, con una valoración crítica de los mismos, ver Alonso, 1955. La cita de Manuel Ponce la tomo del mismo trabajo (p. 516). Para otro comentario alegórico de un pasaje de las *Soledades*, incluido en una retórica para predicadores, ver Rico García, 1998.

[52] En unos términos, por otra parte, más restrictivos que en la formulación horaciana original, *Ars poetica*, «aut prodesse volunt aut delectare poetae» (v. 333). Compárese con la cita del mismo verso que realiza Juan Díaz Rengifo, *Arte poética española*, p. 6, donde la conjunción disyuntiva original se ha convertido, significativamente, en una conjunción copulativa.

nos en la crítica o teoría literaria del periodo aluden habitualmente a máximas morales o psicológicas de valor universal, pero en muchas otras ocasiones la mención de la enseñanza y del deleite o de la dulzura y la utilidad remite a contextos sociales y culturales más precisos, tal y como sucede con los propios versos de Horacio[53]. Asimismo, la aparición de la terminología horaciana no permite reconstruir en todos los casos una poética general implícita, pues a menudo ha sido escogida por su funcionalidad en el marco de un discurso argumentativo, siendo perfectamente posible que en otras circunstancias se opine distintamente. Así sucede con las alusiones a los conceptos horacianos que aparecen en los textos de esta polémica y, principalmente, en la «Censura» de Lope. El escritor describía las características de la primera poesía de Góngora en el marco de su biografía poética con estas palabras: «Tenemos singulares obras suyas en aquel estilo puro, continuadas por la mayor parte de su edad, de que aprendimos todos erudición ['doctrina'] y dulzura, dos partes de que debe de constar este arte (p. 176)». Más adelante concluye, a propósito de las *Soledades*, y con el dictado horaciano en mente, que «la dureza es imposible que no ofenda la poesía, pues no deleita, habiéndose hecho para escribir deleitando» (p. 183). En el primer caso, Lope está interesado en subrayar que las obras poéticas de Góngora hasta la composición del *Polifemo* y las *Soledades* se habían ajustado perfectamente a las reglas, contrastando de este modo la aberración que suponen sus obras ulteriores. La mezcla de enseñanza y deleite se presentaba como el principio más conocido y canónico para definir los objetivos de la poesía: mencionarlo en este contexto suponía, pues, el argumento teórico más eficaz para lograr el propósito reseñado. En el segundo caso, para la censura de esta «lengua que desea introducir» el poeta cordobés se remite, de nuevo, a la máxima horaciana, pero prescindiendo en este caso de la enseñanza («la poesía» se ha «hecho para escribir deleitando»). Lope se ocupa en este pasaje de los recursos elocutivos propios de la poesía gongorina y es natural que atienda a los efectos placen-

---

[53] Ver, en este sentido, el estudio de Matz, 2000, sobre el reflejo, en las enunciaciones de la doctrina horaciana en textos de Thomas Elyot, Philip Sidney y Edmund Spenser, de los conflictos que surgieron a propósito de los modelos de conducta aristocrática durante las transiciones sociales y culturales del siglo XVI. Para los versos de Horacio y el intento que suponen de conciliar las demandas de la aristocracia romana con sus propios principios teóricos, ver Kilpatrick, 1990, p. 47.

teros o desagradables que genera un determinado uso de los mismos. Sin embargo, existe una diferencia evidente entre señalar que la poesía debe procurar, entre otros objetivos, el deleite del receptor, y definirla exclusivamente por esta finalidad. El escritor, por lo tanto, prescinde sin pro blemas de alguno de los dos elementos del binomio horaciano en función de las exigencias argumentativas del contexto (lo que no implica que considerara inoportunas estas categorías para definir los objetivos de la poesía).

La oscuridad, por otro lado, no se censuraba desde un concepto de claridad compartido por todos. La atención dedicada por los historiadores de la crítica literaria a los matices introducidos en la valoración del fenómeno estético de la oscuridad no ha permitido apreciar la variedad de lecturas que se practicaban de su contrapartida estética: la claridad. Colmenares y otros críticos de Lope entenderán la claridad defendida por Lope en términos de facilidad y llaneza accesible al vulgo, practicando una interesada proyección sobre toda su producción literaria de los polémicos principios del *Arte nuevo de hacer comedias* a propósito del vulgo y el gusto. Éste debió de ser uno de los factores que provocó la desvinculación de Jáuregui del concepto de claridad defendido por Lope y sus partidarios, afirmando la licitud de «contravenir muchas veces a la regulada elocuencia y sus leyes comunes sin ofender las poéticas, antes ilustrando sus fueros» (*Discurso poético*, p. 99). En este sentido, al indicar que «a la poesía ilustre no pertenece tanto la claridad como la perspicuidad» (p. 125), se situará equidistante del «plebeyo gusto» que revelan «algunos discursos que he visto contra la demasía moderna» (p. 98) y de quienes venden «la oscuridad por estudiosa y difícil» (p. 141).

Estrechamente vinculado a los problemas relativos a la oscuridad y la claridad del lenguaje poético se encuentra un asunto que Lope sólo trata en una ocasión, pero que resulta muy significativo para reconstruir el marco teórico desde el cual formula sus juicios sobre la poesía de Góngora. Para justificar su insistencia en condenar la oscuridad y la ambigüedad que observa en los versos de Góngora, Lope escribe (p. 178):

> No se admire Vuestra Excelencia, señor, si en esta parte me dilato, por ser tan alta materia el hablar, que de ella dijo Mercurio Trimegisto en el *Pimandro*, «que sólo al hombre había Dios concedido la habla y la mente, cosas que se juzgaban del mismo valor que la inmortalidad».

La aparición de este lugar común sobre la razón («mente») y la lengua («habla»), los atributos fundamentales de la dignidad del hombre, en el contexto de la censura a la oscuridad de la poesía gongorina lleva implícito el concepto de la lengua como instrumento civilizador y vínculo de los hombres entre sí. Generaciones de estudiantes, como el propio Lope, habían leído y comentado en las clases de retórica los elogios de la elocuencia que autores clásicos y contemporáneos introducían al comienzo de sus obras (empezando por el citadísimo pasaje de Cicerón, *De inventione*, I, 1)[54]. La oscuridad deliberada de la lengua poética gongorina, desde esta perspectiva, resultaba condenable no sólo desde la preceptiva estilística de la retórica, sino también desde un punto de vista ético, dado que atentaba contra los principios definitorios del lenguaje y la elocuencia en el marco del pensamiento renacentista[55].

La imitación o «el más verdadero arte de poesía»

Además de los problemas relativos a la lengua poética, el otro gran asunto de la «Censura» de Lope es el que afecta a la imitación. Un simple recuento de las apariciones del concepto a lo largo del texto (un total de nueve) advierte del importante papel que desempeña en el desarrollo de los argumentos en contra de la «nueva poesía». La imitación de los modelos antiguos y contemporáneos ocupa un lugar fundamental en la teoría y la práctica literaria del periodo renacentista.

---

[54] Francisco de Castro recordaba en 1611 los dos atributos principales del hombre en el proemio a sus cuatro diálogos sobre la retórica («Duo sunt, lector amice, quibus homines a belluis maxime discernimur, ratio et oratio: illa veris, haec verbis illustratur», *De arte rhetorica dialogi quatuor*), y Bartolomé Jiménez Patón ensalzaba asimismo, el mismo año en que se publicaba *La Filomena*, los valores cívicos de la elocuencia en el prólogo al *Mercurius Trimegistus* («Hoc igitur eloquentia suppeditat, eiusque vis potuit aut dispersos homines unum in locum congregare, aut a fera, agrestique vita ad hunc humanum cultum, ciuilemque deducere, aut iam constitutis ei uitatibus leges, iudicia et iure describere», fol. 7r), por citar dos ejemplos contemporáneos a la «Censura» de Lope. Ver, en este mismo sentido, el inicio de la «Prefación» de Vicente Mariner a su traducción de la *Retórica* aristotélica de 1630 (BNE, ms. 9809, fol. 2r).

[55] Al respecto, ver Gray, 1963, pp. 498, 506. Para las relaciones entre el lenguaje (o elocuencia) y la razón en el marco de los discursos sobre la dignidad del hombre, ver Kristeller, 1982 [1979], pp. 230-44; Rico, 2002a, pp. 163-94.

Este concepto procedía de la tradición retórica clásica, presentado como directriz fundamental en el marco de los ejercicios de composición de los estudiantes (Quintiliano, *Institutio oratoria*, X, 2), y convivió con la concepción aristotélica de la poesía y las artes en general como imitación de la realidad que pusieron en circulación los traductores y comentaristas de la *Poética* (I, 1447a 13-16)[56]. El poeta, escribe Lope a mediados de 1619, debe imitar «la alteza de las locuciones, términos y lugares felizmente escritos, las sentencias, el ornamento, propiedad y hermosura esquisita de las voces» que se encuentran en los mejores poetas[57]. En este sentido, las consideraciones de Lope sobre la imitación en el marco de su censura de la «nueva poesía» resultan de mayores consecuencias (y eficacia argumentativa) porque trascienden el ámbito de la crítica concreta, por ejemplo, de determinados empleos del hipérbaton o de extranjerismos, proyectándose sobre el conjunto de una obra literaria.

La poesía de Góngora se presenta a lo largo de la «Censura» desde diferentes perspectivas en este sentido, aunque en todas ellas queda explícito que la imitación de sus versos resulta difícil. En ocasiones el escritor, distinguiendo entre el ingenio (*natura*) y el estilo (*ars*) de Góngora, explica que el fracaso de quienes tratan de imitarle es debido a su propósito de lograrlo por medio de la simple reproducción de sus rasgos estilísticos más recurrentes («los que imitan a este caballero producen partos monstruosos, que salen de generación, pues piensan que han de llegar a su ingenio por imitar su estilo. Mas pluguiera a Dios que ellos le imitaran en la parte que es tan digno de serlo»)[58]. Otras veces se limita a contraponer la poesía del cordobés

[56] El Pinciano, por ejemplo, presenta los dos tipos de imitación jerarquizando en primer lugar la mímesis aristotélica y en segundo lugar la *imitatio* retórica (*Filosofía antigua poética*, «Epístola III», p. 111). Para un tratamiento más exhaustivo de las diversas acepciones del término imitación, ver García Galiano, 1988, pp. 28-52 y Pineda, 1994, pp. 17-19. Para las relaciones entre imitación y creación literaria en el marco de la literatura, ver Cave, 1979, pp. 35-77, para el ámbito francés y McLaughlin, 1995, para el italiano. Véanse, además, las pp. 27-30 del Prólogo.

[57] En la dedicatoria de la comedia *El cuerdo loco* a Tomás Tamayo de Vargas, *Parte XIV*, p. 109.

[58] Ver, asimismo, los siguientes pasajes: «lo que en todos causa dificultad la sentencia, aquí la lengua; y... esto en los que imitan es con más dureza y menos gracia»; «a los demás que le imitan con alas de cera en plumas tan desiguales, jamás les seré afecto, porque comienzan ellos por donde él acaba».

con la de sus «malos» imitadores, afirmación que conlleva considerar que es posible la existencia de buenos imitadores de Góngora («hablo de la mala imitación, [...] a su primero dueño reverencio», esto es, al dueño de esta nueva lengua poética). Finalmente, Lope presenta una analogía entre la lengua poética de Góngora y el «nuevo latín» de Justo Lipsio, señalando que ambas propuestas estilísticas sólo «producen partos monstruosos»[59].

Si bien es cierto que Lope nunca afirma explícitamente que los poemas de Góngora no deban imitarse, la propuesta de Fernando de Herrera, de «sus sonetos y canciones», como «el más verdadero arte de poesía» que se realiza en la «Censura» sólo puede interpretarse como un rechazo del modelo poético que suponían sus grandes poemas: «ésta es elegancia, ésta es blandura y hermosura digna de imitar y de admirar», señala Lope después de citar diez endecasílabos de Herrera (el sevillano es, con diferencia, el poeta más citado en el «Discurso» de Lope, con un total de veinticuatro versos procedentes de cuatro composiciones distintas), «que no es enriquecer la lengua dejar lo que ella tiene propio por lo extranjero, sino despreciar la propia mujer por la ramera hermosa». Señalaba Collard con razón que «los adversarios de Góngora se negaron a reconocerlo como jefe de escuela, título que conferían a Herrera»[60]. Sin embargo, conviene preguntarse por quién y con qué objetivos se realiza en cada caso esta afirmación. Porque Lope no remite a la poesía de Herrera como un gramático o un comentarista que propone un autor apropiado para la imitación poética (a la manera del Brocense en su edición y anotación de Garcilaso), sino como poeta que forma parte de esa historia literaria sobre la que está emitiendo juicios críticos (según hizo el mismo Herrera en sus *Anotaciones* al poeta toledano). Toda afirmación al respecto puede encubrir, por lo tanto, una voluntad por parte del escritor de colocarse de un modo determinado ante esta tradición.

---

[59] Ver el mismo comentario en la carta atribuida a Lope contra Góngora, p. 186. Para las características del latín de Justo Lipsio, enfrentado al modelo ciceroniano, y el ejemplo que supuso para la prosa latina del momento, ver los ensayos de Croll, 1969 y Fumaroli, 2002 [1980], pp. 152-61 y ss. Para la recepción Lipsio en la cultura española de la época, ver las observaciones de J. García López en su próxima edición de la *República literaria*.

[60] Collard, 1967, p. 18.

Una mínima investigación en torno a la figura de Herrera durante los años en que la poesía de Góngora iba configurándose como nuevo modelo literario revela que el poeta sevillano estaba siendo reivindicado desde diferentes ámbitos del mundo literario castellano y andaluz. Las críticas o el simple silencio que se vertió sobre la poesía de Herrera en los primeros años del siglo XVII contrastan con la reaparición en clave positiva de su obra en el marco de la polémica gongorina[61]. Fundamental, en este sentido, es la edición de los *Versos* (1619) preparada por Francisco de Pacheco, Francisco de Rioja y Enrique Duarte, con una dedicatoria que subraya «el no merecido desamparo» (p. 478) de la poesía del sevillano y unos párrafos del último de los editores citados en los que se presenta a Herrera como al mejor de los poetas y figura insuperable. Sin citar a Góngora, se formula, por ejemplo, el pronóstico de que el poeta «que llegare a saber más en ellos, conocerá mejor cuánto está lejos de poder subir al lugar que Fernando de Herrera» (p. 494), afirmación que para un lector de los preliminares de la edición de los *Versos* iba necesariamente referida al poeta cordobés[62].

La defensa de Herrera como modelo digno de imitación que realiza Lope parece compartir el propósito de desprestigiar la poesía de Góngora que persiguen los editores del sevillano. En este sentido, Lope tuvo que saber muy pronto de los preparativos de la edición, probablemente antes de la redacción de la «Censura», teniendo en cuenta su amistad con Francisco Pacheco. Sin embargo, ni los objetivos de la reivindicación ni los medios para lograrlos son realmente los mismos. Los editores recuperan a Herrera «presentándolo como primero y principal en la latinización del castellano, en el dominio de los hipérbatos, en la oscuridad deliberada», mientras que Lope destaca de su

---

[61] Ver, por ejemplo, el juicio negativo sobre su poesía en la primera versión de la *República literaria*, pp. 41-42, n. 4 (c. 1620, según me indica Jorge García López; ver A. Blecua, 2006 [1984], pp. 380-81). En *El Vega de la poética española* (c. 1618) de Baltasar Elisio de Medinilla también se alude al «divino Hernando de Herrera, tan digno de este nombre, y tan mal tratado de inorantes» (p. 272). A Jáuregui le negaban el talento poético por haber nacido en Sevilla y no en Córdoba («nacido y criado en Sevilla, que no influye cosa de provecho en materia de poesías», *Opúsculo inédito contra el «Antídoto» de Jáuregui*, p. 397). Ver las citas reunidas al respecto por Smith, 1962, pp. 171-75.

[62] Para esta interpretación de la edición de los *Versos* de Herrera, ver Micó, 1997.

poesía precisamente la ausencia de los elementos reseñados por los primeros[63]. Por otro lado, la propuesta de la poesía de Herrera enfrentada a la de Góngora se funda, para los editores, en la voluntad de resarcir los «versos» del poeta sevillano de las «grandes injurias» que han «padecido» (p. 480), en palabras de Francisco de Rioja; mientras que para Lope se trata tan solo de una estrategia por medio de la cual se presenta a sí mismo de forma indirecta como el continuador de la tradición lírica verdaderamente castellana, empezada con Garcilaso, continuada por Herrera y culminada por él mismo[64].

Esta secuencia de historia literaria era percibida como tal por muchos contemporáneos del escritor. El principado de Garcilaso era incontestable, en general, para todos los poetas y aficionados a la literatura del periodo[65]. Herrera fue presentado asimismo como el continuador más destacado de las formas y los contenidos poéticos inaugurados por el toledano, aunque su poesía no tuvo la aceptación general que disfrutó la de Garcilaso[66]. Cabía la posibilidad de intro-

---

[63] La cita está tomada de Micó, 1997, p. 278.

[64] Una intención análoga, para el caso más específico de la poesía pastoril, subyace en los elogios de Lope de Rueda que realiza Lope en varios lugares de su obra (ver A. Blecua, 2006 [1978], p. 430). El relato de la historia literaria de un género para presentarse como el continuador o la culminación del mismo es una práctica habitual, por ejemplo, de Cervantes (A. Blecua, 2006 [2001a]).

[65] Garcilaso también es mencionado por Lope en el Discurso como el otro gran modelo a imitar: «El que quisiere saber su verdad, imítele y léale, a Herrera, que de Garcilaso no pienso hablar palabra, pues han llegado algunos a tanta libertad, que llaman poetas mecánicos los que le imitan, cosa tan lastimosa, que por locura declarada carece de respuesta» (p. 185). Por esas mismas fechas escribía Lope: «a muchos ignorantes que piensan que saben, espanta que con tales vocablos, *i. e.*, *tornada* se dé a Garcilaso nombre de príncipe de los poetas en España» (*Las fortunas de Diana*, en *Novelas a Marcia Leonarda*, p. 159). En el soneto preliminar de las *Rimas de Tomé de Burguillos*, escrito presumiblemente por el mismo Lope, Garcilaso es presentado una vez más como «el príncipe» (p. 1243). Ver otros ejemplos en «Apolo», v. 183, incluido en las *Rimas* de 1604, y en la «Égloga a Claudio», v. 534. Algunos ejemplos de esta canonización de Garcilaso pueden verse en Sebold, 2003, pp. 23-46.

[66] Ver Vranich, 1981; López Bueno, 2000 [1987], pp. 72-77; Montero, 1987 y Lara Garrido, 1999. Además de las numerosas citas de elogiosas de Herrera en otras obras de Lope (pero sin este matiz reivindicativo, en el marco de enumeraciones de poetas admirados), ver, por ejemplo, la *Adjunta del Parnaso* del *Viaje del Parnaso* de Cervantes, p. 210 (donde se le menciona con otros tres poetas «divinos»: Garcilaso, Figueroa y Aldana; ver p. 118, n. 70, para estos poetas).

ducir otros nombres según las características del texto en el que se formularan juicios de historia literaria, pero parece evidente que, para un amplio sector de escritores del siglo XVII, Herrera había sido el último gran poeta después del toledano. Así se observa en *El Vega de la poética española*, diálogo incompleto de Baltasar Elisio de Medinilla, donde del conjunto de poetas «españoles» que aparecen retratados a espaldas de Apolo en un cuadro de la casa de Francisco de Rojas, Conde de Mora, se destacan solamente «el toledano Garcilaso, primero censor de nuestra lengua; Pedro Liñán de Riaza, compatriota suyo —si bien Aragón le pide por su ascendencia—, agudo, festivo y superior ingenio; Hernando de Herrera, el divino por tantas causas, en quien perdió España su poeta, si en su ocidente no amaneciera el nuevo sol Lope de Vega Carpio, por quien ya no las ciudades de la tierra compiten, como por el anciano Homero, porque el cielo le declaró por suyo desde sus primeros años» (pp. 248-49). Conviene recordar datos tan obvios como olvidados a menudo a propósito de la ambición manifiesta de Lope de configurarse en modelo para todos los géneros literarios de la época, desde la épica en prosa y en verso a la lírica, el teatro o la novela breve, así como el papel de maestro de escuela literaria que desempeñaba para un nutridísimo grupo de importantes escritores y poetas del momento, que entendían su obra como ejemplos de la nueva poética sobre la cual debía regularse la composición de las obras literarias contemporáneas[67]. El sentido de la defensa de Herrera en la «Censura» resultaba inequívoco para quienes consideraban a Lope desde esta perspectiva.

La utilización de la figura de Herrera pronto tuvo que dejar de resultar interesante para Lope a efectos de su argumentación en contra de la «nueva poesía». La sucesión del nuevo monarca en 1621 y las renovadas aspiraciones de medrar en la corte, muy maltrechas en el periodo en que tuvo que redactarse la «Censura», invitaban a enfren-

---

[67] «Él ha sido», señalaba Francisco Pacheco años antes de la aparición de las *Soledades*, «el poeta solo que ha puesto en verdadera perfeción la poesía», siendo superior a «Garcilaso» y a los «mejores» poetas «que de Italia han impreso» (*Jerusalén conquistada*, p. 16); de las obras de Lope, escribía Alfonso Sánchez, profesor de hebreo en la Universidad Complutense, se derivan nuevas leyes y normas poéticas, superiores a las clásicas porque el escritor ha sabido ajustar el arte a las exigencias de la naturaleza (ver el apéndice de la *Expostulatio Spongiae*, s. p., sig. b2). A propçosito de este texto incluido en la *Expostulatio*, puede verse Tubau, 2005, pp. 239-41.

tar la poesía de Góngora con poetas contemporáneos y activos en el mundo político, cortesano y cultural. El príncipe de Esquilache, una vez se supo de su vuelta del Perú, se presentó como el mejor candidato por las características de su poesía y su condición de aristócrata y miembro de la corte[68]. Todos los escritores próximos a Lope secundaron esta elección y prodigaron elogios a Francisco de Borja en las obras publicadas a partir de 1622, unas alabanzas que, como en el caso de la propuesta de Herrera como modelo poético, no pueden desvincularse de las pretensiones de Lope de ocupar el puesto de mejor poeta de su tiempo, dado que la poesía del Príncipe, por sus características estéticas y por contar don Francisco con quince años menos que Lope, no dejaba de representar un ejemplo de imitación —por parte de un miembro de la nobleza, y esto es importante— del propio escritor madrileño[69]. Estos episodios en el marco de la selección de autores dignos de ser imitados permiten apreciar cómo la poesía de Góngora, al igual que había sucedido con la de Garcilaso a mediados del siglo anterior, despertó la necesidad de reflexionar sobre la historia literaria y motivó, en el caso de Lope, el empeño de manipularla según sus propios intereses[70].

[68] Así lo advertían Rozas y Pérez Priego, 1983, p. 652. Para la poesía y el gusto estético de Esquilache, ver Arco, 1950; Gili Gaya, 1961. Entrambasaguas, 1967 [1946], vol. I, pp. 478-85 ofrece un repaso de su vida, de su producción literaria y de los elogios que recibió de sus contemporáneos.

[69] Ver, por ejemplo, la dedicatoria al príncipe de Esquilache que coloca Pérez de Montalbán al principio de sus *Sucesos y prodigios de amor*, como primera de las ocho dedicatorias para las respectivas ocho novelas del volumen (pp. 11-14); o el soneto decimosexto de Francisco de Francia y Acosta en su *Jardín de Apolo* (fol. 8v), volumen aprobado por el mismo Lope y publicado, como los *Sucesos*, en 1624. Parece ser, por otra parte, que Esquilache tenía prevista la publicación de un libro de poesía hacia 1622 (así se desprende de la dedicatoria al mismo Príncipe de la comedia *La pobreza estimada, Parte XVIII*, p. 194).

[70] El conjunto de iniciativas editoriales llevadas a cabo en la década de los veinte con el propósito, ya señalado por A. Blecua, 2006 [2001b], p. 417, de recuperar la obra de poetas afines a Garcilaso no puede desvincularse de estas circunstancias, como se comprueba en dedicatorias y prólogos de las ediciones de fray Luis de León y Francisco de la Torre (1631) preparadas por Quevedo, que también había proyectado una edición de la poesía de Francisco de Aldana. Garcilaso, además, es reeditado en 1622 (Madrid) y 1626 (Lisboa), pasados más de veinte años de la última reedición (1600). La poesía de Figueroa, con poema preliminar de Lope en la misma línea reivindicativa, se edita por primera vez en 1624.

La «Respuesta» de Colmenares (1621)

La «Respuesta» de Diego de Colmenares a la «Censura» de Lope supone un desplazamiento del ejercicio de crítica literaria a la reflexión teórica sobre sus principios. En ella Colmenares identifica la retórica como la disciplina desde la cual se han formulado las críticas de la «Censura» contra la poesía de Góngora, señalando a continuación que la poética cuenta con principios y reglas independientes. De este modo, la crítica sobre algunos vicios de la elocución que planteaba Lope es puesta en entredicho por Colmenares al defender que tales recursos son genuinos de la poesía y del estilo elevado que la caracteriza. La posición teórica de Lope, en este sentido, se presenta implícitamente como la consecuencia de haber sujetado sus ideas sobre la poesía a las exigencias del vulgo y los imperativos comerciales de su producción dramática. La poesía y la disciplina teórica que la define y regula, sin embargo, no debe estar condicionada por estos factores. El poeta, en definitiva, es un ser excepcional y la poesía un arte de origen divino reservado al consumo de una minoría.

Rhetorica et Poesis

La carta de Colmenares empieza describiendo su encuentro con el *Polifemo* y las *Soledades* de Góngora («estos dos poemas») y las dudas sobre el significado de ciertos pasajes que el mismo poeta le explicó personalmente («me declaró su autor a boca»). Resueltas las dificultades y manifiesto el sentido y la coherencia de ambos poemas, se advierte que la oscuridad de los mismos es análoga a la de las *Doce Tablas*, comprensibles sólo para unos pocos, y a la del poema de Antímaco no entendido por el vulgo pero apreciado por Platón (véase p. 146, n. 114). Es entonces cuando Colmenares expone el tema fundamental de su «Respuesta» al expresar su sorpresa de que Lope hubiera fundado «su dotrina en principios de tan diversa profesión como es la retórica de la poética». El segoviano toma las tres citas esgrimidas por Lope para argumentar en contra de la oscuridad de la elocución y las pone en contexto, concluyendo que los tres autores citados hablaban de oratoria y no de poesía: Aulo Gelio se dirigía a un abogado «que en los estrados introdujo palabras de un poeta», Quintiliano había precisado que era «maestro siempre de oradores, no de poetas», y san Agustín en el *De doctrina christiana* no estaba formando ni oradores ni poetas, sino predicadores, «discípulos de la verdadera sabiduría». Estos juicios contra cualquier tipo de oscuridad vienen determinados por el fin de la oratoria, que es la persuasión del público («sólo trata de persuadir con fuerza de razones vehementes»), para la cual son necesarias, como señalan Cicerón, Quintiliano y Arias Montano, palabras conocidas y un empleo puntual de tropos y figuras. La poesía, sin embargo, tiene distintos objetivos y, por lo tanto, diferentes recursos y criterios a su disposición.

Las críticas sobre el abuso de latinismos, tropos y figuras que formulaba Lope en la «Censura» son atendidas superficialmente por Colmenares. Con todo, resultan interesantes porque son la única aproximación a la crítica literaria, con cita de versos gongorinos, que encontramos en sus dos respuestas. El segoviano destaca las críticas de «pleonasmos», «anfibologías» y «transposiciones». La primera de ellas no aparece en el «Discurso» de Lope: Colmenares rebate una hipotética crítica citando dos versos del *Polifemo* y uno de la *Soledad segunda* y demostrando que en ambos pasajes no se comete pleonasmo con la cita de un pasaje de la *Minerva* del Brocense. El mismo procedimiento sigue con las anfibologías, que sí formaban parte del conjunto de vicios reseñados por Lope. En este caso, el verso de la dedicatoria al duque de Béjar es interpretado como un «diafirmo o equívoco». Finalmente, a propósito del hipérbaton se esgrimen pasajes de obras gramaticales como Beda y Despauterio y de poetas como Horacio y Virgilio testimoniando que es «particular tropo de los poetas»[71].

Colmenares, como hemos visto, hace explícito el marco teórico desde el que Lope ha realizado su crítica literaria para invalidarlo, al tiempo que presenta las citas del escritor como pasajes descontextualizados. El segoviano recordará este dato en el comienzo de su segunda «Respuesta» al comentar que los «lugares citados» en su texto anterior, en contraste con los del mismo Lope, «viven y vivirán, que no

---

[71] Los *Commentarii grammatici* (1537) de Johannes Despauterius, además de los rudimentos gramaticales, incluían tratados sobre los géneros poéticos, las figuras, las epístolas y un extenso *Ars versificatoria* (Rico Verdú, 1973, p. 59; Percival, 1999 [1983], p. 380). Este extenso volumen fue utilizado por las primeras escuelas de jesuitas (Rico Verdú, 1973, p. 59; Scaglione, 1986, p. 105; Grendler, 1989, p. 378), y cabe la posibilidad de que Colmenares estudiara gramática con el mismo durante su formación gramatical en Segovia. Para la utilización de Virgilio por parte de defensores y críticos de Góngora, ver A. Blecua, 2006 [1986].

nacieron de polianteas ni colectáneas comunes». La conclusión que se deriva de poner en su contexto original las citas de Lope se configura superficialmente como la crítica contra un modo de argumentación poco riguroso, pero está cifrando en realidad un desencuentro profundo entre dos perspectivas opuestas de la poesía. Las citas de Quintiliano, de Cicerón, de san Agustín para ilustrar las virtudes elocutivas de la poesía no eran, en efecto, una extravagancia de Lope, sino una práctica perfectamente documentable en los tratados y textos sobre poesía contemporáneos[72].

En realidad, Colmenares y Lope escenifican el enfrentamiento entre dos tradiciones distintas, dos maneras de entender y valorar la literatura, enraizadas ambas en la tradición teórica europea del siglo XVI. El fundamento de la crítica literaria en los principios de la retórica obedecía a una interpretación de la misma en términos de una teoría general sobre todas las formas de discurso[73]. La gramática medieval había desarrollado ya la concepción de la poesía como discurso oratorio dotado de metro y ritmo y sujeto, por lo tanto, a los principios de la retórica (hasta el punto de que el arte de la versificación recibía el nombre de *segunda retórica* en Francia, no sólo en el periodo medieval, sino durante buena parte del siglo XVI)[74]. Sin embargo, fue la recuperación de la retórica clásica y de todos los elementos que

---

[72] «Contra esto, lo primero, la razón natural: Cicerón, Horacio, san Pablo en cuanto escribe, que procuró ser entendido de todos, y san Agustín en el libro *De doctrina christiana*; y si alguno dijere que no es todo uno predicador y poeta, concedo; pero el fin principal y honroso casi es uno, y mal se conseguirá si los medios son incapaces, no eficaces» (Pedro Soto de Rojas, *Discurso sobre la poética*, fol. 4v).

[73] Ver Weinberg, 1961, pp. 804-806; García Berrio, 1977; pp. 37-45, Kohut, 1992 y Plett, 2004, pp. 87-293. Ver, por otra parte, el trabajo de North, 1952, para el papel de los textos literarios en la formación del orador en la enseñanza griega y romana, donde se pone de manifiesto que orador y poeta encontraban en la retórica el fundamento de sus respectivos discursos («distat opus nostrum, sed fontibus exit ab isdem», sintetizaba Ovidio, *Ex Ponto*, II, v, 63). Complétese con Kennedy, 1972, pp. 378-427. Ver, asimismo, los clarificadores textos que recogió Norden, 1986 [1898] en su clásico estudio sobre la prosa artística antigua. Para las relaciones entre poética y retórica en textos teóricos del siglo XVI, ver Baldwin, 1959 [1939], pp. 57, 59, 155, 165-67, 173 y 175.

[74] Ver, al respecto, la clásica monografía de Murphy, 1974, pp. 135-93, y los textos editados por Faral, 1962. Veleyo Patérculo y Macrobio, por ejemplo, se preguntaban si Virgilio había sido orador o poeta y en la práctica de cuál de estas disciplinas radicaba su excelencia. En la *Filosofía antigua poética* se recuerda, como superada, esta

122   UNA POLÉMICA LITERARIA: LOPE Y COLMENARES

la conformaban llevada a cabo por los humanistas, estrechamente relacionada con el propósito de renovación cultural y política que perseguían por medio de la participación activa con discursos y cartas en
la vida civil y religiosa de la época, la que supuso un desarrollo extraordinario de aquellas parcelas de la disciplina retórica vinculadas a
la composición escrita[75]. La retórica se presentaba como la única disciplina que exponía sistemáticamente las fases en la concepción y elaboración de un texto escrito (*inventio*, *dispositio*), además de proporcionar un catálogo exhaustivo de virtudes, vicios y licencias de la
elocución (*elocutio*). Era también la disciplina en la que se practicaban,
desde la época clásica, los primeros ejercicios de composición literaria (*progymnasmata*) y se formaba, por lo tanto, el criterio estético de
los jóvenes estudiantes. Resultaba natural, dado el papel fundamental
que desempeñaba la retórica en el programa educativo de los *studia
humanitatis*, que el conjunto de reglas y criterios que prescribía se proyectaran sobre cualquier clase de texto escrito[76]. De hecho, la retórica no sólo proporcionaba la base conceptual sobre la que construir
una crítica o una teoría literaria, sino que también llegaba a determinar la reflexión teórica sobre artes no lingüísticas como la escultura,
la arquitectura y, sobre todo, la pintura. Las tentativas de subordinar el

concepción de la poesía («Epístola III», p. 109), pero muchos años después todavía escribe Lope que la «poesía» es «metro y consonancia, / número y harmonía» («Al nacimiento del Príncipe», poema preliminar a *La mayor virtud de un rey*, en *La vega del
Parnaso*, fol. 28v).

[75] Los instrumentos que se llegan a proponer para lograr la variación conceptual
y elocutiva de cualquier proposición (empezando por el *De copia* erasmiano) resultan
significativos en este sentido (ver Cave, 1979; Moss, 2002 [1996], pp. 177-99).

[76] La aproximación inicial a la literatura de los siglos XVI y XVII desde la elocución retórica se ha venido ampliando durante las dos últimas décadas con el objetivo de señalar la presencia de elementos propios de la *inventio* y la *dispositio*, así como
de la misma clasificación tripartita de géneros retóricos en los textos literarios. Ver, en
este sentido, para el ámbito hispánico, las reflexiones teóricas de Alburquerque, 1993;
Pérez Custodio, a propósito de Vida y Arias Montano, Sánchez Salor, 1993; y Rodríguez Pequeño, 2000, y los estudios prácticos de A. Blecua, 2006 [1985]; Artaza,
1989; o Pineda, 2000a. Para el origen y los diversos desarrollos que han experimentado esta clase de estudios, sobre todo en el ámbito anglosajón, ver el repaso bibliográfico de Plett, 2004, pp. 3-9.

conjunto de disciplinas al dominio de la retórica se documentan, en este sentido, desde los primeros humanistas[77].

Lope de Vega, como el Quevedo que ultimaba por esas fechas un discurso sobre el fundamento retórico de la poesía, se había formado en esta tradición, comentado poetas y realizando sus primeros ejercicios de imitación literaria en el marco de clases que recibió de «gramática» en «el colegio de los teatinos»[78]. Parece que la consideraba de recibo por la naturalidad con la que formula sus juicios negativos en la «Censura», sin necesidad de especificar similitudes o diferencias entre poesía y oratoria («les vertuz de l'un sont pour la plus grand' part communes à l'autre», comentaba al paso Du Bellay en su *Deffence*)[79]. Para el escritor, la poesía, como la historia y la oratoria, encontraban su fundamento en la retórica. Al poeta, escribe Lope, «le tocan las mismas obligaciones que al historiador, fuera de la verdad», es decir, el historiador y el poeta sólo se diferencian por el contenido de sus textos, pero estilísticamente se encuentran ambos determinados por los

---

[77] Ver Vickers, 1988, pp. 180-81, 340-74. Son importantes, en este sentido, y por diferentes motivos, las figuras de Valla (Seigel, 1968, pp. 137-69) y Vives (Abbott, 1999 [1983], pp. 122-25). Este último, en concreto, reacciona ante la monopolización de todas las disciplinas por la retórica, pero reformulando la disciplina como una teoría estilística general sobre cualquier discurso (*De disciplinis*, I, IV, 2; *De ratione dicendi*, I, i «Prefacio»), en términos muy próximos a los del propio Lope.

[78] Según confesaba en la declaración por los libelos contra Elena Osorio y su familia el 9 de enero de 1588 (citado por Castro y Rennert, 1968 [1919], p. 36; compárese, sin embargo, con Millé y Giménez 1928). Para el discurso de Quevedo, ver las anotaciones del escritor a la *Retórica* de Aristóteles en la edición de las mismas preparada por López Grigera, 1998a, donde se pone de manifiesto la misma concepción de la poesía sostenida por Lope (ver, asimismo, Guillén, 1988, pp. 244-47). En el currículum escolar de los jesuitas (que se identifica con el de los teatinos) los estudios de Gramática se dividían en tres años de gramática, dos de humanidades y uno de retórica. Para los contenidos y lecturas de cada materia, remito a Garin, 1987 [1957], pp. 186-91; Scaglione, 1986, pp. 84-86, y, especialmente, Grendler, 1989, pp. 377-80. Ver, asimismo, aplicado al caso de Quevedo, López Grigera, 1998a, pp. 47-52. Para la enseñanza de la poesía en las escuelas, ver también Grendler, 1989, pp. 235-55.

[79] Cita el pasaje Gordon, 1999 [1983], p. 447, en su estudio sobre *la seconde rhétorique* (ver, también, de Thomas Sébillet, el *Art poétique français*, pp. 58-60). La misma concepción de la poesía se encuentra en las palabras de Enrique Duarte en su texto prologal a la edición de los *Versos* de Herrera (p. 490).

principios de la retórica[80]. Se trataba de una idea fundamental en la concepción de la elocuencia, identificada con la retórica, que sostenían los humanistas: una representación alegórica de las artes liberales incluida en una enciclopedia conocidísima presentaba una imagen de Cicerón, acompañado de la Gramática y la Dialéctica (*trivium*), con el lema: «Rhetorica et Poesis». En el mismo libro se encontraba otra imagen alegórica de la retórica sosteniendo con su mano derecha la poesía y con su mano izquierda la historia, simbolizadas respectivamente por Virgilio y Salustio[81].

La naturaleza prescriptiva de la retórica sobre el discurso literario se manifestaba especialmente en el ámbito de la elocución. La teoría del estilo establece, en este sentido, el vínculo más importante entre la retórica y la poética. El que deseara ocuparse de las figuras de dicción y pensamiento, escribía por esas fechas Juan Pablo Mártir Rizo en sus comentarios a la *Poética* de Aristóteles, «no había más de reducir la retórica a la poética y hacer de dos facultades una sola» (fol. 45v). Los problemas estilísticos fueron objeto desde la retórica clásica de una atención equivalente o mayor al resto de partes de la retórica, publicándose manuales específicamente dedicados a la materia[82]. Resulta comprensible desde esta perspectiva la identificación de la retórica con las cuestiones estilísticas, así como la reducción que se había llevado a cabo de la disciplina al ámbito de la *elocutio*, reservando la invención y la disposición a la dialéctica. Lope participa en buena medida de esta perspectiva, como Vives, el Brocense o Jiménez Patón, por lo menos en lo que afecta estrictamente a la identificación de la

---

[80] Así lo señala explícitamente en una dedicatoria al historiador Gil González de Ávila: «pero a quien sabe tan bien sus grandezas como sus preceptos [los de la historia] vanamente se buscarán [alabanzas] en la retórica que, después de la verdad, es su fundamento...» (*Roma abrasada*, en *Parte XX*, p. 252).

[81] Se trata de la *Margarita philosophica* de Gregor Reisch (Heidelberg, 1496; fols. C4v y 238v, respectivamente, de la edición de Basilea, 1583; Biblioteca Histórica de Valencia, Z-2/93). Melczer, 1979, comenta estas representaciones y otros pasajes sobre poética y retórica en enciclopedias italianas y alemanas del siglo xv. Plett, 2004, pp. 499-552, examina un amplio número de representaciones iconográficas de la retórica y la elocuencia, entre las cuales incluye las que aparecen en el volumen de Reisch.

[82] Ver Kennedy, 2003 [1999], p. 142.

retórica con la elocución[83]. Es significativo, en este sentido, que Colmenares ciña su argumentación contra las críticas de Lope en la «Censura» a las diferencias estilísticas de la poesía respecto de la oratoria o la historia, y prescinda de las relaciones entre los contenidos (*inventio*) y el modo de expresarlos (*elocutio*). La retórica, para el segoviano, se ocupa también específicamente de cuestiones estilísticas.

Una poética sin retórica

La crítica que formula Diego de Colmenares a esta concepción de la poesía y la inmediata defensa que realiza de un estilo elevado como constitutivo no sólo del género épico, sino también del lírico y el trágico, respondían, en cambio, a la culminación de un proceso más complejo que había comenzado en Italia en el siglo XIV, en el marco de las primeras defensas de la dignidad de la poesía y de su estatuto no meramente retórico, y que había evolucionado en el desarrollo de la teoría literaria durante los siglos XV y XVI hasta concretarse en una concepción autónoma de la poética.

En la progresiva desvinculación entre poética y retórica, críticos y teóricos se sirvieron de diferentes argumentos. Uno de los más empleados era el de reunir lugares de los autores de retórica clásica en los que afirmaban que no se ocupaban de la poesía sino de la oratoria, y que la primera no estaba sujeta directamente a los preceptos que regulaban a la segunda (véanse, sobre todo, Aristóteles, *Retórica*, III, II, 1405a; Cicerón, *De oratore*, I, XVI, 70; III, XXXVIII, 153; Quintiliano, *Institutio oratoria*, I, VI, 2; VIII, VI, 17; X, I, 28)[84]. Colmenares escoge pasajes de Quintiliano (VII, VI, 17) y san Agustín (*De doctrina christiana*,

[83] Para Vives, ver Kohut, 1990, pp. 347-56 y p. 59, n. 75; para el Brocense, ver Martí, 1972, pp. 73-83, y Martínez Jiménez, 1995; 1997. En el tratado de Jiménez Patón, estructurado sobre los principios elocutivos de la retórica (*puritas, perspicuitas, ornatus, aptum*), y donde Lope desempeña un papel fundamental como modelo digno de imitación (según advirtieron Quilis y Rozas, 1990 [1962]), leemos significativamente que Horacio podría haber titulado su arte poético como arte retórica: «No debe faltar de la memoria aquella repetida sentencia (y que debe ser guardada) de nuestro discreto retórico y poeta Horacio en su *Arte*, que como la tituló *poética*, la pudiera titular *retórica*» (II, p. 76).

[84] Ver algunos de estos pasajes citados a este respecto en los *Discursos apologéticos* de Pedro Díaz de Rivas (pp. 38-39), texto del que Colmenares tal vez tuviera algu-

IV, x, 25), las dos autoridades más esgrimidas por Lope de Vega, para demostrar este particular: el primero señala que se ocupa exclusivamente de la formación de oradores («Nos, omissis quae nihil ad instruendum oratorem pertinet»), mientras que el segundo advierte que no trata las cuestiones relativas al deleite de la oración (consustancial a la poética y al estilo medio de la retórica; Cicerón, *Orator*, XXI, 69), sino del estilo por medio del cual se enseña la verdad de la religión y apropiado, por lo tanto, para los predicadores.

Un planteamiento de estas características resultaba especialmente eficaz cuando se traducía en una revisión de los vicios y virtudes de la elocución retórica. El texto literario se desviaba y se legitimaba de este modo contrapuesto precisamente a la disciplina que lo había fundamentado y legislado. Importante en este sentido fue la reflexión sobre el tratamiento de los sonidos del verso, iniciada a finales del siglo XV por Giovanni Pontano en el *Actius* y continuada después por Antonio Minturno y Bartolomeo Maranta en el ámbito italiano, y Fernando de Herrera en el hispánico. El hiato, la aspereza y la repetición de la misma letra o sonido, los tres vicios que atentaban contra la fluidez del discurso (*Ad Herennium*, IV, XII, 18) y que habían sido objeto de censura en la poesía de Virgilio por parte de los gramáticos medievales, se interpretaban ahora como recursos fónicos escogidos por el autor con el propósito de remitir por medio de un sonido al contenido del texto[85]. La inversión de los vicios y virtudes retóricas abría, por lo tanto, la posibilidad de una valoración de cada recurso estilístico de la poesía en función de su adecuación al pasaje en que se introducía. En los juicios de Lope y Colmenares se constatan estas dos aproximaciones: allí donde Lope ve una «licencia», es decir, un vicio de la elocución justificado por el contexto poético (por ejemplo, cuando Quintiliano «concede alguna licencia, es con esta limitación»), Colmenares observa una «necesidad», un rasgo constitutivo del arte poético («no se entienda que es sólo licencia, como la llama el vulgo, sino necesidad importante»). Como Juan de Jáuregui, Lope piensa que

na copia a la luz de su fecha de composición, alrededor de 1617 (ver Jammes, 1994, pp. 653-56).

[85] El vicio de la elocución que Marciano Capela, Servio y Donato detectaban en algunas aliteraciones virgilianas se presenta ahora como un recurso que deleita con admiración al oyente («delectat autem alliteratio haec mirifice», *Actius*, p. 182). Ver la exposición detallada de Vega Ramos, 1992, pp. 45-49.

«todas las novedades poéticas y osadías de elocuencia, aunque se acierten, son de naturaleza culpas o vicios» (*Discurso poético*, p. 89). Este paso de la «licencia» a la «necesidad» cifraba, por lo tanto, la desvinculación de la poética de las categorías retóricas de vicios y virtudes de la elocución (en la *Filosofía antigua poética*, «Epístola sexta», Fadrique se había expresado en idéntico sentido y con la misma terminología)[86].

Las reflexiones en torno a los fines de la poesía también resultaron importantes en la progresiva adquisición de autonomía por parte de la poética. Los fines horacianos de la utilidad y el deleite (*prodesse* y *delectare*) eran percibidos tan propios de la poesía como de la oratoria desde el momento en que el texto de Horacio se leía, ordenaba e interpretaba en clave de retórica. Se trataba, además, de dos objetivos que coincidían o eran complementarios de los propios reseñados en las retóricas clásicas, en función de los estilos empleados: *docere* para el humilde, *delectare* para el medio, *movere* para el sublime (Quintiliano, *Institutio oratoria*, XII, x, 59)[87]. La concepción del lenguaje poético desde la exigencia de una elaboración estilística encaminada a la perfección, según la propuesta de Pontano, llevaba aparejada necesariamente una perspectiva de los objetivos de la poesía que no se dejaba encajar cómodamente en la enseñanza, el deleite o la persuasión (véanse, por ejemplo, los *Discursos apologéticos* de Díaz de Rivas, p. 38). En este sentido, la propuesta de la admiración (*admiratio*) como diferencia específica entre los objetivos del poeta y el orador propiciaba una separación tajante entre los objetivos de la oratoria y la poesía, además de

---

[86] «Y como sería impropiedad que a un hombre le digan: "tiene licencia de seguir la virtud", siendo necesario que siga virtud, así es impropiedad que digan: "el poeta tuvo licencia de alterar el vocablo", siendo necesario que, aquí o allí, le alterase, conforme a la arte poética» (p. 266; ver, en este mismo sentido, p. 263).

[87] Las finalidades variaban según los autores. Compárese con Cicerón: *probare, delectare, flectere* (*Orator*, XXI, 69); *conciliare, docere* y *movere* (*De oratore*, XXVIII, 121). Ver para el tema el exhaustivo estudio de Leeman, 1963. Para las características retóricas del *Ars* horaciano (esto es, la estrecha relación entre construcción interna del poema y demandas de los oyentes), y para su recepción medieval y renacentista en clave de retórica, ver Weinberg, 1961, pp. 71-72, 107-109, 150-52; y García Berrio, 1977, pp. 37-80. Para la presencia de Horacio en la polémica gongorina, ver asimismo García Berrio, 1980, pp. 182-210. Soto de Rojas, por ejemplo, en un texto que clasificaba las especies poéticas aristotélicamente, señalaba, sin embargo, el deleite y la persuasión como finalidades del estilo poético, al tiempo que subrayaba el carácter didáctico de la poesía, equiparándola a la predicación (*Discurso sobre la poética*, fol. 4v).

permitir desde entonces lecturas más flexibles (e interesadas según los casos) de los principios horacianos del *delectare* y *prodesse* a partir del momento en que la admiración actuaba «como un elemento corrector que los transforma»[88]. Colmenares se ciñe al enunciado horaciano («la causa final de esta profesión es enseñar deleitando», p. 209), pero su concepción de la lengua poética no se explica sin tener presentes las nuevas perspectivas que se estaban formulando al respecto. Una lengua poética con reglas autónomas y orientadas a la excelencia estilística, así como la idea de una poesía reservada para la lectura de unos pocos privilegiados, difícilmente podía conciliarse con la mezcla de enseñanza y deleite recomendada por Horacio, por no hablar de los objetivos primordialmente didácticos que habían prescrito de manera general sobre las obras artísticas las disposiciones del Concilio de Trento (véase p. 144, n. 110).

Aristóteles y el lenguaje poético

La ruptura con las fronteras entre vicios y virtudes, con el decoro ciceroniano-quintilianista, y la propuesta de fines esencialmente estéticos para la poesía fueron algunas de las consecuencias de esta voluntad de dotar de autonomía a la poética respecto de la retórica. La recuperación directa de Aristóteles, de su *Retórica* y su *Poética*, y la exégesis practicada sobre pasajes oscuros y conceptos básicos, fundamentó buena parte de estos movimientos teóricos[89]. Resulta significativo, en este sentido, que Lope no cite ningún fragmento importante de estas obras y remita una sola vez a la *Poética* de forma imprecisa («aquí no es ocasión de revolver Tasos, Danielos, Vidas y Horacios, fundados todos en aquellos aforismos de Aristóteles»), basando su argumentación principalmente en Quintiliano[90], cuando Colmenares reproduce hasta ocho fragmentos de la *Poética* en el curso de esta «Respuesta»,

---

[88] Egido, 1990 [1987], p. 19. Para la génesis del concepto *admiratio*, ver Vega Ramos, 1992, p. 36, n. 19.

[89] Ver Weinberg, 1961, pp. 349-714.

[90] La presencia de Quintiliano en el «Discurso» de Lope podría relacionarse con el papel del retórico latino en la pedagogía de los jesuitas (Scaglione, 1986, pp. 57, 85).

partiendo de su testimonio para comenzar su argumentación y cerrando la misma con dos nuevos fragmentos del filósofo[91].

Ciertos pasajes de la *Poética* y *Retórica* aristotélicas abrían la posibilidad de proponer una nueva idea de la obra literaria. Uno de éstos apareció citado y comentado precisamente en varios de los textos de la polémica en torno a la poesía gongorina. Se trata de las primeras líneas del capítulo dedicado a la elocución, en el que Aristóteles comenzaba señalando que la «excelencia de la elocución» consistía «en que sea clara sin ser baja». En realidad, se trataba de lograr una elocución que además de clara, fuera «noble» y «alejada de lo vulgar», y ésta se conseguía con el empleo de «voces peregrinas», esto es, «la palabra extraña, la metáfora, el alargamiento y todo lo que se aparta de lo usual», sin incidir en el «enigma» por un exceso de metáforas, ni en el «barbarismo» por un abuso de palabras extrañas (1458a 14-32). El pasaje había sido citado por Francisco Fernández de Córdoba al censurar la oscuridad de las *Soledades* (*Parecer*, p. 133) y volvería a serlo por Juan de Jáuregui en su *Discurso poético* (p. 126) y por Quevedo en la dedicatoria al conde-duque de Olivares de las obras de fray Luis de León (p. 130), caracterizándolo como «el texto del escándalo»[92]. También Diego de Colmenares esgrime este pasaje en la sección de la «Respuesta» dedicada a defender que el estilo realzado es el propio de la poesía (p. 191):

---

[91] Para el tratamiento de la *Poética* aristotélica por parte de Robortello, especialmente en lo que atañe a la articulación de una teoría de la comedia, ver Vega Ramos, 1997. Habría resultado de gran interés, por otro lado, la exposición de la *Poética* aristotélica que Lope debía comenzar justo en el punto en que se interrumpe el diálogo de Elisio de Medinilla, sobre todo por ver cómo planteaba este último las relaciones entre los preceptos aristotélicos y los poemas épicos de Lope (a la luz de las críticas vertidas por Torres Rámila y Mártir Rizo, por ejemplo): «Por vida nuestra, señor Lope de Vega, que nos descubráis los secretos del Filósofo en sus *Poéticos*, y como habéis dado que admirar tanto al mundo, agora le enseñéis el método por donde os habéis seguido» (*El Vega de la poética española*, p. 271).

[92] Se trataba del pasaje de la *Poética* aristotélica que mejor se dejaba leer como un conjunto de principios generales sobre la elocución. Las poéticas neolatinas y vulgares de la segunda mitad del siglo XVI citaron y parafrasearon este pasaje en numerosas ocasiones. El Pinciano, por ejemplo, cita parte del fragmento en la *Filosofía antigua poética*, «Epístola VI», pp. 266-67. Ver Azaustre, 2003, pp. 68-73, para la dedicatoria de Quevedo.

Bien conoció esta naturaleza, como todas las demás, Aristóteles, cuando dijo, hablando formalmente de la poesía: «Quae igitur ex propiis nominibus constabit, maxime praerspicua erit, humilis tamen, exemplum sit Cleophontis, Sthelenique poesis; illa veneranda, et omne prorsus plebeium excludens, quae peregrinis utetur vocabulis»; y el adjetivo *xenicis*, que Alejandro Pacio tradujo, *peregrinis*, tradujera yo en nuestro español, *extraordinarios*, aunque sé poco de griego, y bien poco.

A pesar de la referencia a la traducción de Alejandro Pazzi («Pacio»), que será la utilizada por Quevedo en la mencionada dedicatoria, Colmenares está citando, como en sus otras nueve citas de la *Poética*, por la versión de Francesco Robortello (que en su glosa del texto vinculaba la recepción de los vocablos peregrinos con el deleite admirable que producen, «mirifice autem nos delectant omnia τὰ ξενικὰ», p. 256, con un claro eco de Pontano). El pasaje permite apreciar las implicaciones teóricas que se derivaban de una lectura u otra de la autoridad aristotélica, y también el uso indiscriminado de la misma en función de los intereses respectivos de cada intérprete. En este caso, la letra de Aristóteles está al servicio, según se ha avanzado, de la asociación de la poesía al estilo «realzado», presentando más adelante al filósofo griego como autoridad a propósito de esta idea: «muchas veces en los *Retóricos*, y siempre en la *Poética*», escribe, pues, Colmenares, «asienta que la poesía pide estilo realzado sobre todos».

El problema del estilo asociado a los contenidos y al género poético se erigió en fundamental desde los primeros textos de la polémica gongorina. Las *Soledades* presentan rasgos estilísticos y un conjunto de personajes, escenas y motivos que complicaban la caracterización de su estilo y la adscripción a un género poético. La dificultad de conciliar la práctica poética que representaba el poema de Góngora con el sistema de géneros y estilos que conformaba la teoría literaria contemporánea propiciará la aparición de originales descripciones genéricas y estilísticas de la poesía. Francisco Fernández de Córdoba, por ejemplo, tras definir el poema como bucólico en su *Parecer* (pp. 138-39), se inclinará después en el *Examen del «Antídoto»* por considerarlo un poema «mélico o lírico», entendiéndolo como un género que incluye elementos propios del poema dramático, del épico y del *romanzo* (que distingue del épico, a diferencia de Tasso), así como de los poemas con pastores (bucólico), pescadores (haliéutico) y cazadores (cinegético): «porque introduce a todos los referidos es necesario confesar que es poema que los admite y abraza a todos» (p. 424)[93]. Pedro Díaz de Rivas, por su parte, señalará que Góngora se ha servido del estilo «sublime» y de «aquel género de poema de que constaría la *Historia etiópica* de Heliodoro si se redujera a versos», indicando a continuación que el empleo de tal estilo no ha sido obstáculo para ocuparse de «materias humildes», aunque siempre las ha tratado de forma elevada y «huyendo del estilo plebeyo» (p. 52). Las características flexibles de los dos géneros propuestos, susceptibles de acoger una gran variedad de asuntos, y la consiguiente capacidad de incluir diferentes estilos, representan dos ejemplos del esfuerzo teórico por explicar y legitimar las características de un poema como las *Soledades*[94].

Colmenares también participa —aunque no lo señale explícitamente— de esta voluntad de plantear un concepto desde la teoría literaria que integre el conjunto de elementos heterogéneos que conforman las *Soledades*. En este caso, sin embargo, se trasciende el ámbito concreto de los géneros literarios y se plantea una definición general de la poesía por medio del estilo. Para el segoviano, como hemos visto, la poesía se define por su estilo realzado, diferenciándose del estilo llano de la historia y el vehemente de la retórica («¿por qué las profesiones diferentes en género no se han de tratar con diferencias de estilos?»). Si Luciano y Plinio recomendaban huir de las palabras vulgares y emplear todos los recursos elocutivos a su disposición para los textos históricos y oratorios, respectivamente, «¿cuánto estará obligada a subir la poesía, nacida entre los dioses y dedicada a ellos, como concede el sol de nuestra España san Isidoro?». Colmenares reproduce en su planteamiento la fórmula habitual empleada por los teóricos de los siglos XVI y XVII para delimitar las diferentes disciplinas lingüísticas entre sí, escogiendo un criterio —el estilístico en este caso— que

---

[93] Para la teoría de la lírica en el siglo XVI, ver Vega Ramos, 2004; y Esteve, 2004.

[94] Partiendo, en este caso, del poema épico, y teniendo muy presente (como no podía ser de otro modo) el poema de Góngora, José de Pellicer propondría una caracterización del estilo de la epopeya en la que se incluyen todos los estilos requeridos por el desarrollo de la fábula (*De los preceptos del poema heroico*, fols. 67v-68r), planteamiento que situaba las *Soledades* en el horizonte de las reflexiones derivadas de las relaciones entre la épica en prosa y la novela (ver, al respecto, Riley, 1971 [1962], pp. 87-99).

le permita diferenciar a la poesía del resto de discursos[95]. La tragedia, la épica y la lírica son, por otra parte, los tres géneros que Colmenares identifica con la «poesía» y define por su empleo del estilo realzado, enfrentándolos con la «comedia», que por su sujeción a las exigencias del «vulgo» debe acomodarse a «su llaneza». De este modo, la noción de estilo «realzado» proyectada sobre los tres géneros citados, como sucedía desde el punto de vista de los géneros con el *romanzo* de Díaz de Rivas o la lírica de Fernández de Córdoba, era una fórmula que solventaba la cuestión del género concreto de las *Soledades* en relación al estilo elevado del que Góngora se sirve en el tratamiento de todos los elementos del poema.

Tanto la definición de la poesía por su empleo del estilo «realzado» como la argumentación basada en pasajes de la *Retórica* y la *Poética* de Aristóteles sobre el estilo representaban una aproximación relativamente conocida al problema del lenguaje poético, aunque la asociación de un estilo elevado o sublime a la poesía se planteaba explícita o implícitamente refiriéndose al género épico o heroico y al trágico[96]. En el marco de un pasaje con paráfrasis de los citados textos aristotélicos, el Pinciano señalaba, por medio de Fadrique, que «debe la poética tener alto lenguaje y peregrino, y el poeta, alzarse en las acciones de personas humildes y bajas, mas no abajarse» (p. 264). Se planteaba aquí la noción del lenguaje poético elevado como genuino de la poesía, con independencia del género, en términos que resultan análogos a los que propone Colmenares. «Yo, a decir la verdad», continúa Fadrique, «todas las veces que en las representaciones oyo a siervos, o a pastores, o a otro género cualquiera bajo, decir palabras altas y razones bien fundadas, confieso que me deleito y hallo por experiencia lo que Aristóteles señala» (p. 264)[97]. Las afirmaciones de Aristóteles sobre el

[95] Los criterios podían ser varios en función del marco teórico que predominara sobre el autor: el estilo, el grado de veracidad, la imitación, la finalidad, etc. Pueden verse ejemplos al respecto en los tratados de poética y retórica editados por Bernard Weinberg.

[96] Ver, en este sentido, Tasso, *Discorsi dell'arte poetica*, III, pp. 392-94, 397-400; *Discorsi del poema eroico*, IV, pp. 648-51; y entre los autores españoles, Carrillo y Sotomayor, *Libro de la erudición poética*, p. 351; Soto de Rojas, *Discurso sobre la poética*, 5v; Fernández de Córdoba, *Parecer*, p. 138; o Martín de Angulo, *Epístolas satisfatorias*, fol. 23v.

[97] Shepard, 1970, pp. 69-70, destaca este pasaje como un ejemplo de contradicción entre teoría y práctica, en el marco de las triparticiones estilísticas tradicionales.

estilo cifraban la posibilidad de relativizar el concepto del decoro (de origen retórico) y mostrar a personajes humildes sirviéndose de conceptos y estilo propios de personajes nobles.

No resulta necesario plantear un conocimiento de este pasaje o de otros análogos por parte de Colmenares para explicar la concepción de la poesía que propone en su «Respuesta». La proyección sobre el género lírico de un estilo circunscrito habitualmente al género épico y trágico era un planteamiento teórico hasta cierto punto esperable en el contexto de la progresiva estilización, tanto verbal como conceptual, que estaba experimentando la poesía europea entre finales del siglo XVI y principios del siglo XVII. Colmenares supo advertir, como algunos de sus contemporáneos, que en una caracterización estilística de la poesía enfrentada al resto de disciplinas lingüísticas se encontraba un instrumento eficaz para legitimar una práctica literaria difícil de justificar teóricamente. Nociones clásicas como la ciceroniana sobre la diferente lengua empleada por los poetas (*De oratore*, II, 61) invitaban a desarrollar esta concepción y a servirse analógicamente de la tripartición estilística de la retórica para defender tres clases de lengua, la popular, la oratoria y la poética, presentando la última como la más oscura y minoritaria de las tres, según hará unos años después Martín Vázquez Siruela en su *Discurso sobre el estilo de don Luis de Góngora*[98]. Esta caracterización del estilo poético, por otra parte, no puede diso-

---

[98] «Cada lengua en su generalidad puede dividirse en tres formas o especies: la popular, que como la más ínfima se queda con el nombre común de todo el género, y es la que propia y absolutamente se llama griega, romana, castellana. La oratoria y poética, y éstas como más elevadas reciben el nombre de sus formas y de las facultades a quien sirven. Lo material y genérico en que todas concuerdan son las voces, lo formal y específico la constitución y artificio con que cada una las dispone. La popular y poética son estremos distantes, que en nada se conforman, la oratoria puesta en medio de ambas confina con la una y la otra, y las detiene que no se confundan ni equivoquen sus términos, conservando distintas sus jurisdicciones» (*Discurso sobre el estilo*, p. 388). No es casualidad que en este contexto la recuperación de Longino y su tratado sobre lo sublime resultara atractiva para muchos (pensemos, por ejemplo, en Pedro de Valencia): con este concepto, tan importante en el desarrollo de la estética durante el siglo XVIII, podía fundamentarse una idea del lenguaje poético que trascendía los tres estilos de la retórica y sus respectivas finalidades, una idea de estilo que apelaba más al genio individual del poeta y a su capacidad de crear entusiasmo en el lector en términos análogos a los que maneja Vázquez Siruela en su *Discurso*. El estilo realzado de Colmenares, la lengua poética de Vázquez Siruela y el concepto de lo sublime de Longino que empezaba a circular por esos años (Matioli, 1987) repre-

ciarse del discurso más general que estaba articulándose desde el siglo
XIV en defensa de una concepción autónoma de la poética respecto
de la retórica.

La disolución de los tres estilos

La asociación de un estilo «realzado» a la poesía representaba, en
efecto, un elemento más de separación entre la retórica y la poética.
Los estilos poéticos se habían definido tradicionalmente a partir de los
tres estilos de la retórica clásica, es decir, el estilo humilde, el medio
y el elevado. Donato redujo los tres géneros de poesía practicada por
Virgilio a los tres estilos de la retórica, adscribiendo a cada uno de
ellos unos elementos determinados y formalizando de este modo una
de las aproximaciones retóricas al fenómeno literario de más fortuna.
La asociación de cada estilo a un género poético no implicaba, sin
embargo, una consideración jerárquica de los tres modos de elocución. De la misma manera que en la retórica clásica se recomendaba
el empleo de los tres estilos de forma moderada y según las exigencias de cada caso (*Rhetorica ad Herennium*, IV, XI, 16; *Orator*, VI-VII, 20-
22; XXIX, 100-101; *Institutio oratoria*, XII, X, 69), en una percepción
de los estilos desprovista de consideraciones valorativas, también del
poeta se esperaba el uso del estilo más adecuado para cada caso sin
más implicaciones (véase, en este sentido, el elogio de Virgilio hecho
por Macrobio, *Saturnales*, V, I, 4-5; y Petrarca, *Rerum memorandarum libri*, II, XVI). De hecho, la presencia del estilo humilde en las Sagradas
Escrituras relativizaba cualquier perspectiva que tratara de asociar el
estilo elevado al mejor desde un punto de vista estético o moral[99].
Será precisamente con el precedente de una poesía (*dolce stil nuovo*)
que recuperará y se servirá de un estilo elevado, cuando se planteará
una fractura con esta concepción retórica de los usos y naturaleza de
los estilos poéticos. Dante (*De vulgari eloquentia*, II, III, 8) planteará por

---

sentan tres manifestaciones de una misma evolución hacia la autonomía del arte poético.

[99] Auerbach, 1966 [1958], pp. 30-81. Según señala el autor, el estilo elevado del
periodo medieval anterior al siglo XIII estaba más cerca de una noción manierista y
artificiosa de la excelencia estilística que del auténtico estilo elevado de Homero y
Virgilio.

primera vez en el plano teórico una distinción de valor entre estilos
con el propósito de deslindar la forma más alta de expresión, que que-
dará asociada al estilo sublime y al género de la *canzone*, provocando
de este modo una fractura con la concepción genuinamente retórica
de los usos y naturaleza de los estilos poéticos[100]. Durante el siglo XVI
convivieron en los tratados de poética, discursos, comentarios, epístolas y prólogos las clasificaciones ciceronianas de los tres estilos con las
nuevas tipologías procedentes de la tradición retórica griega, como la
de Demetrio, para el que existían cuatro estilos distintos, y la de
Hermógenes, que contemplaba siete estilos con múltiples subdivisio-
nes, así como con las observaciones generales que había introducido
Aristóteles sobre la elocución en la *Poética* y la *Retórica*, de las que
Colmenares depende directamente[101]. Las clasificaciones estilísticas de
la nueva retórica y los pasajes aristotélicos sobre el estilo proporcionaron, en este sentido, el bagaje conceptual y terminológico necesario para una crítica literaria que comenzaba a tratar la poesía como
una disciplina independiente de los principios de la retórica latina[102].

---

[100] Tateo, 1960, pp. 67-115, 205-29; y Auerbach, 1966 [1958], pp. 175-228. Ver,
últimamente, a propósito de los tres estilos, su génesis y su desarrollo, el trabajo de
Fernández Rodríguez, 2003, pp. 51-88.

[101] El conocimiento de estas tradiciones invitaba a proponer equivalencias entre
los diferentes elementos que las componían: «Da vari scrittori, vari caratteri o idee o
forme, che vogliam dirle, di stile sono state constituite... Ma quale sia la miglior di
queste divisioni, rimettendo per ora a l'altrui giudicio; chiara cosa è che quella forma che magnifica da Demetrio, grande da Ermogene e sublime da Cicerone vien
detta, è una medesima, e quasi le medesime condizioni da tutti le sono attribuite»
(Tasso, *Lezione sopra un sonetto di Monsignor della Cassa*, p. 118). El «estilo realzado» de
Colmenares podría considerarse la formulación aristotélica del estilo elevado reseñado por Tasso en los tres autores citados (téngase en cuenta, además, que Tasso caracteriza este soneto en particular de Giovanni della Casa precisamente con este estilo,
es decir, que concibe un subgénero de la lírica como susceptible de acoger el estilo
propio de la dicción épica).

[102] El ejemplo de las *Anotaciones* de Fernando de Herrera es paradigmático en
este sentido, con la apropiación de la tradición retórica hermogénica para la formulación de sus juicios estéticos sobre Garcilaso (según han puesto de relieve Pineda,
2000b y 2003, y Luján Atienza, 2000 y 2004) en el contexto de una concepción autónoma de la poética («no son las mesmas cosas que trata el poeta que las que el orador, ni unas mesmas las leyes y oservaciones», p. 852). Ver, por otra parte, las importantes observaciones de M. Blanco, 2004a, pp. 31-32, sobre la recepción de las ideas
de Hermógenes a través de Tasso.

Las afirmaciones de Colmenares sobre el estilo de la poesía no pueden desvincularse, por lo tanto, de la reflexión general sobre la naturaleza del arte poético que se llevaba a cabo en el terreno concreto de sus características estilísticas, de la misma manera que tampoco debería analizarse con independencia del contexto cultural y social en el que se estaba formulando.

La tripartición jerárquica de estilos (llano, vehemente, realzado) y disciplinas (historia, oratoria, poesía) resultaba atractiva para quienes sostenían una concepción elitista de la poesía, vehiculada en un ser excepcional («ningún siglo produce más de uno»), pues ofrecía la posibilidad de interpretar las tres clases de estilo en clave social (p. 195):

> ¿Qué república, señor, medianamente gobernada, no diferencia sus estados con distinción de ornato plebeyo, medio y noble? El caos se deshizo tomando su lugar cada uno de los elementos, y entre ellos, el fuego, símbolo de la poesía, «emicuit summaque locum sibi legit in arce» [Ovidio, *Metamorfosis*, I, 27]. No será, pues, razón privarla de la alteza que naturalmente es suya, aun a juicio de históricos y oradores.

La tripartición estilística y la división social en tres estados, como la distribución de los cuatro elementos en el mundo sublunar, estaban fundamentados en una misma realidad de carácter ontológico (léase, desde esta perspectiva, el verso de Horacio, «singula quaeque locum teneant sortita decentem», 'que cada cosa mantenga el sitio propio que le ha tocado en suerte', *Ars poetica*, v. 92). Esta analogía entre estilo y clase social se aplicaba, como hemos visto, a la misma poesía, planteando una distinción jerárquica entre los respectivos consumidores de literatura, siendo la comedia para «el vulgo», como afirma Colmenares, y la épica, la tragedia y la lírica para la nobleza y los hombres cultos (p. 196):

> La comedia, empleo del pueblo y de su juridición, pues él la paga, como Vuestra Merced cuerdamente dijo, siga su intento y acomódese con su llaneza, necesaria al oyente, no al lector, que puede (y es justo) detenerse a considerar lo que no entendiere de vuelo. Mas al lírico, al trágico, al heroico, gran desdicha sería sujetarles al juicio del vulgo.

La concepción de la poesía que sostiene Colmenares revela la distinción de valor entre la práctica literaria condicionada por las exigencias del mercado (el vulgo) y la práctica literaria independiente de las mismas. De la misma manera que las *Soledades* representaban un reto para la teoría literaria de la época, la actividad de Lope de Vega como dramaturgo alteraba irremediablemente la percepción de la creación literaria como actividad lúdica y minoritaria y planteaba por primera vez la posibilidad de una condición profesional del escritor, con la necesaria sujeción de sus obras a las exigencias del público al que debía satisfacer. Colmenares reprocha implícitamente a Lope precisamente que su actividad como dramaturgo haya determinado que su poesía, por el simple «apetito del aplauso popular», participe de los mismos principios que regulan su producción teatral. Independientemente de si tal juicio, compartido por muchos de sus contemporáneos, es acertado o más bien interesado, es significativo por sí mismo ya que constata la preocupación por sostener una concepción de la poesía independiente del fenómeno de profesionalización y mercantilización del producto literario que estaba iniciándose en el ámbito teatral. En este sentido, la dificultad y el virtuosismo que adquiere la poesía de algunos autores de la época quizá no hay que explicarlos sólo como el resultado estricto de una evolución o una dinámica interna de la historia literaria, sino que conviene analizarlos prestando atención a la función que desempeñaba la poesía como elemento de distinción y nobleza en círculos literarios y cortesanos y a la consiguiente voluntad de mantener intacto este valor por parte de quienes lo ostentaban y disfrutaban[103].

---

[103] Los estudios sobre la circulación manuscrita e impresa de poesía que han atendido específicamente a la función que el poema desempeña en el contexto cortesano, especialmente para el caso inglés (Marotti, 1995), ofrecen una serie de claves interpretativas que convendría aplicar al caso hispánico, con el propósito de mejorar nuestro conocimiento de los valores de naturaleza social de estos textos y comprender mejor, por ejemplo, el sentido de las críticas no exclusivamente estéticas que se dirigieron al estilo llano de Lope (Maravall, 1975, p. 447, ya planeó la necesidad de una «investigación» en este sentido). En otras palabras, sería necesario un estudio similar para la poesía de los siglos XVI y XVII al realizado por Bouza, 2001, para los textos históricos, políticos, epistolares y biográficos, entre otros, del mismo periodo.

La Epístola de Lope (*La Circe*, 1624)

La consideración de la «Epístola séptima» de *La Circe* como respuesta a la primera carta de Colmenares es admisible desde el punto de vista del historiador de la literatura que conoce la carta previa del segoviano e identifica en los comentarios de Lope algunas ideas y referencias presentes en el texto del primero. Sin embargo, la «Epístola» no se dirige a Colmenares ni tampoco menciona el nombre del segoviano, por lo que tuvo que ser leída en su momento como la respuesta indirecta del escritor a los ataques recibidos por parte de un desconocido. El silencio sobre las dos respuestas de Colmenares en las listas de personajes que habían defendido a Góngora invita a pensar que tanto una como otra circularon solamente entre los amigos de Lope (véase p. 70).

La «Respuesta» de Colmenares ponía en cuestión el marco teórico desde el cual había formulado Lope sus juicios negativos sobre la poesía de Góngora y defendía la práctica literaria del cordobés basándose en el concepto de estilo «realzado» que proponía como constitutivo del arte poético. La carta de Lope se instala en la perspectiva teórica sobre la literatura que predomina en el texto de Colmenares, planteando una definición general de la poesía en el marco de las disciplinas filosóficas y caracterizándola por el empleo de una forma específica de silogismo. Una vez definidos los instrumentos y los objetivos de la poesía, Lope se ocupa de argumentar la fundamentación de la misma en la retórica. La sección final de la «Epístola» destaca que Colmenares no ha respondido en realidad al «Discurso» de Lope y se ha limitado a interpretar de manera forzada su contenido con el fin de encontrar motivos para la polémica y darse a conocer.

La carta de Colmenares planteaba una serie de críticas que condicionaban necesariamente la naturaleza de los contenidos de una posible respuesta. Puesto en entredicho el fundamento de la poesía en los principios de la retórica, carecía de sentido retomar el ejercicio de crítica literaria realizado en la «Censura» de *La Filomena* y acumular ejemplos de oscuridad estilística. A Lope se le está pidiendo ahora que dé cuenta de sus ideas generales sobre la poesía, y no de cómo se concretan éstas en juicios sobre los versos de un poeta contemporáneo. La crítica literaria queda, de este modo, en un segundo término desde el momento en que se cuestiona el deber ser de la poesía en uno u otro sentido. Una respuesta eficaz precisaba, por lo tanto, de un planteamiento general sobre la poesía que legitimara cualquier juicio crítico posterior.

Poesía y filosofía racional

La «Epístola» se abre, pues, recordando las partes de la poética, «objeto, uso y modo», según la descripción de la misma que había ofrecido «el doctísimo Savonarola». La práctica (el «uso») no es imprescindible para teorizar sobre poesía, pero sí resulta condición indispensable cuando se propone, como en este caso, la «estravagancia» como norma poética, esperando que «su voto valga solo contra el de tantos excelentes hombres». Un pequeño paréntesis sobre las citas de Horacio y Cicerón esgrimidas por Colmenares para defender la dificultad y oscuridad de la poesía, mal interpretadas según Lope porque remitían en realidad a la «alma y nervios de la sentencia y locuciones» y no a «las tinieblas del estilo», precede a la exposición teórica sobre la disciplina poética y su «objeto» y «modo», basada literalmente en fragmentos del tratado de Savonarola sobre el arte poético. La comparación del original latino con el texto de Lope resulta inequívoca al respecto:

dividió la poética el doctísimo Savonarola en objeto, uso y modo.

Tria in arte poetica mihi consideranda videntur, videlicet obiectum, usus et modus (A6v).

Esta disciplina, que en fin es arte, pues se perficiona de sus preceptos, es parte de la filosofía racional, por donde le conviene a su objeto ser parte del ente de razón. Es, pues, el ejemplo objeto del arte poética, como el entimema de la retórica.

Cum enim haec disciplina sit pars philosophiae rationalis, oportet obiectum eius esse partem entis rationis. [...] manifestum est syllogismum illum qui a philosopho vocatur exemplum, obiectum esse artis poeticae, quemadmodum enthymema est obiectum rhetoricae (A6v).

El oficio del poeta es enseñar de cuáles y con cuáles cosas se constituye el ejemplo, y con qué modos y similitudes a diversos géne-

Poetae igitur est docere ex quibus et qualibus exemplum constituatur, et quibus modis et similitudinibus ad diuersa genera

ros, estados y negocios debemos
usar de este silogismo, porque todas las demás partes de la filosofía
racional hacen esto mismo cerca
de su propio objeto.

et ad diuersos status hominum
conditionesque negociorum hoc
syllogismo uti debeamus. Nam et
caeterae partes philosophiae rationalis hoc idem faciunt circa pro-
prium obiectum (B1r).

De los metros y números no hay
que tratar, porque el modo métrico y armónico no es esencial al
arte [...]. «Potest enim poeta uti
argumento suo et per decentes similitudes discurrere sine versu», y
note Vuestra Excelencia aquel «per
decentes similitudines».

Hic ergo modus metricus et
harmonicus utendi arte poetica
non est ei essentialis. Potest enim
poeta uti argumento suo et per
decentes similitudines discurrere
sine versu (B1r).

¿o por qué le será tan precisa la
lógica? Que el que no la sabe no
podrá ser poeta [...].

Impossibile est enim quenquam
qui logicam ignorat, vere posse
esse poetam (B1r).

El *Apologeticus de ratione poeticae artis* de Girolamo Savonarola se incluye como último de los cuatro libros en que se divide el tratado *De
divisione omnium scientiarum*[104]. El texto de Savonarola representaba la
original combinación de diferentes tradiciones en la consideración de
la poesía como parte de la lógica o filosofía racional y distinguida del
resto de disciplinas por el uso del ejemplo[105]. La percepción de la poesía como parte de la lógica durante el periodo medieval y renacentista resulta una de las anomalías de la historia literaria. El origen de
esta clasificación radica en la posición ambigua de la retórica y la poé-

---

[104] Me ha sido imposible localizar el repertorio de citas que, presumiblemente,
manejó Lope para redactar este pasaje.

[105] Savonarola divide la filosofía en real y racional, en la medida en que el ente
se divide en real y racional, según una tradición consolidada desde los comentarios
aristotélicos de Santo Tomás sobre el concepto de sustancia. La filosofía real se divide en práctica y en especulativa. La filosofía práctica se subdivide a su vez en artes
mecánicas y en filosofía moral (ética, económica y política). La filosofía especulativa
se subdivide en filosofía natural, matemáticas y metafísica. La filosofía racional (o lógica), por su parte, se subdivide en distintas secciones según la clase de razonamiento (silogismo) empleado (*De divisione omnium scientiarum*, libro primero).

tica en el marco de las disciplinas aristotélicas. La retórica se considera la contrapartida de la dialéctica en las primeras líneas del tratado aristotélico sobre la materia. Asimismo, la dialéctica es reconocida como parte de la lógica. Resultaba fácil concluir, por lo tanto, que la retórica formaba parte de la lógica. Las estrechas relaciones entre la retórica y la poética, por otra parte, también hacían factible la integración de esta última en la lógica. Los comentaristas griegos de Aristóteles establecieron esta clasificación de la poesía y, posteriormente, Al-Farabi la replanteó en el marco de una clasificación aristotélica de las ciencias que Gerardo de Cremona tradujo del árabe en el siglo XII. Hacia mediados de ese mismo siglo, Domenicus Gundisalinus, tomando asimismo elementos de Beda, Donato y san Isidoro, adoptó y amplió el esquema de Al-Farabi en su tratado sobre las partes de las filosofía (*De divisione philosophiae*). Para Gundisalinus la lógica se divide en ocho partes, distinguidas según los objetivos y los instrumentos de que se sirven y ordenadas jerárquicamente en función del grado de verdad que obtienen sus resultados. Las primeras seis se corresponden con las partes que conformaban tradicionalmente el *Organon* aristotélico: las *Categorías*, *Peri hermeneias*, *Analíticos anteriores* y *posteriores*, *Tópica* y *Sofística*. Las cuatro primeras tienen como objetivo la demostración y se sirven del silogismo demostrativo. La Tópica, identificada con la dialéctica, se ocupa de las cuestiones probables y utiliza el silogismo probable. La Sofística, finalmente, parte del silogismo falso para ofrecer un error con apariencia de verdad. Las dos últimas partes son la Retórica y la Poética. La primera se define por su búsqueda de la persuasión y el empleo del entimema, mientras que la segunda se caracteriza por llevar a cabo una representación imaginativa de la realidad por medio de un silogismo («species syllogismi ymaginativa»)[106]. Tomás de Aquino, por su parte, en los comentarios a los *Posteriores Analíticos* presentará la poesía como una parte de la lógica inventiva (frente a la judicativa), que incluye la dialéctica, la sofística y la retórica (I, 1, 6), y la caracterizará por su capacidad de crear la ilusión de realidad por medio de la representación ficticia («rapresentatio»). Savonarola, en este sentido, sigue de cerca el planteamiento del asunto realizado por Tomás

---

[106] Ver el esquema de esta clasificación y las citas en nota del tratado de Gundisalinus en Hardison, 1962, pp. 13 y 202. Ver, asimismo, Curtius, 1955 [1948], pp. 214-15.

de Aquino (no en vano el pensamiento tomista se había erigido como el definitorio de los dominicos), clasificando la poesía como parte de la filosofía racional y destacando el valor pedagógico de la misma, pero se inclina por considerar el ejemplo («exemplum) y no la representación («rapresentatio») como el objeto propio de la disciplina poética, en lo que suponía una interpretación del silogismo señalado por Gundisalinus como objeto propio de la poética. El ejemplo de Savonarola no es, por lo tanto, el *exemplum* del sermón medieval ni la anécdota clásica por medio de la cual ilustrar un vicio o una virtud, sino un 'silogismo en el que el medio es presentado como término final porque es similar al tercero' («syllogismus, in quo medium extremo inesse ostenditur per id, quod est simile tertio»), técnica de argumentación explicada en los *Analíticos primeros* (68b–69a★)[107]. Esta concepción de la poética como parte de la lógica y del ejemplo como instrumento básico de la poesía pervivirá en teóricos, comentaristas y escritores del siglo XVI, en formulaciones que guardan directa dependencia en muchos casos con Gundisalinus, Tomás de Aquino y Savonarola[108].

---

[107] Para el tratado de Savonarola y la clasificación de la poesía como parte de la filosofía racional, ver Spingarn, 1963 [1899], pp. 16-18; Hardison, 1962, pp. 11-18 y 201-204; y Greenfield, 1981, pp. 41-55 y 246-56. Ver las páginas de Vega Ramos, 2003, a propósito de la necesidad de integrar en el marco de la historia de la teoría literaria la información procedente de las poéticas cristianas (verbigracia, el *Apologeticus* de Savonarola), con el propósito de completar la perspectiva del siglo XVI excesivamente monopolizada por las tradiciones horaciana, aristotélica y platónica.

[108] Robortello comenzará su comentario a la *Poética* de Aristóteles distinguiendo cuatro formas de discurso: el demostrativo, el dialéctico, el retórico y el poético, diferenciados por su grado de proximidad a la verdad (*Explicationes*, p. 1). Benedetto Varchi reproducirá las ideas básicas del *Apologeticus* de Savonarola en sus conferencias sobre poesía (Spingarn, 1963 [1899], p. 17). Riccobono replanteará la cuestión en su prólogo a la traducción de la *Poética* aristotélica, señalando que solamente en el empleo de determinados recursos (como los propios de la argumentación) puede considerarse que la poética forma parte de la lógica, quedando muchos otros al margen de esta disciplina («Quomodo ars poetica sit pars logicae», pp. 375-83). Ver, asimismo, de Torquato Tasso, sus *Discorsi del poema eroico*, II, pp. 523-32; y *La Cavaletta overo de la poesia toscana*, pp. 663-65. Para otros autores (Lombardi, Pigna, Zabarella, etc.) que relacionan la poesía con la lógica, ver Weinberg, 1961, pp. 1-35. La consideración de la poesía como parte de la filosofía racional también se transmitirá al siglo XVI por medio de textos de naturaleza enciclopédica, como el *Sophologium* de Jacobus Magnus (II, IV).

La clasificación de la poesía en el marco de la filosofía racional que expone Lope en esta «Epístola» no debe entenderse como la asimilación por parte del escritor de la poética cristiana de Savonarola. La concepción de poesía que sostenía el dominico, por su desconfianza de la elocuencia poética y su consiguiente insistencia en desvincularla de la retórica y definirla exclusivamente como una forma más de lógica caracterizada por el empleo de una clase de silogismo, difícilmente podía asimilarse con la aprendida en la escuela por Lope y desarrollada en sus diferentes textos o pasajes sobre teoría literaria. De hecho, las mismas afirmaciones de Savonarola que Lope toma literalmente del *Apologeticus* cambian inevitablemente de significado en su nuevo contexto de enunciación. Por ejemplo, cuando Savonarola y Lope (traduciéndolo) subrayan que el verso no es consustancial a la poesía, el primero está tratando de eliminar las preocupaciones estilísticas (esto es, retóricas) propias de la composición poética, mientras que el segundo tiene en mente los argumentos que solían esgrimirse para defender la existencia de una poesía en prosa, según confirman los ejemplos de obras literarias que cita a continuación, algunos de los cuales formaban parte de los textos reseñados habitualmente para este propósito («la esencia de la poesía no es el verso, como se ve en Heliodoro, Apuleyo, las prosas del Sanazaro y piscatorias del san Martino»)[109].

[109] Lope reconoce, por un lado, la asociación tradicional del verso con la ficción poética y la prosa con el relato histórico (dedicatoria a Gonzalo Pérez de Valenzuela, *La piedad ejecutada*, en *Parte XVIII*, p. 201), pero contempla, por otro, la posibilidad de la ficción en prosa (ver *La dama boba*, vv. 290-302; dedicatoria a Juan Vicentelo y Toledo, *Primera parte de don Juan de Castro*, en *Parte XIX*, p. 225; «Al Teatro», en *La Dorotea*, p. 59), y de la historia en verso (*Corona trágica*, V, p. 157). Muchas de sus comedias, siendo obras en verso, se presentan como historias, aunque con los legítimos elementos fabulosos. A pesar de la automática vinculación que suele hacerse de estos pasajes sobre la prosa poética con la teoría de la imitación aristotélica, no hay ningún dato evidente que justifique esta conclusión. Téngase en cuenta, por otro lado, que el concepto de una prosa poética no era extraño a la tradición retórica medieval, como demuestra el mismo pasaje del *Apologeticus* (ver Curtius, 1955 [1948], pp. 215-24; y Egido 1990 [1984], pp. 94-95 y notas), y que, en cualquier caso, desde el momento en que estaba legitimada la prosa de ficción, cabía la posibilidad de enunciar la existencia de una prosa poética sin necesidad de recurrir al concepto de imitación aristotélica, ni tampoco de tener conocimiento del papel que había desempeñado la teoría poética de este autor, a partir de su contraposición entre historia y poesía, en la justificación de la ficción poética (papel subrayado, por ejemplo, por Cascales, *Cartas filológicas*, Década segunda, Epístola III, p. 59).

Lope se siente cómodo con las identificaciones o vinculaciones de la poesía con alguna de las tres ramas de la filosofía, pero sus afirmaciones al respecto no pueden proyectarse siempre en el marco de una teoría general sobre la literatura, sino que deben analizarse como lugares citados según las exigencias del contexto en el que aparecen formuladas. La clasificación de la poesía en el marco de la filosofía racional, la definición de la misma por el empleo de una clase de silogismo, frente a las muchas otras opciones que le ofrecían las diferentes tradiciones teóricas contemporáneas (de la mímesis al estilo), o la insistencia en el carácter apropiado desde un punto de vista moral de las representaciones literarias («y note Vuestra Excelencia aquel "per decentes similitudines"»), determinan unos evidentes objetivos didácticos que la poesía de Góngora no satisface, además de vincular al mismo Lope como escritor con el pensamiento tridentino y con el afán reformador de la política del nuevo valido[110].

Los fundamentos de la poesía

Esta exposición general sobre la poesía se vincula a la siguiente defensa del fundamento retórico de la poética precisamente por medio del silogismo señalado como constitutivo del arte poético: «Pero quien siente que no tiene fundamento en la retórica, ¿qué respuesta merece?», pregunta Lope, aduciendo como prueba evidente de esta fundamentación el hecho de que los tratados de retórica se sirvan de citas de poetas para ilustrar sus modos de argumentación y sus preceptos estilísticos. Ludovico Costanciaro en sus «disputaciones oratorias» remite a Ovidio por los muchos ejemplos de inducción que ofrece en sus obras poéticas («Eandem non raro usurpant poetae, speciatim Ovidius, apud quem multa et praeclara sunt inductionum exempla»), y «hablando del entimema retórico, cita a Lucano». La *Rhetorica* de Cipriano Suárez, asimismo, ejemplifica la prosopopeya o la aposiopesis o reticencia con citas de Cicerón y Virgilio presentadas en pie de

---

[110] Para la influencia de las disposiciones del Concilio de Trento sobre las artes, ver el clásico estudio de Dejob, 1884, las páginas de Castro, 1925, para Cervantes y la literatura española y, sobre todo, el replanteamiento del asunto realizado por Russell, 1978. Para la regeneración moral de Castilla emprendida por el Conde-Duque y sus colaboradores, ver Elliott, 1990, pp. 202-25.

igualdad. El testimonio de estas citas resulta tan evidente que «es puerilidad tomarlos a la boca, cuanto más negarlos y escluir la retórica de
la poética, sin querer que, como la oración se sirve de su ejemplo, valga para ella mismo lo que da a los otros». En el contexto en que se
enuncia este «ejemplo» de la poesía, cabría la posibilidad de interpre-
tarlo o bien en el sentido preciso que le acababa de otorgar Lope
como forma silogística, o bien con el significado de texto ilustrativo.
Esta reflexión se formula, sin embargo, inmediatamente después de
abundar en la presencia de poetas en las retóricas («estando todos los
retóricos llenos de ejemplos de poetas», «yo veo, en cuantos autores
de este género han llegado a mis manos, ejemplificada la retórica con
poetas»), por lo cual parece razonable pensar que Lope se limita simplemente a reiterar el punto que viene argumentando, reduciendo al
absurdo el razonamiento que se deriva de «excluir la retórica de la
poética», dado que eso supondría afirmar que la poesía no puede valerse para su composición de sus propios ejemplos («valga para ella
misma lo que da a los otros»), en un conclusión que presupone, una
vez más, que los ejemplos oratorios y poéticos comparten un mismo
fundamento retórico.

Tras la definición general de la poesía y la argumentación a favor
de su fundamento en los principios de la retórica, Lope pasa a exponer las características de la disciplina en relación a las materias que integraban el *trivium*, con el añadido de la filosofía moral. «La gramática, lógica y retórica no pienso yo que tuvieron otro fin que el
conocimiento del razonar», escribe Lope, «de suerte que las artes son
para una de tres cosas: o para obrar, o para hablar, o para deleitar». De
este modo, «la filosofía moral obra, aunque calle, como sintió Plutarco
en su primer problema; la gramática y música deleitan; y la lógica y
retórica hablan». Por la naturaleza heterogénea de los elementos reunidos es probable que Lope estuviera citando directamente de una
fuente donde se encontraban mejor desarrolladas estas consideraciones. En cualquier caso, las preguntas que se formula el mismo Lope a
continuación de este pasaje permiten adivinar cuál es el sentido de la
aparición de estos datos en este contexto: «¿de qué se compondrá la
poética, si no habla bien ni deleita?», esto es, si no respeta las normas
de la gramática, de la métrica, de la retórica ni de la lógica; «¿o qué
llamamos en ella locuciones y frasis?, y más que el dueño de este discurso que envío a Vuestra Excelencia no funda su opinión en otra cosa

que las figuras, tropos, enigmas, alegorías y tan horribles metáforas». El sentido de estas lecciones elementales sobre las disciplinas básicas del currículum escolar no es otro que el de rebajar el valor de la poesía gongorina señalando que su autor no domina los rudimentos básicos del lenguaje. No es casualidad que unas líneas después el estilo de Góngora sea comparado una vez más con las nubes que cubren el sol de su ingenio, hasta el punto de que «muerto el dueño [...], queda esta poesía perdida».

La sección final de esta «Respuesta» desciende al terreno de la crítica literaria con el propósito de defender la poesía de Ovidio de la censura que había formulado Colmenares en la primera «Respuesta» sobre su «facilidad y llaneza», en una descalificación que se proyectaba sobre la misma producción literaria de Lope. El escritor se lamenta enfáticamente de este juicio («¡Desdichado de ti, Ovidio, a qué has venido!») y critica después la poesía del pintor Jerónimo Bosco, que era considerada por algunos como «el remedio del arte y la última lima de nuestra lengua»[111]. Las censuras vertidas contra las obras amorosas de Ovidio eran indudablemente conocidas por Lope, razón por la cual su alabanza de Ovidio se plantea recordando exclusivamente los «*Fastos, Elegías* y *Metamorfoseos*»[112]. Colmenares, sin embargo, en su segunda «Respuesta», insistirá en su valoración negativa de Ovidio, incluidas las tres obras citadas, acumulando citas de Quintiliano, Pierre Galand, Jacopo Grifolo, Dionisio Lambino y, finalmente, Escaligero (recuérdese el final de la *República literaria*, donde Ovidio encabeza el linchamiento del crítico francés)[113], y haciendo explícita la analogía entre las obras de un escritor que prometía 'ser leído por boca del pueblo' y la del mismo Lope, de quien Colmenares acababa de citar los co-

---

[111] Las «dos docenas de versos» del pintor, señala Lope, son similares a los cantos de los sacerdotes de Marte en la antigua Roma, caracterizados por su empleo de una lengua muy primitiva y deformados en la transmisión oral hasta convertirse en piezas oscuras (ver, en este sentido, la carta de Pedro de Valencia a Góngora, p. 71). Las alusiones a Jerónimo Bosco que he localizado en la literatura del siglo XVII son siempre a propósito de su producción pictórica.

[112] Ver los capítulos sobre la recepción de Ovidio en Hardic, 2002; el trabajo de Gagliardi, 2004, sobre la censura de la lírica amorosa; y el estudio de Moss, 1982, sobre la recepción de Ovidio en el siglo XVI francés.

[113] En la primera «Respuesta», Colmenares citaba la opinión negativa del filólogo italiano Francesco Florido, tal y como había hecho Luis Carrillo y Sotomayor en el *Libro de la erudición poética*, p. 352.

nocidos versos del *Arte nuevo* sobre el vulgo y la justificación de «hablarle en necio». Estas pocas líneas de crítica literaria que aparecen en la «Epístola» de Lope se cierran con la cita de un verso de Catulo en el que el poeta veronés censuraba el estilo pomposo de Antímaco, el mismo autor referido por Colmenares para legitimar la oscuridad de la poesía al inicio de su «Respuesta»[114].

La «Epístola» dedica los últimos párrafos a presentar la «Égloga» del príncipe de Esquilache con las implicaciones que ya hemos señalado (véanse pp. 48-50; 79-80; 117-18), rebate las presuntas críticas de que ha sido objeto su propia poesía recordando (en un comentario muy característico de Lope) las «alabanzas de poetas y de los demás ingenios» que ha recibido, lamentando que no «hubiera leído a Aristófanes en razón de las comedias (si bien trae su discurso una palabra griega), donde hubiera visto introducido a Sócrates, que también le hay en la lengua latina, para los que no habemos pasado a Grecia». La sátira contra quienes ostentan conocimientos de latín y griego de los que en realidad carecen es bien conocida, y sobre ella volverá el mismo Colmenares, en el marco de una discusión filológica sobre el significado de la palabra *enigma*, en su segunda «Respuesta». Por otra parte, el pasaje de *Las Ranas* de Aristófanes al que remite Lope es la intervención del mismo poeta por boca del coro en la que defiende su producción dramática de las críticas recibidas, en términos que resultaban afines a la percepción que el mismo Lope debía de tener de sus obras teatrales.

Las últimas palabras de la «Epístola», donde se habla de un «poeta insigne que escribiendo en sus fuerzas naturales y lengua propia, nacida en ciudad que por las leyes de la patria es juez árbitro entre las porfías de la propiedad de las dicciones y vocablos, fue leído con ge-

---

[114] La anécdota de Antímaco de Colofón despreciado por el pueblo y aplaudido por Platón (transmitida por Cicerón en su *Brutus*, L, 191) se citó repetidamente en los textos de la polémica gongorina (Francisco Fernández de Córdoba, *Examen del «Antídoto»*, p. 419; Pedro Díaz de Rivas, *Discursos apologéticos*, p. 56). Para la reputación de Antímaco entre los autores griegos y romanos, ver Vessey, 1971, quien señala que la figura del poeta desapareció de la historia literaria después de la puntual admiración que tuvo por ella el emperador Adriano. Si no su poesía, por lo menos el juicio de los atenienses, de Cicerón y de Catulo sobre la misma será relevante, en el marco de la polémica gongorina, como lugar con el cual argumentar en defensa de la oscuridad poética.

neral aplauso y después que se pasó al culteranismo lo perdió todo»,
difícilmente pueden ir referidas a Góngora, tanto por los elogios que
se prodigan al poeta cordobés a lo largo de *La Circe* como por la dificultad de argumentar que el autor de las *Soledades* se pasara al ban-
do que él mismo había fundado, según el planteamiento que habitualmente se hacía del asunto[115]. Resulta más verosímil pensar en Juan
de Jáuregui y en Sevilla como esa ciudad que «es juez árbitro entre
las porfías de la propiedad de las dicciones y vocablos» (con la figura
de Herrera al fondo)[116]. Esta hipótesis, con todo, a la luz de la fecha
de composición que he propuesto para la «Epístola» (finales de 1621-
principios de 1622; véanse pp. 47-50), nos obligaría a suponer que
Lope ya se había distanciado literariamente de Jáuregui por entonces
(dos años antes, aproximadamente, de la posible circulación manuscrita del *Orfeo* que propone José Enrique Laplana). De todos modos,
también sería plausible que Lope hubiese añadido estas últimas líneas
de la «Epístola» en el momento de reunir y preparar los originales para
la imprenta durante el verano de 1623[117].

LA «RESPUESTA» DE COLMENARES (1624)

Probablemente Colmenares no tuvo noticia de la respuesta escrita
por Lope hasta su aparición a principios de 1624 en *La Circe*. Habían
transcurrido más de dos años desde que remitiera al escritor madrileño su *Apología por la nueva poesía*, y con la excepción de un pasaje
de la «Epístola a Francisco de Herrera Maldonado» (véanse pp. 54-
56), todo parece indicar que no existió contacto verbal ni escrito entre ambos autores. La segunda «Respuesta» de Colmenares, en este
sentido, no presenta ninguna alusión al respecto. El contenido de la
misma parece confirmar que el único contacto del segoviano con Lope
fue a través de las dos misceláneas impresas.

---

[115] Orozco, 1973, pp. 354 y 363 optaba por esta identificación.

[116] «Préciese la gran patria de Vuestra Merced, Sevilla, de un hijo tan célebre y
por quien aquellas felicísimas edades están presentes, y los que no hubieren conocido al divino Herrera, a los dos Franciscos, Medina y Pacheco, Figueroa, Cetina y otros
iguales (si iguales tienen)» (dedicatoria a Francisco Pacheco, *La gallarda toledana*, en
Parte XIV, p. 94).

[117] Ver Laplana, 1996, p. 94, n. 18; pp. 97-99.

Colmenares responde «por los mismos puntos» al texto publicado por Lope en *La Circe*, definiendo la poesía y reseñando su desarrollo histórico, negando que no fundamentara la poética en la retórica y adjudicándole como objeto el conjunto de disciplinas. Prosigue a continuación reiterando dos ideas fundamentales de su primera «Respuesta»: la consideración del estilo realzado como definitorio de la poética, comparándolo con los estilos de la oratoria y del discurso científico, y el carácter vulgar de la comedia, sujeta a las exigencias del público de los corrales. Una vez más la proyección de los principios del *Arte nuevo* (citados íntegramente por Colmenares) sobre el resto de su producción poética se hace manifiesto, como confirman las críticas de autoridades acumuladas sobre la poesía de Ovidio. La defensa de la poesía de Jerónimo Bosco y la disputa sobre el traído y llevado libro cuarto del *De doctrina christiana* de san Agustín, seguido de una serie de citas que ratifican el carácter oscuro y difícil de la poesía, dejan paso a la reflexión final sobre el desprestigio en el que se encuentra la poética por culpa de quienes la tratan vulgarmente.

El requisito de la práctica para teorizar sobre cualquier disciplina es rebatido sin problemas por Colmenares con el testimonio de Aristóteles y la cita de Horacio («officium nil scribens ipse docebo»). Sin embargo, Lope había especificado en su texto que podía teorizarse sobre cualquier disciplina siempre y cuando las propuestas no estuvieran en franco desacuerdo con la opinión de los «excelentes hombres», entre los cuales cabe imaginar al mismo Aristóteles, Horacio, Cicerón o Quintiliano[118]. Colmenares no considera este matiz porque desde su perspectiva no era problemático leer estas mismas autoridades en el sentido en el que él las estaba interpretando. Tal vez quepa deducir de ello que Colmenares no percibe su concepción de la poesía como una novedad enfrentada a la lectura tradicional de las citadas autoridades, sino como una lectura más consensuada por la tradición que la del mismo Lope, perspectiva que no debería obviarse cuando se trata de reconstruir la historia de las ideas literarias de un periodo. Las razones de tal percepción nos alejan de los cursos de gramática escolares y nos conducen directamente al desconocido círculo de amistades y

---

[118] Ver un planteamiento similar al de Lope en la *Filosofía antigua poética*, «Epístola II», p. 95.

al conjunto de lecturas de Colmenares desde sus años de estudios en Salamanca hasta la misma década de los veinte.

Los orígenes de la poesía

La transición en lo que afecta a contenidos del «Discurso» de *La Filomena* a la «Epístola» de *La Circe* es presentada por Colmenares como el paso de una reflexión sobre el estilo a una consideración de los temas propios de la poesía (que para no traicionar el pensamiento de Colmenares no identificaré con la *elocutio* y la *inventio*): «Ahora, señor, que Vuestra Merced nos obliga en su papel a que dejando por asentado el *cómo* se ha decir, pasemos a tratar lo *que* se ha decir» (cursivas del autor). Siguiendo el mismo orden de exposición del texto de Lope, por lo tanto, Colmenares propone una definición de la poesía que acompaña, según práctica habitual en las reflexiones teóricas sobre el particular, de un repaso por la historia de la disciplina. «Axioma es asentado», escribe el segoviano, «que la sustancia (digámoslo así) de la poética es la ficción o fábula, y *poeta* en su origen etimológico es el que finge o fabrica por sí solo». Se recogen aquí dos de las tres etimologías más conocidas de la voz «poeta» (la tercera, derivada de la acepción del término «poesía» como «locución exquisita», puede verse en san Isidoro, *Etymologiae*, VIII, VII, 2 y, sobre todo, Boccaccio, *De genealogia Deorum*, XIV, VII). La etimología de *poeta* como hacedor o artífice (que respondía al significado real del griego ποιητής) se documenta desde el siglo V a. C. y la reseñan, entre otros, san Isidoro (*Etymologiae*, VIII, VII, 7), remitiendo a Suetonio (*De poetis*, 2); Badius Ascensius en sus *Praenotamenta* (fol. 3v), o Dominicus Nanus Mirabellius en su *Polyanthea* (p. 801)[119]. Asimismo, la etimología de poeta como fingidor, esto es, creador de ficciones (por medio de la alegoría, habitualmente) contaba con una larga tradición desde el periodo medieval (Petrarca, *Seniles*, XII, 2), aunque el término no se utilizaba exclusivamente con esta acepción, remitiendo en ocasiones tanto a éste como al primero de los significados citados (como sucede, por ejemplo, con Santillana y su definición de la poesía como «fingimiento»)[120].

---

[119] Ver, asimismo, Carvallo, *Cisne de Apolo*, I, 1, p. 76 (y n. 12 del editor para otros testimonios posteriores). Para los orígenes griegos, ver Adrados, 1981 [1975].

[120] Ver, al respecto, Weiss, 1990, p. 191 y n. 35.

La presentación de la «ficción o fábula» como sustancia de la poesía que realiza Colmenares es un testimonio más del solapamiento de tradiciones teóricas que provocaron los traductores de la *Poética* de Aristóteles al emplear terminología de la gramática y retórica para traducir determinados conceptos del original griego. La noción de «fábula» como «ficción» se documenta en los textos clásicos, pervive durante todo el periodo medieval y continúa vigente durante los siglos XVI y XVII. El mismo Lope se sirve de este concepto reiteradamente para definir los episodios ficticios de sus obras literarias (véase el «Prólogo», pp. 23-27). La diferencia entre el uso de este término que practican Lope y Colmenares radica en el hecho de que el primero lo emplea sin identificarlo con la acepción de «fábula» que se encontraba en las traducciones latinas de la *Poética* aristotélica, mientras que el segundo, como se desprende de la cita extractada del mismo tratado («Ex his igitur patet poetam fabularum magis quam carminum, esse poetam», 1451b 27-28), cree estar utilizándolo como un lugar fundamental de la doctrina poética aristotélica[121]. La utilización de un término como «fábula» para traducir el concepto griego que expresaba la 'estructuración de los hechos' (μῦθος) propiciaba que, en una lectura superficial de las traducciones latinas de la *Poética*, se interpretara la fábula aristotélica como la ratificación de la idea tópica de la poesía como ficción, sin advertir las diferentes acepciones que cifraba esta palabra[122]. En este sentido, además, Colmenares parece obviar totalmente el papel que desempeña la imitación en Aristóteles, quizá porque la consideraba (al igual que Lope) como una repetición del lugar común que presentaba las artes como imitación de la naturaleza. Al respecto, es interesante observar que tanto Lope como Colmenares enuncian la idea de la poesía en prosa sin ser cómplices de la noción de mímesis aristotélica: la diferencia de formulaciones, una

---

[121] El mismo comentario de Robortello al pasaje podía leerse sin demasiados problemas interpretando «ficción» allí donde se lee «fabula»: «Poeta ducitur παξὰ τό ποιεῖν, quod est fingere; ποιεῖν vero nihil aliud est, quam μιμεθαι, id est imitari; imitatur autem poëta actiones; actiones vero fabula continentur; consequitur ergo, poetam potius appellari propter fabulam et constitutionem rerum, quas imitatur, quam propter metra» (*Explanationes*, p. 96).

[122] Esta identificación de la fábula aristotélica con la ficción, por otra parte, no era extraña ni siquiera en los propios comentaristas de la *Poética*, según explicó Herrick, 1946, p. 36.

vez más, se encuentra en la presunción que tiene Colmenares, a diferencia de Lope, de estar exponiendo unas ideas propias de la doctrina aristotélica.

El planteamiento de Colmenares, según hemos visto, pretende ser aristotélico tanto en la terminología como en los conceptos: la «sustancia» de la poesía es la «ficción», mientras que «el ser en prosa o verso es accidente». Por lo tanto, «nadie medianamente entendido negará que sean poemas los diálogos de Luciano, la *Transformación* de Apuleyo, y en nuestra lengua, el prudente *Guzmán de Alfarache*, el desgraciado *Gerardo* y cuantos libros de caballerías avivaron la invención española, hasta su Herodes, don Quijote» (obsérvese el silencio sobre *El peregrino en su patria* de Lope, por ejemplo). La consideración estricta del poema por su empleo de la ficción y con independencia de su grado de verosimilitud explica la presencia en una misma enumeración de obras tan diferentes, cuando no opuestas, como los diálogos de Luciano, el *Guzmán* o las novelas de caballerías. Teniendo en cuenta el papel que desempeña el «estilo realzado» en su concepción de la poesía, cabría esperar en Colmenares, en este sentido, un interés por delimitar unas características concretas para la novela o épica en prosa que la mantuviera equidistante de la inverosimilitud de los libros de caballerías y del excesivo documentalismo de la novela de pícaros, cuando para el mismo Lope o Cervantes, por ejemplo, esta circunstancia determinaba que la obra fuera o no considerada adecuada desde un punto de vista preceptivo[123]. El inventario de la biblioteca de Colmenares, sin embargo, confirma la amplitud de sus intereses como lector (véase p. 39) y plantea la cuestión de hasta qué punto no identificaba de manera automática la poesía y su «estilo realzado» con el

[123] Ver, al respecto, los artículos de Riley sobre los límites y desplazamientos del romance, la picaresca y la novela, 2001a [1981]; 2001b [1989], y el estudio de Serés, 2001, a propósito del *Peregrino* como modelo narrativo equidistante del romance y la picaresca (en otras palabras, la respuesta de Lope a la coyuntura que había tratado de superar Cervantes con el *Quijote*). Téngase en cuenta, por ejemplo, que libros como el *Lazarillo de Tormes* o *La Celestina*, es decir, textos análogos a los citados por Colmenares como ejemplos de «poesía», eran clasificados hacia 1620 por Jiménez Patón en el marco del estilo «tenue» o humilde, por su empleo de «lenguaje casero y común» (ver la respuesta de este autor a las censuras que recibió su *Elocuencia española en arte* de Francisco de Castro; ambos textos se editaron en el *Mercurius Trimegistus*, fols. 182r-205v y 177r-81v, respectivamente; para la cita, fol. 196r).

verso y valoraba la prosa desde otros parámetros más flexibles (véase, en este sentido, el comentario de Lope en *La desdicha por la honra*, pp. 183-84).

La predilección que manifestaron ya los «primeros maestros» de esta «profesión» por el «metro» viene determinada por el propósito de la poesía, «enseñar deleitando», para lo cual resulta más eficaz el empleo de los versos (véase idéntico planteamiento, por ejemplo, en la *Filosofía Antigua Poética*, «Epístola III», pp. 116-17). Prosigue Colmenares con una tópica historia de la composición poética en verso, desde los caldeos, asirios y hebreos, con el testimonio de Job y Moisés, pasando por los griegos Lino, Orfeo y Anfión que explicaron su «teología y física» en verso, hasta los latinos Livio Andrónico, Ennio y Virgilio. Hacia el 900 d. C. sitúa Colmenares la aparición de la rima («lo rítmico o consonante»), que rápidamente fue bien acogida por el vulgo, según señalaba Petrarca en la primera de sus *Familiares* cuando revisaba las tres clases de composición por él practicadas: la prosa latina, el verso homérico y 'otra parte, que trata de acariciar los oídos del vulgo' («pars autem mulcendis vulgi auribus intenta») (véase la variante de esta cita en el impreso en pp. 163 y 210)[124]. Inventada la rima por latinos o griegos («no me atreviera yo a distinguir en cuál de las dos repúblicas»), pasó a Sicilia e Italia (siguiendo el mismo pasaje de Petrarca), después a Francia «en tiempos de Luis octavo» (según apunta Genebrard) y, finalmente, a España, donde «tardó en arraigar», no por la falta de «temperamento o naturaleza» (*ingenium* horaciano), como demuestran los importantes autores latinos nacidos en Córdoba, sino por el desconocimiento de las reglas del arte[125]. El juicio negativo de fray Luis sobre los poetas españoles que se ocuparon solamente y de modo indecente de la poesía amorosa («nostri poetae qui amatoria scripserunt»), alejándose del óptimo oficio de la poesía fundada en la imitación de la naturaleza («ab optimi poetae officio longissime recesserunt»), lo cita Colmenares para advertir el desconocimiento del arte poético que exhibían las composiciones de la poesía cancioneril,

[124] Para el origen de la rima en la poesía latina ver Curtius, 1955 [1948], pp. 557-60 y, sobre todo, Dronke, 1965, a propósito de los himnos ambrosianos y de las secuencias litúrgicas.

[125] Para los panegíricos de la ciudad de Córdoba y los poetas contemporáneos de Góngora, ver Collard, 1967, p. 87; Cruz Casado, 2000. Recuérdese que los elogios de los lugares geográficos formaban parte del panegírico de personas.

desmarcando de esta valoración a la poesía de Garcilaso, Hurtado de Mendoza y Fernando de Herrera, y precisando que el agustino tampoco habría formulado esta crítica a propósito de «este nuevo género de poesía, pues sólo se estraña por lo nuevo». Góngora se presenta entonces como la culminación de esta evolución experimentada por la poesía castellana, combinando el ingenio natural con una erudición extraordinaria. Le acompañan en este canon de poetas contemporáneos, además del mismo Lope, Félix Paravicino, Bartolomé y Lupercio Leonardo de Argensola, Francisco López de Zárate, de quien se había publicado su tomo de *Varias poesías* en 1619 (con aprobación de Lope), y Francisco de Quevedo[126], mencionado también por sus «discursos». Desconocemos los poemas manuscritos sobre los cuales se fundamentó la elección de Paravicino o Quevedo. En todo caso, parece evidente que Lope se mostraría conforme con esta selección.

La retórica y el trivium

Una vez expuestas las consideraciones generales sobre la poesía, Colmenares prosigue su «Respuesta» replicando a propósito del fundamento retórico de la poética (p. 211):

> De nadie temeré yo que pueda probarme haber dicho (como Vuestra Merced quiere) que la poesía no tiene fundamento en la retórica, pues nunca llegó a mi pensamiento, antes me parecía que el pedestal, plinto y basa de la poética son la gramática, lógica y retórica, y el objeto, todas las ciencias y profesiones del mundo, pues la compete hablar de todas.

La contradicción aparente de esta afirmación con el planteamiento expuesto en la primera «Respuesta» se deriva del plano distinto en el que se está formulando el debate sobre la cuestión. En efecto, cuando Lope introduce su digresión sobre las artes del *trivium* en el marco de su argumentación sobre la fundamentación retórica de la poética, estaba mezclando dos tratamientos distintos de la poesía: primero presenta la poesía regulada por los preceptos de la retórica (con la remisión a los ejemplos poéticos citados en los libros de retórica), y des-

---

[126] La fama literaria de Quevedo no se fundaba tanto en su poesía como en sus obras en prosa (ver, al respecto, Carreira, 1998 [1994a]).

pués menciona el conjunto de disciplinas sin las cuales no puede practicarse la poesía, en tanto que arte fundado en el lenguaje, que son la gramática, lógica y retórica, a las que añade la filosofía moral (por sus contenidos) y la música (por el deleite que produce en el oyente). Colmenares está respondiendo, por lo tanto, al segundo de los tratamientos de la poesía realizados por Lope en su «Epístola», no al primero. La precipitación con la que Lope acumuló referencias para argumentar su posición explica, con toda probabilidad, que Colmenares interpretara sesgadamente el pasaje señalado de *La Circe*. Los argumentos esgrimidos en la primera de sus respuestas, sin embargo, correspondían a una concepción de la poesía que permanece intacta en la carta de 1624.

En la segunda parte del fragmento citado de la «Respuesta» se define el «objeto» de la poesía como el conjunto de «las ciencias y profesiones del mundo, pues le compete hablar de todas», punto en el que Lope estaba completamente de acuerdo. La tendencia acusada por algunos humanistas a presentar todas las disciplinas bajo el control de la retórica participa de las mismas condiciones culturales que favorecieron esta concepción de la poesía como suma de todas las ciencias. En un periodo en el que fue revisada la pedagogía, los contenidos y la práctica de todas las disciplinas, concretando nuevos límites para las mismas y redefiniendo las relaciones que mantenían entre sí, era natural que algunas disciplinas o artes especialmente privilegiadas por el humanismo adquirieran un protagonismo del que habían carecido durante el periodo medieval. Los lugares y conceptos de la tradición clásica que confirmaban este particular habían sido esgrimidos desde las primeras defensas de la poesía en el siglo XIV, y recorrieron con extraordinaria vitalidad todo el siglo XVI y XVII en manos de escritores, críticos y teóricos de la literatura[127]. La aparición del concepto mimético de las artes resultó, en este sentido, de gran importancia para consolidar esta concepción de la poesía (como puede apreciarse, indirectamente, en la *Arcadia* del mismo Lope, pp. 267-68)[128]. De este

---

[127] Ver Weinberg, 1961, pp. 44-45.

[128] Fadrique señalaba en la *Filosofía antigua poética* que «la poesía comprehende y trata de toda cosa que cabe debajo de imitación y, por el consiguiente, todas las ciencias especulativas, prácticas, activas y efectivas. Y ¿no veis a Homero cuán lleno está de todas las artes generalmente, y a Virgilio también y, en suma, todos los épicos (he-

modo, para Colmenares es evidente que el poeta debe conocer «no superficialmente», sino «con mucha profundidad», la «teología mística», la «filosofía natural y moral», la «astrología», la «matemática», la «cosmografía» o la «política y económica» (partes de la filosofía moral), porque en el curso de la composición literaria tiene que servirse de léxico y conceptos procedentes de estas disciplinas. Esta concepción de la poesía, sin embargo, resultaba problemática porque definía su «objeto», como dice Colmenares, por el conjunto de temas que podía abordar un poema, de tal manera que el poeta cuando habla de las estrellas es un astrónomo, cuando menciona las facultades internas del hombre es un médico, cuando elogia la prudencia es filósofo práctico y cuando describe el deshielo de la nieve es filósofo natural (el mismo Savonarola había reducido al absurdo este razonamiento en su *Apologeticus,* B1v). El desarrollo que experimentaron las disciplinas científicas en el curso de los siglos XVII y XVIII determinó la especialización de sus contenidos y comportó la desaparición momentánea de esta percepción de la poesía, solamente recuperada muchas décadas después por el movimiento romántico y sus múltiples derivados posteriores (un conocido poeta inglés afirmará hacia 1821 que la poesía «es lo que comprende toda ciencia, y a ella debe toda ciencia referirse», y un muchacho de las Ardenas, cincuenta años más tarde, escribirá que el poeta debe ser un «multiplicador de progreso»).

La «Respuesta» de Colmenares se ocupa, de aquí en adelante, de asuntos ya expuestos en la primera de sus cartas, siguiendo el orden en el que se tratan en la «Epístola» de Lope; empezando por el estilo realzado de la poesía, continuando con la definición de la comedia por su empleo del lenguaje humilde, para insistir después en su juicio crítico sobre la poesía de Ovidio y en su interpretación del pasaje sobre la oscuridad que citaba Lope del *De doctrina christiana,* y terminar con el lamento por la vulgarización de la poesía y la mención de su dedicación a la tarea de componer una crónica de su ciudad.

roicos por otro nombre) junto con la política que es su principal intento? ¿no enseñan astrología, la medicina, la economía y otras facultades? y así los demás poetas todos... es un arte superior a la metafísica, porque comprehende más mucho y se extiende a lo que es y no es» («Epístola III», pp. 121 y 123). Díaz Rengifo relativizaba, en cambio, este planteamiento en relación a los saberes que debía poseer el poeta (*Arte poética española,* p. 4).

La defensa del estilo realzado se lleva a cabo en esta ocasión con citas procedentes de textos de naturaleza muy diversa, quedando los lugares de Aristóteles sobre el tema en un segundo plano. Los versos de Jerónimo Vida subrayaban la «licencia» en la elocución de los poetas («nec tanta licentia fandi / cuique datur, solis vulgo concessa poetis», III, vv. 106-108), noción derivada de la concepción retórica de la poesía que sustenta su *Ars poetica*, y que Colmenares se apresura a matizar advirtiendo que «no se entienda que es sólo licencia, como la llama el vulgo, sino necesidad importante»[129]. El fragmento escogido a continuación para ilustrar este particular es un ejemplo del proceder que el mismo Colmenares reprocha a Lope: la cita de Escaligero no «trata formalmente de este propósito», sino de las fábulas con las que deben ocultarse determinados elementos de la astrología en aquellas obras no concebidas específicamente para divulgar o profundizar sobre esta disciplina («At eo in opere quod primarium argumentum aliud habet, fabulis condire oportet», *Poetices libri septem*, III, XXVI, p. 115B). Se legitima, por lo tanto, el empleo de la alegoría, pero no del «estilo realzado»[130]. Sigue Colmenares con el famoso pasaje de Vitruvio sobre las diferencias entre la historia o la poesía y su disciplina (*De architectura*, V, Prefacio, 1), para terminar con otra no menos recurrida cita de Quintiliano sobre la mayor libertad de los poetas respecto a la de los oradores (*Institutio oratoria*, VIII, VI, 19).

Estas consideraciones sobre el estilo propio de la poesía se completan de inmediato con la acumulación de autoridades que caracterizan la comedia por su empleo del estilo llano (Horacio, el Brocense, Aristóteles), necesario por la sujeción del género al gusto del vulgo («de quien recibe la paga, como Vuestra Merced cuerdamente dijo»). Cada afirmación de Colmenares en este pasaje está cifrando tácitamente la consideración del conjunto de la obra poética de Lope sometida a los mismos principios expuestos en el *Arte nuevo* (citados aquí por extenso). La protesta reiterada contra la vulgarización de la

---

[129] Para el contenido del *Ars poetica* de Jerónimo Vida y su estructura retórica, ver Weinberg, 1961, pp. 715-19.

[130] Este pasaje de Escaligero aparece en el marco de su reflexión sobre las cuatro virtudes del poeta (*prudentia, varietas, efficacia* y *suavitas*; ver p. 99, n. 32) y, en concreto, a propósito de la *prudentia* y de una de sus partes («Haec igitur prudentia ad tria potissimum capita reducenda est. Rerum enim naturam cum explicamus, Physiologia dicitur; cum Fati, Astrologia; cum Dei, Theologia» (III, XXVI, p. 113D).

poética y el alud de críticas vertidas inmediatamente contra la «facilidad y llaneza» de Ovidio, teniendo en mente las censuras repetidas que recibió la poesía de Lope precisamente por presentar estas características, son elementos que avalan la interpretación de este pasaje (y de otros análogos) en este sentido; por no referirnos a la ironía que se observa en determinados comentarios de Colmenares, de los cuales se desprende la actitud despectiva y retadora que mantiene con las ideas literarias de Lope y su producción poética[131].

Colmenares se preocupa especialmente de escoger a lo largo de esta «Respuesta» pasajes de las mismas obras que Lope había citado en el texto de *La Circe*, en algunos casos para replicar la interpretación del madrileño sobre un fragmento concreto. El ejemplo de los comentarios a Persio de Nebrija es ilustrativo al respecto: Lope citaba su glosa sobre los cantos de los salios en el marco de su crítica de la poesía de Jerónimo Bosco, análoga a la de Góngora y sus imitadores, y Colmenares responde, en relación al carácter vulgar que adopta la poética en manos de ciertos autores, «que aun el nebrisense, que Vuestra Merced alega en esta ocasión por su parte, lo siente así, diciendo en los *Comentarios* a Persio, "Nugas agit, qui ex iudicio multitudinis imperita carmina sua velit aestimari"». Otro tanto puede afirmarse del libro cuarto del *De doctrina christiana*, que reaparece una vez más en esta polémica al pretender Colmenares desmentir que san Agustín estuviera hablando de los poetas cuando culpaba «la escuridad de los doctores y predicadores cristianos». Por medio de citas de esta obra y de otra del mismo autor, el segoviano justifica la oscuridad de la poesía fundada en el uso de los tropos y figuras, recuperando, por otra

---

[131] «Aunque no ando en carteles ni teatros», advierte Colmenares, «no me tenga por tan falto de conocimiento que no distinga lo negro de lo blanco»; «de donde infiero que no debe de haber leído a Quintiliano»; «le he leído, [el término *filaucía*] españolizado y aun tautológico en un mismo verso de poeta confiado», citando en los ladillos el nombre de Lope con todas sus letras; «enfado parece multiplicar autores, y más a quien los habrá visto como Vuestra Merced»; «que no todos nacemos (ni aun morimos) enseñados»; «algunos que escribiendo mucho, estudian poco y saben menos» (los ejemplos podrían multiplicarse). La equiparación tácita de Ovidio con Lope de Vega permite suponer, por otra parte, una alusión a la vida en común del escritor con la joven Marta de Nevares en la última afirmación del siguiente pasaje: «[estimo las obras de Ovidio] en todo aquello que las estimó su mismo autor, cuando se prometió "ore legar populi", inquietando juventudes y profanando recogimientos».

parte, el planteamiento que le ofrecía un conocido pasaje del *Alcibíades* de Platón recién citado sobre el carácter enigmático de la poesía (ocasión que Colmenares no desaprovecha para introducir una digresión pedante sobre el término griego de la voz *aenigma*).

El último párrafo de esta «Respuesta» se abre con la remisión a la imagen y el texto de un emblema de Joannes Sambucus (*Varii hominum sensus*) para referirse a la variedad de los juicios humanos.

La vieja que subía los cráneos humanos hasta la cima tropieza y observa cómo se precipita su carga en direcciones opuestas, circunstancia que inspira su comentario sobre la disparidad de los juicios de los hombres (tantos como personas) en contraste con el hecho de que existe un solo camino para todos sus huesos («Quid mirum si tot sensus, quot in orbe figurae / sunt, ait, in viuis, num ossibus una via est»). Colmenares continúa señalando que por esta razón no se ha molestado nunca «de que los señores poetas se contradigan unos a otros», reflexión matizada de inmediato al distinguir entre la disputa concreta en un contexto de respeto y admiración por la poesía, y las sátiras contemporáneas esgrimidas no sólo contra otros autores, sino contra la misma «profesión, ya en el teatro, ya en el juguete truhanesco, ya en el líbrico entretenido con el cuento satírico, ya en el aplauso de gente lucida con el gracejo impertinente»[132].

La despedida es utilizada por Colmenares para informar de su proyecto de redacción de una historia de Segovia (véanse pp. 37-38), pidiendo a Lope que le comunique «lo que hubiere visto de la vida y escritos» de Hieroteo, autor del *Laudibus amoris* que el escritor citaba en su comentario del soneto filosófico con el que cerraba *La Circe* («Epístola nona», fol. 236r). Se trata de una petición que sólo podríamos considerar sincera de no haber leído el conjunto de los cuatro textos que conforman este interesante episodio de polémica literaria.

---

[132] Para el libro de emblemas de Joannes Sambucus, ver Visser, 2005.

TEXTOS

CRITERIOS DE EDICIÓN

Se ha editado el texto en la forma más próxima a la norma gráfica actual, pero se han respetado aquellas particularidades gráficas que podían cifrar una fonética distinta de la moderna. Se ha regularizado la puntuación y la acentuación y se han desarrollado todas las contracciones y resuelto las abreviaturas. Las tres erratas del impreso se han corregido sin consignarse en el aparato crítico («professin» en lugar de «profesión», p. 190; «amplica» en lugar de «amplía», p. 192; «irrogare» en lugar de «interrogare», p. 199). Las citas en romance, por otro lado, se han modernizado según el criterio general expuesto, respetándose los errores o variantes que presentan en relación a los textos originales (por ejemplo, en la dedicatoria de la *Soledad* primera, v. 13).

En el caso de la ortografía latina, se ha limitado el uso de mayúsculas a nombres propios y gentilicios. Asimismo, se ha modificado la puntuación, eliminando comas en algunos lugares (por ejemplo, delante de algunas conjunciones) y colocándolas en otros para distinguir las diferentes oraciones, y convirtiendo los dos puntos al final de período en punto o punto y coma. Las citas latinas han sido compulsadas siempre que ha sido posible con ediciones contemporáneas o modernas. Se ha respetado, por regla general, el texto editado en el impreso, y solamente se han introducido modificaciones cuando se trataba de erratas o errores evidentes. Así, por ejemplo, se respetan citas alteradas sustancialmente respecto del original, como en el caso de un fragmento de la primera familiar de Petrarca («Poetica mulcendis vulgi auribus inuenta», en lugar de «pars enim, mulcendis vulgi auribus intenta», en *Opera omnia*, Basilea, 1581, p. 567), pero se corrigen erratas como «praespicua» (en lugar de «praerspicua»), y errores en el proceso de copia, como el siguiente ejemplo de sustitución por confusión en el salto de línea («vero magis / ... enim magis / quam», en lugar de «vero magis / ... enim aliud / quam», Escaligero, *Poetices libri septem*, 1561, p. 331B). En un caso concreto, no se ha enmendado un error de Lope en la cita de unos versos de Catulo (XI, v. 6), porque éste será objeto de un comentario por parte de Colmenares. En la traducción de la cita, sin embargo, se subsana el descuido. Los casos de esta índole, de todos modos, no pasan de la media docena, de ahí que no se haya dedicado un espacio especial para reseñarlos.

FUENTES

El impreso presenta una serie de anotaciones al margen donde se indican las fuentes de las citas esgrimidas por Colmenares. Los textos de Lope carecen de estos datos porque no se proporcionaban en las ediciones originales de los mismos. Toda la información que aparece fuera de los corchetes procede del impreso, mientras que todos los datos presentados dentro de corchetes son míos. Cuando no se especifica la fuente de una cita, significa que ha sido imposible localizarla. Por otro lado, el hecho de que se señale una fuente no implica que el escritor la consultara en una edición original de la obra del autor en cuestión. En algunos casos, puede afirmarse con seguridad que esto ocurrió efectivamente (como en las citas de Platón), pero en muchos otros probablemente Lope y Colmenares se sirvieron de compilaciones donde encontraban cómodamente ordenado el material erudito para la argumentación. Las búsquedas en las polianteas más recurridas del periodo no han resultado, sin embargo, satisfactorias al respecto.

El tratamiento de las referencias introducidas en los márgenes del texto ha sido el siguiente: se han desarrollado las abreviaturas de los nombres propios y los títulos; las referencias a los libros, capítulos, párrafos o versos se presentan según los usos editoriales modernos, al entender que el respeto de la disposición y el formato numérico original no resultaba relevante. Se indica número de página cuando no existe edición moderna de la obra y se ha consultado edición antigua (la información completa sobre estas ediciones puede encontrarse en la bibliografía final). En los siguientes ejemplos, puede observase la naturaleza de los cambios introducidos sobre el original:

Aul. Gellius 20. noct. 1 / Aulus Gellius, *Noctes Atticae*, XX, I, [5].

Arist. in *Poet.* / Aristoteles, *Poetica* [XXV, 1460a 12-13; p. 289]

Entre las fuentes contemporáneas más empleadas por ambos autores, conviene destacar la traducción de Francesco Robortello de la *Poética* de Aristóteles y la *Retórica* del mismo filósofo en la versión de Antonio Riccobono. En el primer caso, todas las citas se extraen indudablemente de la citada edición; en el segundo, de las tres citas de la *Retórica*, solamente una procede inequívocamente de la versión reseñada: las otras dos, en cambio, se tomaron de otra versión latina (que no es, tampoco, la de Ermolao Barbaro). En el caso de las obras de Platón, Colmenares no cita por la más difundida traducción de Marsilio Ficino, sino por la de Janus Cornarius (Johand Haynpul)[1]. La única cita de Platón que aparece en los textos de Lope, por otro lado, coincide literalmente en la versión de Ficino y de Cornarius. Todo parece indicar que el escritor contaba en su biblioteca con la versión de Ficino (a la luz de las citas y remisiones a los comentarios del florentino al *Banquete* que Lope realizó en varias de sus obras), de ahí que se consigne la página de la edición de esta traducción que me ha sido posible manejar.

No he dejado constancia, en el margen dedicado a las fuentes, del conjunto de obras consultadas sin fortuna con el objetivo de localizar algunas citas. Me limito a reseñar aquí algunas de estas pesquisas no resueltas satisfactoriamente. La glosa del Brocense a un verso de Horacio, por ejemplo, no se encuentra, como sería de esperar, en el comentario que realizó el salmantino al arte poética del latino (*In Artem poeticam Horatii*, 1591); la referencia que ofrece Colmenares de las famosas *Lectiones antiquae* de Caelio Rodiginio no concuerda con la disposición de los libros y capítulos de la edición de la obra que he consultado, y la lectura de los índices del volumen tampoco permite localizar en el conjunto de la obra nada relacionado con el contenido de la cita; la referencia de los *Annales eclesiastici* de Cesare Baronio no parece ser correcta ni en el año ni en el tomo mencionados (por lo menos a la luz de la edición que he podido manejar; Tipografía Vaticana, Roma, 1588-1607). Por otro lado, algunas citas, que supongo correctamente adscritas a su fuente, se han resistido tenazmente a aparecer después de varias consultas. Es el caso de pasajes extraídos de

---

[1] Ver Haskins, 1986, p. 288.

la *Syntaxis artis mirabilis* de Pierre Grregoire, la *Chronologia* de Gilbert Genebrard, el comentario de Jasón Demores al *Ars poetica* de Horacio, o el diccionario grecolatino de Conrad Gesner. Finalmente, la única cita de naturaleza jurídica que aparece en los textos no he podido localizarla en el manual para estudiantes de derecho civil que Lope tenía en su biblioteca (Mateo Gribaldi, *De ratione studendi*), según demostró Edwin S. Morby en su edición de *La Dorotea*.

TRADUCCIONES

Las traducciones de las citas presentadas en la parte inferior del texto no pretenden en ningún caso sustituir el original latino, sino ofrecer versiones lo más literales posibles para resolver dudas concretas del lector. He reproducido, por regla general, las traducciones que para idéntico propósito había incluido José Manuel Blecua en su edición de los textos de Lope, aunque no me he abstenido de realizar modificaciones o variarlas completamente en algunos casos. Para las traducciones de Horacio y Arias Montano se han seguido las ediciones bilingües reseñadas en la bibliografía. Partiendo de los originales, en algunas ocasiones se han introducido palabras (entre corchetes, cuando eran más de dos) para facilitar la comprensión de las citas.

TESTIMONIOS

Descripción

Discurso de la nueva poesía
s. e., s. l., s. a.
4°-A-F⁴., 24 fols.-L. red. y curs.
Erratas en fol.: 2 (en el blanco correspondiente a 1v), 5 (en lugar de
11)
En blanco el lugar correspondiente al fol.: 2
Erratas en sign.: F$_2$ (en lugar de F$_3$)

fol 1 r: CENSURA | DE LOPE DE VEGA | CARPIO, | Impressa
en su Filomena año 1621. | Sobre la Poesia culta.
fols. 1r-7r: *Texto*
fol. 8 v: RESPVESTA A LA | Censura antecedente.
fols. 8v-13r: *Texto*
fol. 13v: RESPVESTA A LA | Carta antecedente, de Lope | de Vega
Carpio. | *Impressa en la Circe. Año de* 1624.
fols. 13v-17r: *Texto*
fol. 17v: RESPVESTA A LA | Carta antecedente, por sus | mismos
puntos.
fols. 17v-24v: *Texto*

Ejemplares

Biblioteca Nacional de España, R. 24.123, núm. 1. Primera obra de
un volumen facticio con tratados religiosos y correspondencia del
siglo XVIII, impresos entre 1737 y 1786 en diferentes ciudades. Todas

las obras llevan el ex libris de Pascual Gayangos, que pudo ser el compilador de los diferentes opúsculos. El impreso de Colmenares lleva un trozo de papel rectangular pegado en la esquina derecha superior de la primera página donde se lee: «Ex Biblioteca D. Emmanuelis Vicentii a | Murgutio». El volumen facticio se cierra con un índice de sus contenidos escrito a lápiz. En la primera entrada, después de reseñar el impreso, se lee: «Varias poesías, y *Vida del Maestro Soto*. todo 38 folios». Los catorce folios con poesías y la *Vida de fray Domingo de Soto* formaron parte, en un principio, de este volumen facticio, pero fueron arrancadas después (el ejemplar de la *Vida* conservado en la Biblioteca, VE/43/61, no parece ser el original desgajado del volumen facticio, dado que carece del ex libris de Gayangos y solo presenta el de la propia Biblioteca con fecha de 1867). Es probable que este cuaderno con 38 folios sea el mismo que Colmenares ordenó todavía en vida con los siguientes textos (Baeza y González, 1877, pp. 230-31):

> *Discurso de la nueva poesía.*
> Epitafio en latín en nombre del Obispo de Segovia, Sr. Moscoso y Sandoval, a su tío el duque de Lerma en los funerales que le hizo.
> Epigrama en latín a los mártires segovianos en Japón, en nombre del Obispo, Cabildo, Ayuntamiento y pueblo de Segovia.
> Epitafio latinos a San Ignacio.
> Epitafio latino a San Francisco Javier.
> Canción mitológica, a los mismos, fundadores de la Compañía de Jesús en las tormentas de la Iglesia, en castellano.
> Poesía al Monasterio del Escorial.
> Otra impresión, en letra más pequeña: *Vida del maestro fray Diego Soto.*

Tras la muerte del segoviano (1651), el cuaderno pasó a manos del licenciado Gaspar Fernández, quien lo entregaría al convento de San Gabriel de Segovia en 1658. La Barrera 1973 [1890], pp. 262-63, consultó (antes de 1865) un cuaderno con los mismos textos y características en la biblioteca de los Estudios de San Isidro. Asimismo, Baeza y González, 1877, pp. 231-32, registró (antes de 1877) el cuaderno que hemos descrito entre los papeles sin clasificar de la Biblioteca Provincial de Segovia. Por las fechas en que trabajaron ambos estudiosos, es verosímil sostener que existían dos cuadernos idénticos en Madrid y Segovia. No me ha sido posible averiguar si el cuaderno conservado hoy parcialmente en la Biblioteca Nacional era alguno de los dos reseñados, o bien si se trata de un tercer cuaderno idéntico.

Antonio Pérez Gómez preparó una edición facsímil del impreso de la Biblioteca Nacional en Lope de Vega, *Obras sueltas*, t. II (Siglo XVII), Cieza, «... la fonte que mana y corre...», 1969, pp. 29-76. Alberto Porqueras Mayo editó los textos de Colmenares a partir de este facsímil en *La teoría poética en el Manierismo y Barroco españoles*, Barcelona, Puvill Libros, 1989, pp. 79-86 y 111-19.

Biblioteca Histórica Municipal de Madrid, L/400. Otra signatura parcialmente oculta bajo el sello de la Biblioteca: R/ 76[...]52. Ejemplar guillotinado. Sello de la Biblioteca Municipal en varios folios del impreso (1r, 3r, 8r, 16r, 22r y 24v).

Cambridge University Library, Acton. d. 50.1017 (C. Smith, 1955). Volumen facticio con cinco obras procedentes de la colección del historiador Lord Acton, que pasó a formar parte de la biblioteca en 1903, siendo posteriormente encuadernados en 1912 por Wilson & Son. Se desconoce su procedencia más lejana (C. Smith, 1955, p. 21). Las obras que componen el facticio versan sobre la licitud del teatro en el siglo XVII: Luis Crespi de Borja, *Respuesta a una consulta si son lícitas las comedias que se usan en España*, Valencia, Francisco Mestres, 1685; *Sermón de las comedias*, primera edición de 1649; Don Pedro Fomperosa y Quintana, *La Eutrapelia. Medio que deben tener los juegos, divertimentos y comedias*, Valencia, Benito Macé, 1683; Antonio Puente Hurtado de Mendoza, *Discurso Teológico y Político sobre la Apología de las comedias* (sin portada ni preliminares); Licenciado Francisco Cascales, *Carta política, escrita... al Apolo de España Lope de Vega Carpio el año de 1634*, Madrid, Joseph García Lanza, 1756.

Bibliothèque Royale de Bruselas, ejemplar encuadernado con cinco comedias de Lope de Vega, impresas todas en Bruselas (Velpio, 1649-1651). Rodríguez Moñino, 1965, p. 146, dio noticia de este ejemplar.

Bibliothèque Nationale, París, núm. Y-285. Señala C. Smith, 1955, p. 27, que éste fue el ejemplar descrito por Lucien-Paul Thomas en su libro *Le lyrisme et la préciosité cultistes en Espagne*, La Haya, Max Niemeyer, 1909, pp. 122-23. No he localizado en este libro esta signatura.

The Hispanic Society of America. Noticia de Penney, 1965, p. 139.

Biblioteca de Bartolomé José Gallardo: ejemplar encuadernado en pergamino, 4°, con la *Genealogía de los Contreras* y con su rúbrica (Rodríguez Moñino, 1965, p. 116). Según Penney, 1965, p. 139, se trata del ejemplar conservado en la Hispanic Society.

Ejemplar mencionado por Antonio Palau y Dulcet, núm. 56.873. El contenido de la entrada es el siguiente: «Censura de la poesía culta de Lope de Vega, impresa en su *Filomena*. Segovia, 1624, 4°, 25 pesetas, 1930». Tanto el lugar como el año supuestos de edición los tomó Palau del último folio del impreso.

APARATO CRÍTICO

Este aparato crítico reúne las variantes romances que han resultado de cotejar las primeras ediciones de los textos de Lope de Vega con dos ejemplares del impreso aquí editado (BNE, R. 24123 y BHM, L/400). Todas las variantes reseñadas (salvo una) son errores del impreso que he corregido siguiendo las primeras ediciones de los textos de Lope. Se han compulsado, por otro lado, estas últimas con las dos ediciones modernas más solventes de estos escritos, las preparadas por José Manuel Blecua para las *Obras poéticas* del escritor (Planeta, Barcelona, 1989, pp. 809-23 y 1169-75) y por Antonio Carreño para su edición de las *Obras completas* (Fundación José Antonio de Castro, Madrid, 2004, vol. IV, pp. 309-21 y 684-89). Ambos editores leen *se ha* en lugar de *sea* en un pasaje de la primera edición de *La Filomena* (fol. 196v; p. 818 y p. 313, respectivamente) que presenta una leve separación entre los dos últimos tipos. En el impreso, en cambio, se lee de manera inequívoca la forma *sea*. La competencia gramatical del cajista del impreso y la propia claridad que proporciona al contexto la forma *sea* son dos circunstancias que invitan a prescindir de la solución adoptada por los editores. Asimismo, tanto Blecua como Carreño enmiendan el pasaje *dudando el estilo* por *dudando del estilo* (fol. 197v; p. 819 y p. 317), a pesar de que la construcción *dudar* + objeto directo está documentada en los textos de la época. Tanto en el primer caso (p. 182) como en el segundo (p. 183), por las razones aludidas, sigo la primera edición.

Siglas de las ediciones

A La Filomena, Alonso Pérez, Madrid, Viuda de Alonso Martín, 1621, fols. 190v-99v.
B La Circe, Alonso Pérez, Madrid, Viuda de Alonso Martín, 1624, fols. 190-94v.
C Discurso de la nueva poesía, s. l. [Segovia], s. e. [Diego Flamenco], s. a. [c. 1628-1629].

Variantes

P. 176 debe de constar *A*; debe constar *C*.
P. 182 Patón *A*; Platón *C*.
P. 183 con humildad, y admirando lo que no entendiere *A*; *om.* C [el cajista comete un salto de igual a igual (*entendiere... entendiere*)]. La primera edición presentaba ambas formas en líneas consecutivas y a la misma altura.
P. 199 tan *B*; *om.* C.
P. 199 el primero de *Música*, y más en razón de introducir *B*; *om.* C. [el cajista omite una línea completa del original].
P. 200 ejemplo *om.* B y C [la primera edición deslizó un error que se mantuvo en el impreso. Corrijo partiendo de la fuente seguida literalmente por Lope en este pasaje (véase p. 139)].
P. 201 Audomaro *B*; Audomareo *C*.
P. 201 si *B*; *om.* C.
P. 201 Costanciaro *B*; Costancia *C*.
P. 202 posible *B*; posibles *C*.
P. 203 y *B*; *om.* C.
P. 204 acordarse *B*; acuérdase *C*.

CENSURA DE LOPE DE VEGA CARPIO
(IMPRESA EN SU *FILOMENA*, AÑO 1621, SOBRE LA POESÍA CULTA)

Mándame Vuestra Excelencia que le diga mi opinión acerca de esta nueva poesía, como si concurrieran en mí las calidades necesarias a su censura, de que me siento confuso y atajado; porque por una parte me fuerza su imperio, en mis obligaciones ley precisa, y por otra me desanima mi ignorancia, y aun por ventura el peligro que me amenaza si este papel se copia, *en el cual ni querría dar gusto a los que esta novedad agrada, ni pesadumbre a los que la vituperan*[1], sino sólo descubrir mi sentimiento, bien diferente de lo que muchos piensan, que dando crédito a sus imaginaciones son intérpretes equívocos de los pensamientos ajenos. Discurso era éste para mayor espacio del que permite un papel que responde a un príncipe en término preciso, y más en esta ocasión, y donde tantos están a la mira del arco, como si el más diestro tirador, como Horacio dijo[2], pudiese dar siempre al blanco; y así procuraré con la mayor brevedad que me sea posible decir lo que siento, que pues Aristóteles en el libro primero de sus *Tópicos* dejó advertido que los filósofos[3], por la verdad, «debent etiam sibi contradicere[4]», bien puede el arte de hacer versos, pues todo su fundamento es la filosofía (como consta de los antiguos, no sin afrenta de muchos de los modernos, con el debido respeto a tanto varón), no digo contradecir, pero dar licencia a un hombre para decir lo que siente. Mas hay algunos que a las cosas del ingenio responden con sátiras a la hon-

---

[1] [Cursiva en el original].
[2] [*Ars poetica*, 350].
[3] [I, II, 101a].
[4] 'También deben contradecirse'.

ra, valiéndose de la ira donde les falta la ciencia, y quieren más mostrarse ignorantes y desvergonzados negando lo que escriben, que doctos y nobles en lo que defienden. En las academias de Italia, no se halla libertad ni insolencia, sino reprehensión y deseo de apurar la verdad; si ésta lo es, ¿qué pierde porque se apure ni qué tiene que ver el soneto deslenguado con la oposición científica? No lo hizo ansí el Taso, reprehendido en la Crusca por la defensa del Ariosto; no así el Castelvetro por la de Anibal Caro; pero, en efecto, España ha de hacer lo que dicen los estranjeros, como se ve por el ejemplo de Antonio Juliano[5], de quien se rieron los griegos en aquel convite: «Tanquam barbarum et agrestem qui ortus terra Hispaniae foret[6]».

Yo, señor, responderé a lo que Vuestra Excelencia me manda con las más llanas razones y de más cándidas entrañas, porque realmente, y consta de mis escritos, más se aplica este corto ingenio mío a la alabanza que a la reprehensión, porque alabar bien puede el ignorante, mas no reprehender el que no fuere docto y tenido en esta opinión generalmente, aunque en esta infelicísima edad vemos hombres anotar y reprehender cuando fuera justo que comenzaran a aprender; pero atájales la soberbia el camino de conseguir las ciencias con la humildad y contemplación, porque si todos los artes (como los antiguos dijeron) «in meditatione consistunt[7]», quien toma los libros para burlarse con arrogancia y no para inquirir con humildad lo que enseñan, claro está que se hallará burlado y malquisto, justo premio de su locura. Cuán diferente juicio sea el de los hombres sabios, díjolo muy bien Hermolao Barbaro por estas palabras: «Faciunt hoc alba et (ut Graeci dicunt) bene nata ingenia, quorum summa et certa propietas est nunquam docere, doceri semper velle, iudicium odisse, amare silentium, quibus duobus tota Pythagoricorum et Academicorum continetur praeceptio[8]». De éstos refiere Aulo Gelio que callaban dos años; pues, ¿de quién son discípulos estos que siempre hablan? Bien dijo

[5] [Aullus Gellius, *Noctes Atticae*, XIX, IX, 7].

[6] 'Tan bárbaro y rústico como si hubiera nacido en tierra española'.

[7] 'Se basan en la reflexión'.

[8] 'Los caracteres propicios y, como dicen los griegos, bien nacidos, hacen esto: su mayor y más clara cualidad es nunca enseñar, siempre desear ser enseñado, odiar el debate, amar el silencio; en estos dos principios está contenida toda la doctrina de los pitagóricos y de los académicos'.

Plutarco[9] del callar: «Nescio quid egregium Socraticum, aut potius Herculeum prae se fert[10]». No es buena manera de disputa la calumnia, sino la animadversión, que «si vita nostra in remissionem et studium est divisa[11]», no lo dijo Falereo por la educación de estos hombres, que no es éste el estudio que se distingue de la remisión.

Presupuestos, pues, estos principios como infalibles, y dando por ninguna la objeción de los que dicen que no se deben poner a las novedades, de que una facultad recibe aumento, porque «omnium rerum principia parua fiunt, sed suis progressionibus usa augentur[12]», ¿cuál hombre será tan fuerte, como César[13] dijo, que «non rei nouitate perturbetur[14]», y atienda a penetrar la causa de que nació la filosofía? Y si una de las tres partes en que Cicerón[15] la divide es «de disserendo, et quid verum, et quid falsum, quid rectum in oratione, quid consentiens, quid prauum, quid repugnet iudicando[16]», ésta es mejor manera de hablar que responder con desatinos en consonantes, que más parecen libelos de infamia que apologías de hombres doctos. Finalmente, yo pienso decir mi sentimiento, tengan el que quisieren los que, «obliquis oculis[17]», miran la verdad impedidos de la pasión, porque, «minime profecto fraudi esse debet», como Turnebo dice, «iuuandi studium quod amplexi, obtrectatores contemnimus[18]». De cuyos ingenios no puede temer ofensa quien desea la verdad con honestas palabras.

El ingenio de este caballero, desde que le conocí, que ha más de veinte y ocho años, en mi opinión (dejo la de muchos) es el más raro y peregrino que he conocido en aquella provincia, y tal que ni a Séneca, ni a Lucano, nacidos en su patria, le hallo diferente, ni a ella

---

[9] [Plutarchus, *Libro quo quomodo quis ab hostibus iuuetur*, 90c].

[10] 'No sé qué distingue a un ilustre socrático, o mejor, a un hercúleo'.

[11] 'Si nuestra vida está dividida en relajación y afán de estudio'.

[12] 'Los principios de todas las cosas son pequeños, pero usados con sus gradaciones crecen'.

[13] [*De bello gallico*, VI, 39].

[14] 'No se inquiete por la novedad del asunto'.

[15] [*Academica*, I, 5].

[16] 'Sobre el disertar, discerniendo tanto qué es verdadero como qué es falso, qué es razonable en el discurso, qué armónico, qué irregular, qué se contradice'.

[17] 'De reojo'.

[18] 'No debe ser en absoluto causa de daño, los detractores despreciamos el afán de ayudar que habíamos aceptado'.

por él menos gloriosa que por ellos. De sus estudios me dijo mucho Pedro Liñán de Riaza, contemporáneo suyo en Salamanca, de suerte que, «non indoctus pari facundia et ingenio praeditus[19]», rindió mi voluntad a su inclinación, continuada con su vista y conversación, pasando a la Andalucía, y me pareció siempre que me favorecía y amaba con alguna más estimación que mis ignorancias merecían. Concurrieron en aquel tiempo, en aquel género de letras, algunos insignes hombres, que quien tuviere noticia de sus escritos sabrá que merecieron este nombre: Pedro Laínez, el excelentísimo señor Marqués de Tarifa, Hernando de Herrera, Gálvez Montalvo, Pedro de Mendoza, Marco Antonio de la Vega, doctor Garay, Vicente Espinel, Liñán de Riaza, Pedro Padilla, don Luis de Vargas Manrique, los dos Lupercios y otros, entre los cuales se hizo este caballero tan gran lugar, que igualmente decía de él la fama lo que el oráculo de Sócrates. Escribió en todos estilos con elegancia y en las cosas festivas, a que se inclinaba mucho, fueron sus sales no menos celebradas que las de Marcial, y mucho más honestas. Tenemos singulares obras suyas en aquel estilo puro, continuadas por la mayor parte de su edad, de que aprendimos todos erudición y dulzura, dos partes de que debe de constar este arte; que aquí no es ocasión de revolver Tasos, Danielos, Vidas y Horacios, fundados todos en aquellos aforismos de Aristóteles. Mas no contento con haber hallado en aquella blandura y suavidad el último grado de la fama, quiso (a lo que siempre he creído con buena y sana intención, y no con arrogancia, como muchos que no le son afectos han pensado) enriquecer el arte y aun la lengua con tales exornaciones y figuras, cuales nunca fueron imaginadas ni hasta su tiempo vistas, aunque algo asombradas de un poeta en idioma toscano, que por ser de nación ginovés no alcanzó el verdadero dialeto de aquella lengua, donde hay tantas insignes obras inteligibles a la primera vista de los hombres doctos y aun casi de los ignorantes. Bien consiguió este caballero lo que intentó, a mi juicio, si aquello era lo que intentaba; la dificultad está en el recibirlo, de que han nacido tantas, que dudo que cesen si la causa no cesa; pienso que la escuridad y ambigüidad de las palabras debe de darla a muchos: «Verbis uti», dijo Aulo Gelio[20], «nimis obsoletis exulcatisque aut insolentibus nouitatisque durae et ille-

---

[19] 'No ignorante en adecuada elocuencia, y provisto de ingenio'.
[20] [*Noctes Atticae*, XI, VII, 1].

pidae, par esse delictum videtur», pero más molesta y culpable cosa «verba noua et inaudita dicere[21]», etc. Y, hablando de la *onomatopoeia*, Cipriano en su *Retórica* dice[22]: «At nunc raro, et cum magno iudicio, hoc genere utendum est, ne noui verbi assiduitas odium pariat, sed si commodo quis eo utatur et raro non ostendet nouitatem, sed etiam exornabit orationem[23]». Pero Fabio Quintiliano[24] lo dijo todo en una palabra: «Usitatis tutius utimur; non noua non sine quodam periculo fingimus[25]». Y más adelante, en el capítulo sexto[26]: «Consuetudo vero certissima loquendi magistra, utendumque plane sermone ut numo cui publica forma est[27]». Y aunque en él se puede ver tratada esta materia abundantemente, no puedo dejar de citar un aforismo suyo, que lo incluye todo, pues la autoridad de Quintiliano carece de réplica[28]: «oratio, cuius summa virtus est perspicuitas, quam sit vitiosa si egeat interprete?[29]». Y cuando en el libro 8 concede alguna licencia, es con esta limitación[30]: «sed ita demum, si non appareat affectatio[31]».

En las materias graves y filosóficas, confieso la breve escuridad de las sentencias, como lo disputa admirablemente Pico Mirandulano a Hermolao Barbaro[32]: «Vulgo non scripsimus, sed tibi et tuis similibus[33]». Y acuérdase de los Silenos de Alcibíades, «erant enim simula-

---

[21] 'Usar palabras demasiado gastadas y usadas, o insólitas, y de novedad dura y sin gracia parece un delito semejante'; 'decir palabras nuevas desconocidas e inauditas'.

[22] [*Rhetorica*, III, xiv; p. 172].

[23] 'Pero ahora se debe usar este género de construcción rara vez y con gran discernimiento, para que la frecuencia del nuevo giro no engendre aversión; pero si alguien por conveniencia se sirve de él y pocas veces, no exhibirá la novedad, sino que adornará la frase'.

[24] [*Institutio oratoria*, I, v, 71].

[25] 'Nos servimos de las palabras usuales con mayor seguridad: imaginamos las nuevas no sin algún peligro'.

[26] [I, vi, 3].

[27] 'Sin duda alguna, la costumbre es la maestra más segura del hablar, y es claro que debe utilizarse el lenguaje como una moneda, que tiene valor público'.

[28] [I, vi, 41].

[29] 'El discurso, cuya mayor virtud es la claridad, ¿cuán defectuoso sería si necesitara de intérprete?'.

[30] [VIII, iii, 27].

[31] 'Pero así solamente si el esfuerzo no es perceptible'.

[32] [*Epísula*, 52].

[33] 'No escribimos para el vulgo, sino para ti y para tus semejantes'.

cra[34]», por lo esterior fiera y hórrida, pero con deidad intrínseca, y donde Heráclito dijo «que estaba escondida la verdad». Pero si por aquellas cosas que Platón llamaba «teatrales», desterró los poetas de su república, el medio tendrá pacíficos los dos estremos para que no esté tan enervada la dulzura que carezca de ornamento, ni él tan frío que no tenga la dulzura que le compete. Creo que muchas veces la falta del natural es causa de valerse de tan estupendas máquinas el arte; pero «arte non conceditur, quod naturaliter denegatur, l. ubi repugnantia, §. I, de regulis iure[35]».

No se admire Vuestra Excelencia, señor, si en esta parte me dilato, por ser tan alta materia el hablar, que de ella dijo Mercurio Trimegisto[36] en el *Pimandro*, «que sólo al hombre había Dios concedido la habla y la mente, cosas que se juzgaban del mismo valor que la inmortalidad». Pero, volviendo al propósito, a muchos ha llevado la novedad a este género de poesía, y no se han engañado, pues en el estilo antiguo en su vida llegaron a ser poetas, y en el moderno lo son el mismo día, porque con aquellas trasposiciones, cuatro preceptos y seis voces latinas o frasis enfáticas, se hallan levantados adonde ellos mismos no se conocen, ni aun sé si se entienden. Lipso escribió aquel nuevo latín de que dicen los que le saben que se han reído Cicerón y Quintiliano en el otro mundo, y siendo tan doctos los que le han imitado, se han perdido; y yo conozco alguno que ha inventado otra lengua y estilo tan diferente del que Lipso enseña, que podía hacer un diccionario como los ciegos a la jerigonza. Y así los que imitan a este caballero producen partos monstruosos, que salen de generación, pues piensan que han de llegar a su ingenio por imitar su estilo. Mas pluguiera a Dios que ellos le imitaran en la parte que es tan digno de serlo, pues no habrá ninguno tan mal afecto a su ingenio que no conozca que hay muchas dignas de veneración, como otras que la singularidad ha envuelto en tantas tinieblas, que he visto desconfiar de entenderlas gravísimos hombres que no temieron comentar a Virgilio ni a Tertuliano. Puédese decir por él en esta parte lo que san Agustín dice de la elocuencia[37], que no siempre persuade la verdad: «Non est

---

[34] 'Pues eran figuraciones'.
[35] 'No se concede por arte lo que se deniega por naturaleza'.
[36] [Hermes Trismegisto, *Pimandro*, XII, 12].
[37] [*De doctrina christiana*, II, XXXVI, 54].

facultas ipsa culpabilis, sed ea male utentium peruersitas[38]». Otros hay que tienen este nuevo estilo por una fábrica portentosa, y se atreven a tantas letras y partes dignas de sumo respecto en su dueño, porque dijo el antiguo poeta Lucio[39] que

> multa hominum portenta, in Homero versificata
> monstra putant[40].

Ello por lo menos tiene pocos que aprueben y muchos que contradigan; no sé lo que crea, pero diré con Aristóteles[41], «quaedam delectant nouae, quae postea similiter non faciunt[42]».

Todo el fundamento de este edificio es el trasponer, y lo que le hace más duro es el apartar tanto los adjuntos de los substantivos, donde es imposible el paréntesis, que lo que en todos causa dificultad la sentencia, aquí la lengua; y como esto en los que imitan es con más dureza y menos gracia, cuando ellos fueran Virgilios, hallaran algún Séneca que les dijera, por la novedad que quiso usar con los vocablos de Ennio, aunque Gelio[43] sería de esta censura: «Virgilius quoque noster non ex alia causa duros quosdam versus et enormes, et aliquid super mensuram trahentis interposuit[44]».

Los tropos y figuras se hicieron para hermosura de la oración. Estas mismas Aftonio, Sánchez Brocense y los demás las hallan viciosas, como los pleonasmos y anfibologías y tantas maneras de encarecer, siendo su naturaleza adornar; y si no, lean a Cicerón, *ad Herenium*, y verán lo que siente de los dialécticos, después de haber dicho[45]: «Cognitionem amphiboliarum eam, qua a dialecticis profertur, non modo nullo adiumento esse, sed potius maximo impedimento[46]», etc. Y engáñase quien

---

[38] 'No es la misma facultad culpable, sino esa perversidad de los que la usan mal'.

[39] [Petrus Crinitus, *De honesta disciplina*, XVII, III; p. 258].

[40] 'Consideran que los versos de Homero muestran muchos prodigios humanos'.

[41] [*Rhetorica*, I, XI; 1371a].

[42] 'Ciertas novedades deleitan, pero luego dejan de hacerlo'.

[43] [Aulus Gellius, *Noctes Atticae*, XII, II, 19].

[44] 'También nuestro Virgilio, no por otra causa, intercaló ciertos versos duros y desmedidos, y algo más allá de la medida de lo atrayente'.

[45] [II, XI].

[46] 'Ese conocimiento de las anfibologías que enseñan los dialécticos, no sólo no es de ninguna ayuda, sino más bien de gran estorbo'.

piensa que los colores retóricos son enigmas, que es lo que los griegos llaman *scirpos* (perdónenme los que le saben, pues que son pocos, que hasta una palabra bien podemos traerla siendo a propósito). Pues hacer toda la composición figuras es tan vicioso y indigno como si una mujer que se afeita, habiéndose de poner la color en las mejillas, lugar tan propio, se la pusiese en la nariz, en la frente y en las orejas. Pues esto, señor excelentísimo, es una composición llena de estos tropos y figuras, un rostro colorado a manera de los ángeles de la trompeta del Juicio, o de los vientos de los mapas, sin dejar campos al blanco, al cándido, al cristalino, a las venas, a los realces, a lo que los pintores llaman encarnación, que es donde se mezcla blandamente lo que Garcilaso dijo, tomándolo de Horacio:

En tanto que de rosa y azucena[47]

La objeción común a Séneca es que todas sus obras son sentencias, a cuyo edificio faltan los matèriales, y por cuyo defecto dijo Cicerón que hay muchos hombres a quien, sobrando la dotrina, falta la elocuencia. Las voces sonoras nadie las ha negado, ni las bellezas, como arriba digo, que esmaltan la oración, propio efecto de ella; pues si el esmalte cubriese todo el oro, no sería gracia de la joya, antes fealdad notable. Bien están las alegorías y traslaciones, bien la similitud por la traslación, bien la parte por el todo, la materia por la forma, y al contrario, lo general por lo particular, lo que contiene por lo contenido, el número menor por el mayor, el efecto por la ocasión, la ocasión por el efecto, el inventor por la invención y el acidente del que padece a la parte que le causa; así las demás figuras: agnominaciones, apóstrofes, superlaciones, reticencias, dubitaciones, amplificaciones, etc., que de todas hay tan comunes ejemplos; mas esto raras veces, y según la calidad de la materia y del estilo, como escribe Bernardino Danielo en su *Poética*. Verdad es que muchos las usan sin arte, y es causa de que yerren en ellas, porque la retórica quiere una cierta diferencia de ingenio, de quien san Agustín[48] dijo, tomándolo de Cicerón en el libro *De oratore*[49]: «Nisi quis cito possit numquam

---

[47] [Soneto XXIII, 1].
[48] [*De doctrina christiana*, IV, III, 4.
[49] [*De oratore*, III, XXIII, 89].

omnino possit perdiscere[50]». El ejemplo para todo esto sea la trasposición, o *trasportamento*, como los italianos le llaman, que todo es uno, pues ésta es la más culpada en este nuevo género de poesía, la cual no hay poeta que no la haya usado, pero no familiarmente, ni asiéndose todos los versos unos a otros en ella, con que le sucede la fealdad y escuridad que decimos, si bien es más fácil manera de componer, pues pasa el consonante y aun la razón donde quiere el dueño, por falta de trabajo para ablandarla y seguirla con lisura y facilidad. Juan de Mena dijo:

> A la moderna volviéndome rueda...,
> divina me puedes llamar Providencia[51].

Boscán:

> Aquel de amor tan poderoso engaño.

Garcilaso:

> Una estraña y no vista al mundo idea[52].

Y Hernando de Herrera, que casi nunca usó de esta figura, en la Elegía tercera:

> Y le digo: Señora dulce mía[53].

Y el insigne poeta, por quien habló Virgilio en lengua castellana, en la traducción del *Parto de la Virgen* del Sanazaro:

> Tu sola conducir diva María[54].

Y así los italianos, de que serían impertinentes los ejemplos.

---

[50] 'Si alguien no puede rápidamente, nunca podrá aprender bien del todo'.
[51] [*Laberinto de Fortuna*, 729 y 184].
[52] [Soneto, XXI, 13].
[53] [Elegía IV, 238].
[54] [Fol. 9r].

Esto, como digo, es dulcísimo usado con templanza y con hermosura del verso, no diciendo:

En los de muros, etc.

Porque casi parece al poeta que refiere Patón en su *Elocuencia*[55], cuando dijo: «Elegante hablastes mente», figura viciosa que él allí llama *cacosíndeton*. Finalmente, de las cosas escuras y ambiguas, y cuánto se deben huir, vea Vuestra Excelencia a san Augustín en el libro 4 *de Doctrina christiana*, porque pienso que su opinión ninguno será tan atrevido que la contradiga.

Platón dijo que todas las ciencias humanas y divinas se incluyeron en el poema de Homero; puede ser que aquí suceda lo mismo, y que de faltar Platones, no sea entendido el secreto de este divino estilo, si ya no decimos de él lo que Augustino del Apocalipsi, en el libro 20 *de Ciuitate Dei*[56], a Marcelino: «In hoc quidem libro, cuius nomen est Apocalipsis obscure multa dicuntur, ut mentem legentis exerceant[57]». Mas viniendo a una verdad infalible, no deja de causar lástima que lo que los ingenios doctos han procurado ennoblecer en nuestra lengua desde el tiempo del rey don Juan el Segundo hasta nuestra edad del santo rey Filipo tercero, ahora vuelva a aquel principio; y suplico a Vuestra Excelencia humildísimamente, pues está desapasionado, juzgue si es esto así por estas palabras de la prosa que se hablaba entonces, que con ejemplos no le quiero cansar, pues el de Juan de Mena, autor tan conocido, basta en el comento que hizo a su *Coronación*, donde dice así, hablando de la fama del gran Marqués de Santillana, don Íñigo López de Mendoza[58]:

Y no quiere cesar ni cesa de volar fasta pasar el Cáucaso monte, que es en las sumidades y en los de Etiopia fines, allende del cual la fama del Romano pueblo se falla no traspasase, según en el de *Consolación*, Boecio, pues, ¿cómo podrá conmigo más la pereza que no la gloria del dulce trabajo? ¿o por qué yo no posporné aquesta por las cosas otras, es a saber,

[55] [*Elocuencia española en arte*, VIII].
[56] [XX, 17].
[57] 'En este libro, cuyo nombre es Apocalipsis, muchas cosas se dicen de forma oscura, para que ejerciten la mente de los que leen'.
[58] [Prólogo].

por colaudar, recontar y escribir la gloria del tanto señor como aquéste? Mas esforzándome en aquella de Séneca palabra, que escribe en una de las epístolas por él a Lucilio enderezadas, etc.

¿Puede negarse una cosa tan evidente? Pues certifico a Vuestra Excelencia que le pudiera traer infinitos ejemplos, como decir: «por la de la buena fama gloria», y «por ende las conmemoradas acatando causas», y «láctea emanante», «temblante mano» y «peregrinante principio», cosas que tanto embarazan la frasis de nuestra lengua, que las sufrió entonces por la imitación de la latina cuando era esclava, y que ahora que se ve señora tanto las desprecia y aborrece. Decía el doctor Garay, poeta laureado por la Universidad de Alcalá, como él dijo en aquella canción,

> Tengo una honrada frente
> de laurel coronada,
> de muchos envidiada, etc.

que la poesía había de costar grande trabajo al que la escribiese y poco al que la leyese. Esto es sin duda infalible dilema, y que no ofende al divino ingenio de este caballero, sino a la opinión de esta lengua que desea introducir. Mas, sea lo que fuere, yo le he de estimar y amar, tomando de él lo que entendiere con humildad, y admirando lo que no entendiere con veneración; pero a los demás que le imitan con alas de cera en plumas tan desiguales, jamás les seré afecto, porque comienzan ellos por donde él acaba. A quien dijera yo lo que Escala a Policiano[59], dudando el estilo de una epístola suya: «Non sapit salem tuum: multa miscet, omnia confundit, nihil probat[60]». La dureza es imposible que no ofenda la poesía, pues no deleita, habiéndose hecho para escribir deleitando. Memoria hace Crinito[61] de la que tuvo Atilio trágico, y que no menos que de Cicerón fue llamado «ferreus poeta», aunque no sé si les viene bien el apellido de poetas de hierro, pues ningunos en el mundo tanto oro gastan, tanto cristal y perlas. Las vo-

---

[59] [Angelus Politianus, *Epistulae*, XII, XII; fol. 178v].

[60] 'No sabe a agudeza tuya, mezcla muchas cosas, las confunde todas, no prueba nada'.

[61] [*De poetis latinis*, I, XIV; p. 418].

ces latinas que se trasladan quieren la misma templanza. Juan de Mena usó muchas, verbigracia:

> El amor es ficto, vaníloco pigro...,
> y luego resurgen tan magnos clamores[62].

Como en este caballero:

> Fulgores arrogándose, presiente[63];

que es todo meramente latino. No digo que las locuciones y voces sean bajas, como en un insigne poeta de nuestros tiempos:

> Retoza ufano el juguetón novillo;

pero que con la misma lengua se levante la alteza de la sentencia puramente a una locución heroica. Sea ejemplo el divino Herrera:

> Breve será la venturosa historia
> de mi favor, que es breve la alegría
> que tiene algún lugar en mi memoria.
>   Cuando del claro cielo se desvía
> del sol ardiente el alto carro apena,
> y casi igual espacio muestra el día,
>   con blanda voz, que entre las perlas suena,
> teñido el rostro de color de rosa,
> de honesto miedo y de amor tierno llena,
> me dijo así la bella desdeñosa, etc[64].

Ésta es elegancia, ésta es blandura y hermosura digna de imitar y de admirar, que no es enriquecer la lengua dejar lo que ella tiene propio por lo estrangero, sino despreciar la propia mujer por la ramera hermosa. Pues si queremos subirlo más de punto, léase la canción a la

---

[62] [*Laberinto de Fortuna*, 898 y 153].
[63] [Góngora, *Al favor que San Ildefonso recibió de Nuestra Señora*, 9].
[64] [Elegía III, 19-25].

traslación del cuerpo del señor rey don Fernando, que por sus virtudes fue llamado el Santo, y entre sus estancias, ésta:

> Cubrió el sagrado Betis, de florida
> púrpura y blandas esmeraldas llena,
> y tiernas perlas, la ribera undosa,
> y al cielo alzó la barba revestida
> de verde musgo, y removió la arena
> el movible cristal de la sombrosa
> gruta, y la faz honrosa,
> de juncos, cañas y coral ornada,
> tendió los cuernos humidos, creciendo
> la abundosa corriente dilatada,
> su imperio en el Océano extendiendo[65].

Aquí no excede ninguna lengua a la nuestra, perdonen la griega y
latina. Pero dejándola para sus ocasiones podrá el poeta usar de ella
con la templanza que quien pide a otro lo que no tiene, si no es que
las voces latinas las disculpemos con ser a España tan propias como su
original lengua, y que la quieran volver al estado en que nos la deja-
ron los romanos, y prueba con tantos ejemplos el doctísimo Bernardo
de Alderete en su *Origen de la lengua castellana*. Yo por algunas razones
no querría discurrir en esto, que tal vez he usado alguna pero adonde me ha faltado, y puede haber sido sonora y inteligible.

Por cuento de donaire se escribía y se imprimía no ha muchos
años el estilo de aquel cura que hablaba con su ama esta misma lengua[66], pidiendo el «ansarino cálamo», y diciéndole que no subminis-
traba «el etiópico licor el cornerino vaso». No quiero cansar más a
Vuestra Excelencia y a los que no saben mi buena intención, sino aca-
bar este papel con decir que nunca se aparta de mis ojos Fernando
de Herrera por tantas causas divino, sus sonetos y canciones son el
más verdadero arte de poesía. El que quisiere saber su verdad, imítele y léale, que de Garcilaso no pienso hablar palabra, pues han llegado algunos a tanta libertad, que llaman poetas mecánicos los que le
imitan, cosa tan lastimosa, que por locura declarada carece de respuesta.
Harto más bien lo sintió el divino Herrera cuando dijo en aquella

---

[65] [Canción V, 40-50].
[66] [Gracián Dantisco, *Galateo español*, X].

elegía que comienza: «Si el grave mal que el corazón me parte», que a juicio de los hombres doctos había de estar escrita con letras de oro:

> Por esta senda sube al alto asiento
> Laso, gloria inmortal de toda España[67].

Muchas cosas se pudieran decir acerca de la claridad que los versos quieren para deleitar, si alguien no dijese que también deleita el ajedrez y es estudio importuno del entendimiento. Yo hallo esta novedad como la liga que se hecha al oro que le dilata y aumenta; pero con menos valor, pues quita de la sentencia lo que añade de dificultad. Con esto, Vuestra Excelencia, señor, crea que lo que he dicho es cosa increíble a mi humildad y modestia; y si no es violencia en mí, plegue a Dios que yo llegue a tanta desdicha por necesidad, que traduzga libros de italiano en castellano, que para mi consideración es más delito que pasar caballos a Francia; o a tanta soberbia, por falta de entendimiento, que haga reprehensiones a los libros a quien todos los hombres doctos han hecho tan singulares alabanzas. Y para que mejor Vuestra Excelencia entienda que hablo de la mala imitación, y que a su primer dueño reverencio, doy fin a este discurso con este soneto que hice en alabanza de este caballero, cuando a sus dos insignes poemas no respondió igual la fama de su misma patria:

> Canta, cisne andaluz, que el verde coro
> del Tajo escucha tu divino acento,
> si ingrato el Betis no responde atento
> al aplauso que debe a tu decoro.
>   Mas de tu soledad el eco adoro,
> que el alma y voz del lírico portento,
> pues tú sólo pusiste al instrumento
> sobre trastes de plata cuerdas de oro.
>   Huya con pies de nieve Galatea,
> gigante del Parnaso, que en tu llama
> sacra ninfa inmortal arder desea,
>   que como, si la envidia te desama,
> en ondas de cristal la lira orfea
> en círculos de sol irá tu fama.

---

[67] [Elegía I, 133-134].

RESPUESTA A LA CENSURA ANTECEDENTE

Los antiguos, como dice Heródoto[68] y Vuestra Merced, señor Lope de Vega, sabe muy bien, solenizaban las fiestas de Minerva con competencias, solenidad propia a tal deidad, pues tantos afirman que nació de ellas. Y habiendo yo visto la censura de la nueva poesía que al fin de la *Filomena* ha salido impresa, me pareció hacer a Vuestra Merced, como a padre de la profesión poética, esta fiesta.

Confieso llanamente, señor, que en viendo estos dos poemas que tan alterada traen a la república poética, me llevaron la afición algunas cosas que de ellos entendí, y las que yo, como poco erudito, no alcancé, me declaró su autor a boca; donde conocí con cuánta cordura respondió Sexto Cecilio a Fabronio sobre la escuridad de las *Doce Tablas*[69]: «Obscuritates earum non assignemus culpae scribentium, sed inscitae non assequentium[70]», considerando yo que si aquello procedía en las leyes escritas para gobierno común del pueblo, con cuánto mayor razón procedería en un poema escrito antes para solo Platón que para todo el vulgo de Atenas, como célebremente quiso Antímaco, cuando, dejado del vulgo que no le entendía y atendido de solo Platón, dijo: «Plato mihi unus instar est omnium[71]», y después confirmó el prudentísimo Cicerón con aquel prudentísimo axioma[72]: «Poema reconditum paucorum approbationem; oratio popularis ad sensum vulgi debet moueri[73]». Fue cuerda diferencia, a mi parecer, en la cual se funda mi intento, pues, «non omnia omnibus pari filo conueniunt», como dijo el Mirandulano[74] Fénix a Hermolao. Y así me admiro de

---

[68] *Herodotus in Melpomene* [*Historia*, IV].

[69] Aulus Gellius, *Noctes Atticae*, XX, i, [5].

[70] 'Sus oscuridades, no las asignemos a un defecto de los que escriben sino a la ignorancia de los que no comprenden'.

[71] 'Platón solo es para mí el equivalente de todos'; y 'Un poema difícil debe pretender la aprobación de unos pocos; el discurso popular la emoción de la multitud'.

[72] Cicero, *Brutus* post medium [L, 191].

[73] 'No a todos conviene todo de la misma textura'.

[74] Picus Mirandulanus, *Epistula* [30].

que Vuestra Merced fundase su dotrina en principios de tan diversa profesión como es la retórica de la poética, como aun lo muestra el primer lugar que cita de Aulo Gelio[75]: «Verbis uti aut nimis obsoletis exculcatisque aut insolentibus nouitatisque durae et illepidae par esse delictum videtur[76]», yerro justamente imputado a un abogado que en los estrados introdujo palabras de un poeta, sacándolas de su centro, como parece que insinúa la ironía de aquellas palabras, dichas del mismo[77]: «Eaque sibi duo verba ad orationum ornamenta seruauerat[78]». No le es lícito al orador, que sólo trata de persuadir con fuerza de razones vehementes, inventar vocablos ni frases, ni usar de los poéticos, como Vuestra Merced bien sabe, y prueba con los lugares de nuestro Quintiliano[79], maestro siempre de oradores, no de poetas, como él mismo protesta diciendo: «Nos, omissis quae nihil ad instituendum oratorem pertinent[80]»; y tanto, que consiguientemente se queja que[81], «in illo plurimum erroris, quod ea, quae poetis, qui et omnia ad voluptatem referunt et plurima vertere etiam ipsa metri necessitate coguntur, permissa sunt, conuenire quidam etiam prorsae putant[82]». Bien lejos está de dar preceptos poéticos quien tanto desvía sus frases, y con razón, pues para persuadir de boca, más eficaces serán los vocablos y frases conocidas que las estravagantes. Por cuya causa reprueba Cicerón[83] (aunque en diverso propósito) las anfibologías dialécticas. Y nuestro Apolo español, Arias Montano[84], declaró esta causa mejor que todos en sus *Retóricos*, que podrá ser estén en el librico de la remuneración que aquel señor envió a Vuestra Merced:

[75] Aulus Gellius, *Noctes Atticae*, XI, VII, [1].

[76] 'Usar palabras demasiado gastadas y usadas, o insólitas, y de novedad dura y sin gracia, parece un delito semejante'.

[77] [XI, VII, 6].

[78] 'Y se había reservado aquellas dos palabras para ornar el discurso'.

[79] Quintilianus, *Institutio oratoria*, VIII, VI, [2].

[80] 'Nosotros, omitidas las cosas que no pertenecen a la formación del orador'.

[81] [VIII, VI, 17].

[82] 'Hay muchísimo error en aquello que piensan algunos que también convienen a la prosa aquellas cosas que están permitidas a los poetas, quienes por un lado procuran producir placer con sus composiciones y por otro están forzados a alterar el orden de muchas palabras por las exigencias del verso'.

[83] Cicero, *Ad Herennium*, II [XI].

[84] Arias Montano, *Rhetorica*, III, [1100-1104; cursiva en el original].

Esto igitur semper propii sermonis amator
et conare nouas non intermittere voces,
ni ratio et rerum nouitas postulet; *ut sic
dissimules studium* et tantum dixisse puteris
quod res ipsa petit pro causa et pondere causa[85].

En esta conformidad y preceptos de la retórica hablan todos los lugares citados en Cicerón, Aulo Gelio y Quintiliano; porque al poeta[86]

licuit semperque licebit
signatum praesente nota producere nomen[87],

como Vuestra Merced tiene bien visto en esto y los demás preceptos que le acompañan.

Y, verdaderamente, si no conociera por sus obras de Vuestra Merced la ingenuidad de su ánimo, creyera que con pasión había traído la autoridad de san Agustín con tanta seguridad, pasando la protesta que el sagrado doctor entra haciendo en el mismo libro 4 *de Doctrina christiana*, de que no pretende hacer aun retóricos, cuanto más poetas, sino dicípulos de la verdadera sabiduría, cuyo hijo y ministro se profesa[88]: «Huius sapientiae filii et ministri sumus[89]». Y prosiguiendo en cuánto importa la claridad en el intérprete de los sagrados libros, por que no sea menester intérprete para el intérprete, como él mismo dice[90]. «Non ergo expositores eorum ita loqui debent, tamquam se ipsi exponendos simili auctoritate proponant[91]»; dice, pues, que[92] «ut ambiguitas

---

[85] 'Así pues, sé siempre amante de tu propio idioma y no intentes introducir nuevos vocablos, si la razón y novedad del asunto no lo requieren, para que de esa manera disimules tu afán y se piense que tú sólo dices lo que precisa el asunto en cuestión, según la causa y la importancia de la causa'.

[86] Horatius, *Poetica* [58-59].

[87] 'Fue lícito y siempre lo será forjar moneda impresa con cuño actual'.

[88] Augustinus, *De doctrina christiana*, IV [v, 7].

[89] 'Somos hijos y ministros de esta sabiduría'.

[90] [IV, VIII, 22].

[91] 'Luego los intérpretes de aquéllos [los autores sagrados] no deben hablar de tal modo que se propongan a sí mismos como si debieran ser explicados con similar autoridad a la de aquéllos'.

[92] [IV, x, 24].

obscuritasque vitetur, non sic dicatur ut a doctis, sed potius ut ab in-
doctis dici solet[93]». Traslado lugares por la fuerza que Vuestra Merced
pone en el de este santo doctor, diciendo (lo que es tan llano) que
no habrá ninguno tan atrevido que contradiga su opinión; mas ha de
ser en el propósito que él la dice, y nunca el santo le tuvo de dar preceptos poéticos, pues aun tratando de la retórica excluye lo deleitable[94]: «De modo delectandi», dice el santo, «non ago; de modo autem
quo docendi sunt qui discere desiderant loquor[95]». Empleo propio de
predicadores, que es a quien él enseña: «In istis autem nostris», dice[96],
«quae de loco superiore populis dicemus[97]», en quien parecen tan mal
las flores poéticas, como en el poeta las frases comunes: «Quapropter»,
dice Aristóteles[98], «errant non parum qui huiusmodi dictionis (orna-
tum videlicet) accusant[99]», con que la autoridad de san Agustín viene
a quedar antes de esta parte por la diferencia y contraposición.

Esto he dicho por parecerme que ninguno de los lugares de la censura hablaba formalmente de la poesía; sin duda estoy engañado, pero
con harto deseo de dejar de estarlo.

Ahora, en defensa de mi afición, que como confesé al principio la
tengo a esta poesía, me parecía, señor, que no admitiendo la naturaleza o causa final de esta profesión medianía, pues[100]

mediocribus esse poetis
non homines, non Dei, non concessere columnae[101],

---

[93] '[Si en el lenguaje del vulgo se dice de modo] que se evita la oscuridad y la
ambigüedad, se suele decir no de la forma en que lo dicen los doctos, sino de la forma en que lo dicen los no instruidos'.

[94] [IV, x, 25].

[95] 'No trato del modo en el que se debe deleitar; hablo, en cambio, del modo en
el que debe enseñarse a quienes desean aprender'.

[96] [IV, xviii, 35].

[97] 'Pero en los nuestros, aquellas cosas que decimos al pueblo desde el púlpito'.

[98] Aristoteles, *Poetica* [XXII, 1458b5; p. 260].

[99] 'Por lo cual se equivocan no poco quienes censuran de esta manera este género de dicción (esto es, el ornato)'.

[100] Horatius, *Poetica* [372-373].

[101] 'A los poetas ser mediocres no se lo permiten ni los hombres, ni los dioses,
ni carteles'.

tampoco admitiera medianía de estilo. Bien conoció esta naturaleza, como todas las demás, Aristóteles[102], cuando dijo, hablando formalmente de la poesía: «Quae igitur ex propiis nominibus constabit, maxime praerspicua erit, humilis tamen, exemplum sit Cleophontis, Sthelenique poesis; illa veneranda, et omne prorsus plebeium excludens, quae peregrinis utetur vocabulis[103]», y el adjetivo *xenicis*, que Alejandro Pacio tradujo, *peregrinis*, tradujera yo en nuestro español, *extraordinarios*, aunque sé poco de griego, y bien poco. Éste es siempre el sentimiento de Aristóteles, bien que echando la cortapisa de que por adornado no diese en enigmático o bárbaro, calumnia que Vuestra Merced apunta tratando de los pleonasmos y anfibologías, y ésta no sé que haya en estos dos poemas, sino es que lo sea aquélla de la dedicación al señor duque de Béjar:

Arrima el fresno al fresno[104].

Y aún ésta la llamara yo *diafirmo* o equívoco en la frase de nuestros poetas; y pleonasmo, según sé poco de esto, no hallo ninguno, pues no entiendo que lo es aquél del *Polifemo*, en la octava 61:

Viendo el fiero jayán con paso mudo
correr al mar la fugitiva nieve[105].

Ni aquello de la segunda parte de las *Soledades*:

cristal pisando azul con pies veloces[106].

Porque el Brocense[107], citado por Vuestra Merced en esta ocasión, no quiere, y con razón, que sea pleonasmo, «longam vitam vivere[108]»,

---

[102] Aristoteles, *Poetica* [1458a20; pp. 255-56].
[103] 'Así pues, la que conste de palabras propias será muy perspicua, aunque humilde; como lo es, por ejemplo, la poesía de Cleofonte y Esténelo; será admirada, en cambio, aquella que se sirva de palabras nuevas, excluyendo del todo cualquier palabra vulgar'.
[104] [*Soledades*, I, 13].
[105] [481-482].
[106] [46].
[107] Brocensis, *Minerva*, IV [De figuris constructionis].
[108] 'Vivir larga vida'.

pues el adjetivo amplía la significación del verbo, como aquello[109]:

> Ad quem sic roseo Thaumantias ore locuta est[110].

Y así, tampoco lo será pisar con pies veloces, pues pudiera con pies tardos, *et sic de aliis*.

De lo que Vuestra Merced se muestra más desagradado es de las transposiciones, y de lo que yo más me admiro, pues siendo la anástrofe, que así la llaman los retóricos, y el Despauterio[111],

> Ordo inversus erit tibi Anastropha praepositurae[112];

siendo, pues, particular tropo de los poetas, aunque el Venerable Beda[113] la señaló en las Sagradas Letras, ejemplificando aquello de Job[114], «Quamobrem ego deprecabor dominum[115]», y la frase común usa en mil dicciones, como *tecum, vobiscum*, y otras, no quiero valerme de las muchas que tienen los más insignes poetas como Virgilio[116],

> Italiam contra[117],
>
> littora circum[118],
>
> Nam vitiis nemo[119] sine nascitur[120],

sino probar cómo este pleito está sentenciado de buen juez y pasado, como dicen, en cosa juzgada. Arifades puso en propios términos este

---

[109] Virgilius, *Aeneida*, III, 8 [en realidad, IX, 5].
[110] 'Taumantias con su boca rosada le habló así'.
[111] [Despauterius, *De figuris*, fol. Xr].
[112] 'Tendrás por anástrofe de anteposición el orden invertido'.
[113] Beda, *Rhetorica*.
[114] *Job*, V, 8.
[115] 'Por lo cual yo recurriré al Señor'.
[116] *Aeneida*, V [en realidad, I, 13].
[117] 'Frente a las costas contra Italia'.
[118] [III, 75, y VI, 329].
[119] Horatius, *Satyrae*, [I], III, [68].
[120] 'En efecto, nadie nace sin defectos'.

achaque, y le responde Aristóteles[121]: «Prorsus ignorans quod haec omnia dum propium vitant, plebeiam interim dictionem effugiunt[122]». La autoridad de este gran varón, que como Vuestra Merced sabe, muchas veces en los *Retóricos*, y siempre en la *Poética*, asienta que la poesía pide estilo realzado sobre todos, y ver que en esto, como en lo demás, no hay autor que no le siga y prosiga, me ha inclinado a esta opinión.

Si Horacio, señor Lope de Vega, tratando de la diferencia específica de los estilos poéticos, cómico, trágico, lírico, heroico y otros, asentó por regla[123]:

> singula quaeque locum teneant sortita decenter[124],

¿por qué las profesiones diferentes en género no se han de tratar con diferencias de estilos? La historia el llano, la retórica el vehemente y la poética el realzado. Pues si de la historia, no siendo tan excelente como la poesía, conforme a Aristóteles[125], «quo sit ut sapientius atque praestantius poesis historia sit[126]», y no poco si se tratara como debía, dice Luciano[127] que no se ha de escribir, «verbis vulgaribus et tabernariis[128]», después de haber dicho: «Magnum igitur, imo magis plus quam magnum vitium fuerit, si quis nesciat ea quae historiae propia sunt ab his quae sunt poetices separare[129]», no será pues razón que la poesía sea calumniada de que se adorna como quien es.

Del retórico, aun no igual al poeta ni en sus medios ni en sus fines, a juicio de su mismo padre Cicerón, dijo Plinio Novocomense[130]:

---

[121] [*Poetica*, XII, 1459a; p. 263].

[122] 'Ignorando del todo que mientras evitan todas estas palabras usuales, huyen de la dicción vulgar'.

[123] *Poetica* [92].

[124] 'Que cada cosa mantenga el sitio propio que le ha tocado en suerte'.

[125] Aristoteles, *Poetica* [IX, 1451b, 5; p. 89].

[126] 'Por esto la poesía es más sabia y distinguida que la historia'.

[127] Lucianus, *Quommodo sit scribenda historia* [cols. 291 y 279].

[128] 'Con palabras vulgares y de taberna'.

[129] 'Por lo tanto, será un gran defecto, incluso mayor más que grande, si alguien no sabe separar esas cosas que son propias de la historia de las que lo son de la poesía'.

[130] Plinius, *Epistula ad Luperculum* [*Epistulae*, IX, XXVI, 1 y 3].

«Nihil peccat, nisi quod nihil peccat», y lo sube tan de punto, que concluye, «ut quasdam artes ita eloquentiam nihil magis quam ancipitia commendant[131]». Pues si tan alto sube la retórica nacida entre el pueblo y dedicada a él, ¿cuánto estará obligada a subir a la poesía, nacida entre los dioses y dedicada a ellos, como concede el sol de nuestra España san Isidoro[132]? Si esto hubiera de leer el vulgo, no me atreviera yo a escribirlo, porque según tiene profanada (o por mejor decir, desestimada) esta profesión, se riera de esta verdad; y si ésta se ha de decir, no tiene él la culpa: «Quippe vates», dice Aristóteles[133], «hanc auram sequuntur componentes ad vota spectatorum[134]». ¿Es posible, señor Lope de Vega, que Aristóteles diga esto, cuando en su república Alejandro respetaba, en el furor de un saco, la casa de Píndaro poeta, pregonando que ninguno la tocase? ¿Cuando buscaba preciosas cajas en que guardar los versos de Homero, continuo consultor aun en la cama? ¿Y cuando en la república romana los Cipiones honraban su sepulcro con los huesos de Ennio? ¿Qué dijera si viera en este siglo y república lo que Vuestra Merced tiene tantas veces tan justamente llorado? ¿Tan poco aplauso de los príncipes, tanta profanidad del vulgo y tanta emulación, cuando era menester tanto valor[135]? «Eoque etiam innixius, quo ad taxandos poetas haec aetas in tantum prona est[136]». Palabras son suyas encomendando la erudición y ornato, y me admiran considerando la diferencia de aquellos tiempos a estos, y juzgo que si entonces les cargó la culpa por el apetito de aplauso popular, ahora les cargara culpa y pena aunque no fuera menester, pues ellos mismos se la dan hechos demonios unos de otros, haciendo a Persio harto más verdadero de lo que permite la cordura[137]:

Caedimus inque uicem praebemus crura sagittis[138],

---

[131] 'No comete ninguna falta, excepto que no comete ninguna', 'igual que ciertas artes, así nada recomiendan más que la elocuencia de dos fines'.

[132] Isidorus, *Etymologiae*, VIII, VII, [1].

[133] *Poetica* [XIII, 1452b 35; p. 145].

[134] 'Pues los poetas persiguen esta aura (aceptación) al escribir para el gusto de los espectadores'.

[135] Aristóteles, *Poetica* [XVIII, 1456a, 5-7; p. 211].

[136] 'Y por esto el más grande esfuerzo, precisamente en unos tiempos en que tanto abundan las censuras a los poetas'.

[137] Persius, *Satyrae*, IV [42].

[138] 'Golpeamos y a su vez suministramos dolores con saetas'.

mordiéndose en los teatros, en los libros y en todas ocasiones, sin perdonar honras, ni aun linajes, y (lo que peor es) ni a su misma profesión, donde muestran su ignorancia, pues infaman lo que, a su juicio,
profesan.

El sentimiento me ha apartado del principal intento, aunque entiendo que uno se causa de otro, pues estos inconvenientes nacen de
querer con humildad viciosa granjear el aplauso del vulgo. Horacio
no se preció de escuro, y con todo aclama[139]:

> Odi prophanum vulgus et arceo[140],

admitiendo por jueces de sus versos sólo a los doctos[141]:

> Plotius et Varius, Maecenas, Virigiliusque,
> Valgius et probet haec Octavius optimus, atque
> Fuscus et haec utinam Viscorum laudet uterque[142]!

Los poetas de ahora, como cristianos, proceden con más humildad,
sujetándose a más de lo que parece justo. Pero yo con Vuestra Merced
hablo: ¿qué república, señor, medianamente gobernada, no diferencia
sus estados con distinción de ornato plebeyo, medio y noble? El caos
se deshizo tomando su lugar cada uno de los elementos, y entre ellos
el fuego, símbolo propio de la poesía[143],

> emicuit summaque locum sibi fecit in arce[144].

No será pues razón privarla de la alteza que naturalmente es suya,
aun a juicio de históricos y oradores, pues Lactancio Firmiano[145], buen
voto en cualquier materia, dijo: «Officium poetae in eo est, ut ea, quae
vere gesta sunt, in alias species obliquis figurationibus cum decore ali-

---

[139] *Carmina*, III, 1 [1].
[140] 'Odio y rechazo al vulgo profano'.
[141] *Satyrae*, I, iii [en realidad, x, 81-83].
[142] 'Que aprueben estas páginas Plocio y Vario, Mecenas y Virgilio, Valgio y
Octavio y el inmejorable Fusco, y ¡ojalá que las alaben los Viscos!'
[143] Ovidius, *Metamorphosis*, I [27].
[144] 'Resplandeció e hizo para sí un lugar en la más alta fortaleza'.
[145] Lactantius, [*Diuinae*] *institutiones*, I, xi [24].

quo transversa traducat[146]». La comedia, empleo del pueblo y de su juridición, pues él la paga, como Vuestra Merced cuerdamente dijo, siga su intento y acomódese con su llaneza, necesaria al oyente, no al letor, que puede, y es justo, detenerse a considerar lo que no entendiere de vuelo. Mas al lírico, al trágico y al heroico gran desdicha sería sujetarles al juicio del vulgo, «qui non delectu aliquo aut sapientia ducitur ad iudicandum, sed impetu non numquam et quadam etiam temeritate[147]», como dijo el prudente Cicerón[148]. Oso decir que parte de no tener esta altísima profesión la estimación que merece, ha nacido de haber hablado sus profesores vulgarmente. Y es tan poco venturosa, que al principio de su restauración nacen estas desavenencias entre quien la ha de restituir a su gloria. Bien veo que en todos los siglos diga verdad Persio[149]:

velle suum cuique est nec voto viuitur uno[150].

También en las repúblicas griega y latina hubo poetas que afectaron facilidad y llaneza: en aquélla, Estéleno, y en ésta, Ovidio; mas a ninguno le salió bien, pues al griego Aristóteles[151], y al latino, Francisco Florido[152] y otros, les achacaron de vulgares. Y yo entiendo de entrambos que si vivieran en este siglo, o realzaran el estilo, o no escribieran, por no verse, si no desestimados, igualados con un mismo nombre con los ciegos coplistas de consonantes a borbollones. No son todos poetas los que hacen versos, que Empédocles los hizo, y muchos, y con todo dijo Aristóteles que no era poeta, sino físico[153].

Para este intento creo yo que pide Horacio y todos los clásicos de esta profesión que se acompañen igualmente naturaleza y arte[154]:

[146] 'El oficio del poeta consiste en traducir con algún decoro aquellos hechos que son verdaderos en otras imágenes con figuras indirectas'.

[147] 'Quien no es guiado para juzgar por algún discernimiento o saber, sino siempre por el impulso y también por una cierta temeridad'.

[148] Cicero, *Pro Plancio* [IV, 9].

[149] *Satyrae*, V [53].

[150] 'Cada uno quiere lo suyo y no se vive por un solo deseo'.

[151] Aristoteles, *Poetica*, [XXII, 1458a 21].

[152] Floridus, [*Lectionum*] *sucessiuarum*, II [I, 38-41; p. 196].

[153] [*Poetica*, I, 1447b, 19].

[154] Horatius, *Poetica* [410-411].

alterius sic
altera poscit opem res et coniurat amice[155],

para que la naturaleza influya la facilidad, y el arte dé la disposición y ornato. Sin lo cual procedería lo que dijo Escala a Policiano[156]: «Si ita libera fiunt carmina, quid iam non carmen erit[157]?»; hasta lo que hablamos siempre, será siempre verso; y Aristóteles viene en ello, luego, «quot capita, tot poetae[158]?». Esto no es posible, pues se compone un poeta de tantas y tan altas partes, que quieren decir que ningún siglo produce más de uno, aunque el presente ha producido tantos millares de versistas. Bien sabe Vuestra Merced cuánta verdad tiene esto, y así me admiro que contradiga su misma causa, pues bastaban para defensa (cuando no hubiera tantas) aquellas palabras tan apretadas que Vuestra Merced tantas veces habrá visto en Aristóteles[159]: «Multae enim dictionis ipsius affectiones sunt, quas poetis indulgemus; ad haec non eadem est rectitudo ciuilis facultatis atque poeticae, sed nec alterius ullius artis praeterquam poeticae[160]»; y 3 *Rhetoricorum*, 2[161]: «Opportet effingere peregrinum sermonem. Admirabile enim rerum externarum est, iucundum vero admirabile est, ac in metris quidem et multa faciunt hoc et conuenit illuc[162]».

Ya veo que Vuestra Merced estará enfadado, y justamente, de que yo le haya ocupado con cosas tan sabidas[163]: «sed conceptum sermonem tenere quis poterit[164]?». Sólo le suplico que entienda le soy tan aficionado como debo a hijo de España, debiendo ella tanto a Vuestra Merced, y que quisiera tener muy gran caudal para emplearle en ala-

---

[155] 'Ambas cosas se piden ayuda mutua y se conjuran amistosamente'.

[156] [*Epistulae*, XII, x; fol. 176r].

[157] 'Si los poemas se hacen así de atrevidos, ¿qué no será ya un poema?'.

[158] '¿Cuántas cabezas, tantos poetas?'.

[159] *Poetica* [XXV, 1460a 12-13; p. 289].

[160] 'Son muchas las alteraciones del lenguaje que concedemos a los poetas; además, no es la misma la corrección de la disciplina política que la de la poética, ni tampoco la de cualquier otra arte que no sea la poética'.

[161] [*Rhetorica*, III, II, 1404b; p. 221].

[162] 'Conviene servirse de voces extranjeras en un discurso. Las cosas forasteras producen admiración y placer, y en los versos sin duda se utilizan mucho, siendo allí convenientes'.

[163] *Job*, IV, [2].

[164] 'Pero, ¿quién podrá contener sus palabras?'.

banza de quien tantas merece. De Segovia en trece de noviembre de 1621 años.

Licenciado Diego de Colmenares

RESPUESTA A LA CARTA ANTECEDENTE,
DE LOPE DE VEGA
(IMPRESA EN LA *CIRCE*, AÑO DE 1624)

Dijo Platón en el primero diálogo de su *República*[165], que «facilius est interrogare quam respondere[166]», que viene a ser lo mismo que reprehender y no escribir. A mí no me espantan, señor excelentísimo, prosas ni lugares citados, sean de quien fueren en razón de la poesía, sino el escribirla y mostrarnos cómo luce en la prática lo que nos enseñan con la teórica, que es lo que respondió un hidalgo a un maestro de armas: «saque Vuestra Merced la espada, y dígame todo eso con las manos». Cierto que yo pienso, o no lo debo de haber entendido, que por esto dividió la poética el doctísimo Savonarola en objeto, uso y modo; que el uso no está allí sin causa, pues dijo Crisóstomo, «que era estéril el arte sin el uso, como también temerario el uso sin el arte». Y no importa hablar magistralmente de una ciencia si el tal razonador no sabe ejecutarla. Bien sé que esto tiene respuesta con la excelencia de los teóricos a la ejecución de los práticos, si les faltase el arte; pero no la tiene en razón de querer la estravagancia que valga su voto solo contra el de tantos tan excelentes hombres; y más de quien confiesa que no entiende lo que defiende, que para eso mejor fuera remitirse a las manos que a la pluma. «Qui vere putat melius esse aliquid quod deterius est nullo dubitante scientia eius caret[167]»; esto dijo san Agustín en el primero de *Música*[168], y más en razón de introducir una nueva lengua, que aunque nos dan a entender que no es gramática nueva, sino exornación altísima de la poesía, lejos de la profanidad del vulgo (nunca el otro romano lo hubiera dicho a tan diferen-

---

[165] [*De Republica*, I, 336c; p. 535, index: «interrogare facilius quam respondere est»].

[166] 'Es más fácil preguntar que responder'.

[167] 'Quien de verdad cree que es mejor lo que es peor, sin duda alguna carece de ciencia propia'.

[168] [*De musica*, I, VI, 12].

te propósito) bien sabemos que lo sienten de otra manera que lo dicen, y desviando del verdadero sentido los lugares, como aquel axioma de Cicerón, que no le pasó por el pensamiento haberle entendido de la escuridad, como se verá claramente por este lugar citado de Robortelio sobre la *Poética* de Aristóteles[169]: «Orationem rhetorum ad vulgi sensum esse scriptam; poemata autem poetarum paucorum iudicio censeri[170]»; que aquí habló de la excelencia del arte en el alma y nervios de la sentencia y locuciones, que no de las tinieblas del estilo.

Esta disciplina, que en fin es arte, pues se perficiona de sus preceptos, es parte de la filosofía racional, por donde le conviene a su objeto ser parte del ente de razón. Es, pues, el ejemplo objeto del arte poética, como el entimema de la retórica. El oficio del poeta es enseñar de cuáles y con cuáles cosas se constituya el ejemplo, y con qué modos y similitudes a diversos géneros, estados y negocios debemos usar de este silogismo, porque todas las demás partes de la filosofía racional hacen esto mismo cerca de su propio objeto[171]. De los metros y números no hay que tratar, porque el modo métrico y armónico no es esencial al arte, por donde verá Vuestra Excelencia que se engaña quien piensa que en esta novedad de locuciones consiste. «Potest enim poeta uti argumento suo et per decentes similitudes discurrere sine versu[172]», y note Vuestra Excelencia aquel «per decentes similitudines». Luego la esencia de la poesía no es el verso, como se ve en Heliodoro, Apuleyo, las prosas del Sanazaro y piscatorias del san Martino. Aquí repare Vuestra Excelencia en quien dice que con ciertos poemas nuevos se restauraba la poesía, que a su parecer debía de andar perdida en Italia y en España. Cuando el Tolosano dijo en su *Sintaxis artis mirabilis* que constaba el poema de la razón de las sílabas, añadió del orden y del tiempo; todo lo cual más pertenece al sistema de los versos que al arte, de suerte que aunque aquella estrañeza fuera imitable, no era poesía en el arte, sino en el adorno del contexto.

---

[169] [*Explicationes*, p. 4].

[170] 'El discurso de los oradores fue escrito para la sensibilidad del vulgo; en cambio, las obras de los poetas para ser apreciadas por el gusto de la minoría'.

[171] [Savonarola, *De divisione scientiarum*, IV].

[172] 'En efecto, el poeta puede tratar su tema y discurrir por imágenes apropiadas sin el verso'.

Pero quien siente que no tiene fundamento en la retórica, ¿qué respuesta merece? O no entiende que le tocan las mismas obligaciones que al historiador, fuera de la verdad, o poca erudición muestra quien esto ignora, estando todos los retóricos llenos de ejemplos de poetas, como verá mejor Vuestra Excelencia si don Francisco de Quevedo prosigue un discurso que dejó comenzado, ingenio verdaderamente insigne y tan adornado de letras griegas y latinas, sagradas y humanas, que para alabarle más, quisiera deberle menos; porque como yo veo en cuantos autores de este género han llegado a mis manos ejemplificada la retórica con poetas, no sé quién pueda con luz de letras cuidadosas permitirse a sí mismo error tan grande. Yo igualmente hallo las figuras en todos, como, por ejemplo, la prosopopeya[173], «id est, ficta personae inductio[174]», como se vee en Cicerón a Herenio, y en Virgilio en el 4 de la *Eneida*, que también se introduce por forma, como allí por la fama o la aposiopesis, precisión o reticencia, el uno en Verres y el otro en el libro primero, con los demás ejemplos de Cipriano y Audomaro Taleo, que es puerilidad tomarlos en la boca, cuanto más negarlos y escluir la retórica de la poética, sin querer que, como la oración se sirve de su ejemplo, valga para ella misma lo que da a los otros; que si a la retórica llamó Magno Tirio, «cogitationum animi enunciatricem[175]», ¿qué diferencia hay del retórico al poeta?, o ¿quién se declara con más altos y peregrinos pensamientos? Si por los de esta nueva lengua no nos ponen por objeción que más que se declaran, se escurecen, y si por opinión de san Agustín, «rhetorica tam falsa, quam vera persuadet[176]», no debe de ser diverso de estas dos facultades el oficio. En mil partes de sus disputaciones oratorias el docto Ludovico de Costanciaro ejemplifica con Virgilio, Horacio y Ovidio, y a este propósito, hablando de la inducción, dice: «Eandem non raro usurpant poetae, speciatim Ovidius, apud quem multa et praeclara sunt inductionum exempla, ut est illud, "materiamque tuis[177]", etc., *liber* 4 *de Tristibus, Elegia* 3[178]». Y hablando del

---

[173] [Ciprianus, *Rhetorica*, III, XXIX; p. 217].

[174] 'Esto es, la introducción fingida de una persona'.

[175] 'La enunciadora de las ideas del alma'.

[176] 'La retórica falsa persuade tanto como la verdadera'.

[177] [*Tristia*, IV, III, 73].

[178] 'Con frecuencia los poetas usan de ella, Ovidio especialmente, en quien hay muchos y buenos ejemplos de inducciones, como es aquél, y materia para los tuyos'.

entimema retórico, cita a Lucano[179]: «Quid satis est, si Roma parum[180]?»; y, en otra parte, hablando con Pompeyo: «Audes fulcire ruinam[181]», etc.

La gramática, lógica y retórica no pienso yo que tuvieron otro fin que el conocimiento del razonar, pues la gramática considera el hablar concertado o bárbaro; la lógica, el verdadero o falso, y la retórica, el pulido o tosco, de suerte que las artes son para una de tres cosas: o para obrar, o para hablar, o para deleitar. La filosofía moral obra, aunque calle, como sintió Plutarco en su primero problema[182]; la gramática y música deleitan; y la lógica y retórica hablan, aunque también le pareció a Cicerón que al filósofo le convenía la elocuencia. Pues ¿de qué se compondrá la poética, si no habla bien ni deleita? ¿o qué llamamos en ella locuciones y frasis?, y más que el dueño de este discurso que envío a Vuestra Excelencia no funda su opinión en otra cosa que las figuras, tropos, enigmas, alegorías y tan horribles metáforas; ¿o por qué le será tan precisa la lógica? Que el que no la sabe no podrá ser poeta, sino versista, porque la filosofía es el arte de las artes, que es lo mismo que decir su fundamento, como afirma Macrobio en el séptimo de sus *Saturnales*[183].

Éstas no son disputaciones dialécticas, donde la verdad dudosa tiene necesidad de argumentos, cuanto es posible probables por la una y la otra parte de la contradicción. Y así no he querido responder, sino sólo enseñar a Vuestra Excelencia el papel, y le suplico, porque sin duda es docto, no juzgue de su pasión, ni el haber tenido en tanto desprecio lo que a mí me cuesta tanto estudio, pues me remite al gusto del pueblo, que paga versos que entiende, sin acordarse que tales cosas he dado yo de barato al vulgo, de la ganancia de tantos poemas impresos, o no le agradan, si no los entiende por fáciles, como los que defiende por difíciles, pues dice que va a preguntar al autor de aquellos poemas que llaman cultos lo que no entiende, que debe de ser todo; de donde se infiere que defiende sin entender y que alaba, como muchos, aquello sólo en que halla dificultad. Y, finalmente, es conclusión que muerto el dueño (que viva y le guarde Dios muchos años

---

[179] [*Pharsalia*, V, 274, y VIII, 528].

[180] '¿Qué es suficiente si Roma es poco?'.

[181] 'Te atreves a contener la ruina'.

[182] [*Quaestionum convivialium*, I, I; *Moralia*, 613F].

[183] [VII, xv, 14].

para honra de nuestra nación, pues su ingenio es como el sol y su estilo como las nubes, que con ser tan soberana luz y ellas cosa tan vil y compuestas de materia tan baja, son poderosas con su escuridad a que no sepamos si hay sol hasta que alguna vez las desvía hablando su propia lengua), queda esta poesía perdida, pues tan lucido y preciado ingenio no la entiende, y lo confiesa y lo escribe, y tiene a Ovidio en poco. ¡Desdichado de ti, Ovidio, a qué has venido, pues ya ponen tus *Fastos*, *Elegías* y *Metamorfoseos* en la lista de los ciegos, y dos docenas de versos de Jerónimo Bosco, si bien pintor excelentísimo y inimitable, que se pueden llamar *salios*, de quién dice Antonio[184], «Saliorum carmina vix suis sacerdotibus intellecta[185]», han sido el remedio del arte y la última lima de nuestra lengua!:

At populus tumido gaudeat Antimacho[186],

dijo Catulo, en que parece que contradice el haberle dejado sólo en los oídos de Platón; y Josefo Scalígero sobre este verso, que no le agradaba aquel poema, aunque era de su amigo, «et propter molem et propter oscuritatem, quamquam eruditionem, et diligentiam in eo laudet[187]». En fin, quieren que recibamos con palio la lengua antigua, como tengo probado, sin réplica, en el primero discurso que anda impreso, o que comience agora la nuestra a tartamudear como si fuese niña.

El ánimo de ese papel viene tan declarado y lejos del propósito, que no me hizo fuerza a la respuesta ni por la obligación de la cortesía, ni por la contradición de la materia, que defender lo mismo es nueva manera de contradecir y argumento que ninguno de los filósofos antiguos le ha soñado; de donde me vengo a persuadir que aun no debe de haber leído el discurso a que responde, pues si sólo hubiera visto el proemio, supiera de lo que había de huir, y si la materia, de que había de tratar, acordarse que dice: *No digo que las locuciones y voces sean bajas; pero que con la misma lengua se levante la alteza de la sentencia a una locución heroica.* Y en otro lugar antes de éste, dice: *El*

---

184 [Quintilianus, *Institutio oratoria*, I, VI, 40].
185 'Los cantos de los salios apenas eran entendidos por los propios sacerdotes'.
186 [XCV, 10]; 'En cambio, el pueblo goza con el enfático Antímaco'.
187 'Y a causa de su grandeza y oscuridad, por más que alabe en él la erudición y diligencia'.

medio tendrá pacíficos los dos estremos para que no esté tan enervada la dulzura que carezca de ornamento, ni él tan frío que no tenga la dulzura que le compete[188].

Con esto habrá visto Vuestra Excelencia que porfiamos los dos una misma cosa, y para que más clara se vea esta verdad, el lugar de que hace tanto cargo de conciencia con el testimonio de que hablé de poetas, y no generalmente de la escuridad, dice así: *Finalmente de las cosas escuras y ambiguas y cuánto se deban huir, vea Vuestra Excelencia a san Agustín en el libro 4 de Doctrina christiana,* etc. Luego, si dice de las cosas escuras y ambiguas, no especifica poetas, sino todo género de escuridad y ambigüedad; y a esta traza es todo, dando círculos en lo que está dicho y con diferente sentido, armando sobre el mismo fundamento vanas contrariedades. Pero diciendo ingenuamente lo que siento, él no quiso defender, sino hacer obstentación de sí para ser conocido; porque fue opinión de Plauto que por la mayor parte los grandes ingenios (como debe de ser el suyo), «in oculto latent[189]»; aunque creo que mejor le respondiera como Catulo a Ravido[190]: «Anne ut prevenias in ora volgi? Quidvis? Qua lubet esse nitus opus? Eris[191]?».

El ingenio del excelentísimo señor Príncipe de Esquilache, virrey agora del Perú, filósofo y teólogo, ha escrito muchos versos en honra de la lengua castellana y erudición de los que la deseamos saber con perfeción; y entre ellos esa Égloga, con la pureza que alabara yo aquí, si no se la enviara a Vuestra Excelencia para que la encarezca y estime con su grande ingenio y letras y luzca esta alabanza de señor a señor, que el respeto de ser bienhechor mío podría ser que le diese a quien lo sabe algún aire de lisonja. Quéjase, casi al fin de ese papel, de los poetas que se contradicen unos a otros; no debe de hablar conmigo en esta parte, porque yo tengo mis librillos, cuales son, llenos de alabanzas de poetas y de los demás ingenios, si bien no está allí el suyo por no le haber conocido, y quisiera sin esto que hubiera leído a Aristófanes en razón de las comedias (si bien trae su discurso una palabra griega), donde hubiera visto introducido a Sócrates,

---

[188] [Cursiva en el original].

[189] 'Se esconden en un lugar secreto'.

[190] [XL, 5-6].

[191] '¿Acaso para andar en boca de todos? ¿Qué quieres? ¿Deseas hacerte famoso a costa de lo que sea? Lo serás'.

que también le hay en la lengua latina, para los que no habemos pasado a Grecia.

Lea, pues, Vuestra Excelencia esta Égloga con mucho gusto y verá poner las manos en el instrumento de nuestra lengua al Príncipe con la mayor limpieza (excelencia suprema de los músicos) que hombre jamás las puso. ¿Qué dirá de esa claridad castellana?, ¿de esa hermosa exornación?, ¿de ese estilo tan levantado con la propia verdad de nuestra lengua?, sin andar a buscar para cada verso tantas metáforas de metáforas, gastando en los afeites lo que falta de faciones y enflaqueciendo el alma con el peso de tan excesivo cuerpo. Cosa que ha destruido gran parte de los ingenios de España con tan lastimoso ejemplo, que poeta insigne que escribiendo en sus fuerzas naturales y lengua propia, nacida en ciudad que por las leyes de la patria es juez árbitro entre las porfías de la propiedad de las dicciones y vocablos, fue leído con general aplauso, y después que se pasó al culteranismo, lo perdió todo.

Lope Felis de Vega Carpio

RESPUESTA A LA CARTA ANTECEDENTE, POR SUS MISMOS PUNTOS

Enojado, Trasímaco dijo a Sócrates[192]: «Facilius est interrogare quam respondere[193]». Concediolo el achacado, como verdad tan natural, y publicó por pena del ignorante, «ut discat a sciente», añadiendo: «et ego igitur hanc poenam mihi constituo[194]». Hasta ahora, señor Lope de Vega, no está líquido cuál de los dos pregunta o responde. Yo de mi parte digo que cuando quisiera hacer versos, me preciara más de dicípulo que émulo de Vuestra Merced, pues cuando no en el mismo propósito, con la misma razón podría responderle lo que el mismo Sócrates a Cebes, sobre haber emulado los poemas de Ysopo[195]: «Non aut illius, aut poematum ipsius emulus esse volens haec feci: noueram enim hoc non facile esse[196]», pero deseos de saber animan mucho. Quiere Vuestra Merced que yo muestre con obras lo que con palabras, y constando el poeta igualmente (como en la pasada apunté) del impulso de la naturaleza y erudición del arte, puede aquélla faltar y ésta se muestra razonando de sus preceptos. Por donde dijo Cicerón[197]: «Nullam artem in se versari, sed esse aliud artem ipsam; aliud quod

[192] Plato, *De Republica*, I, ante medium [336c; p. 561]; [I, 337d; p. 562].

[193] 'Es más fácil preguntar que responder'.

[194] 'Que aprenda del que sabe, y por tanto yo me establezco esta pena'.

[195] Plato, *Phaedon*, in principio [60e; p. 34, index: «Poemata Socratis»].

[196] 'No los hice queriendo ser rival suyo ni de sus poemas; pues sabía que esto no era fácil'.

[197] Cicero, *De finibus*, V, [VI, 16], paulo post initium.

propositum sit arti[198]», de donde infirió Jasón de Nores[199], «absurdum non esse ut qui poemata scribere non possit, illius tamen rei possit tradere pracepta[200]». Verificado bien en Aristóteles, que escribió tanto arte y ningún poema, ni aun verso, aunque algunos hayan soñado lo contrario; y acaso viéndose Horacio tan falto de lo primero, dijo de lo segundo[201]:

> ergo fungar vice cotis, acutum
> reddere qua ferrum valet exsors ipsa secandi;
> munus et officium nil scribens ipse docebo[202].

Esto dice Horacio, el poeta romano que yo alego,

> no el castellano Horacio de la puente,
> aficionado a voces trogloditas[203].

Por que no bajemos de veras a burlas, que todos fácilmente pregonamos modestia y la guardamos tanto que no se nos ve, gracejando en consonantes. Cuanto más que yo sólo traté de decir mi opinión y sentimiento, y los fundamentos que en ello tengo (tratando entonces sólo del estilo conveniente a la poética) y cuál sea, entiendo que se probó en los lugares citados, sin desviar ninguno de su verdadero sentido; o ellos lo digan pues aún viven y vivirán, que no nacieron de polianteas ni colectáneas comunes. Ahora, señor, que Vuestra Merced nos obliga en su papel a que dejando por asentado el *cómo* se ha de decir, pasemos a tratar lo *qué* se ha de decir[204], torciendo el orden a Platón, aunque no el propósito, cuando dijo[205]: «Diximus quae discenda sunt: quo modo vero discendum sit adhuc considerandum

---

[198] 'Ningún arte se ocupa de sí mismo, sino que uno es el arte mismo, otro qué cosa sea el propósito del arte'.

[199] Jason de Nores in *Poeticam* Horatii.

[200] 'Que no es inútil el arte para quien no puede escribir poemas; con todo, puede enseñar sus preceptos'.

[201] *Poetica* [304-306].

[202] 'Así pues, haré las veces de piedra de afilar, que agudo puede volver al hierro, incapaz ella misma de cortar; enseñaré la tarea y el oficio sin escribir yo mismo'.

[203] Son versos de Lope, en la epístola 4 de la *Circe* [281-282].

[204] [Cursivas en el original].

[205] Plato, De *Republica*, III, ante medium [394c; p. 589].

est[206]». Axioma es asentado que la sustancia (digámoslo así) de la poética es la ficción o fábula, y *poeta* en su origen etimológico es el que finge o fabrica por sí solo. Bien me atreviera yo a probar esto con muchos testimonios así profanos como sagrados, mas contentémonos ahora con el de Sócrates, pues él solo basta, cuando tratando de los poemas que él había compuesto (que también Sócrates fue poeta), dijo[207]: «meditatus sum poetam oportere, si poeta esse vellet, fabulas facere et non sermones[208]». Y Aristóteles aún con más distinción diciendo[209]: «Ex his igitur patet poetam fabularum magis quam carminum esse poetam[210]». Siendo pues la esencia de la poética la ficción, nadie medianamente entendido negará que sean poemas la ficción de Heliodoro, casi todos los diálogos de Luciano, la *Transformación* de Apuleyo, y en nuestra lengua, el prudente *Guzmán de Alfarache*, el desgraciado *Gerardo* y cuantos libros de caballerías avivaron la invención española, hasta su Herodes, don Quijote; que el ser en prosa o verso es acidente. Verdad sea que considerando sus primeros maestros que la causa final de esta profesión es enseñar deleitando, les pareció sería más deleitable el metro. Y así comenzaron en la república griega Lino, Orfeo y Amfión a enseñar en metro su teología y física, y Homero después sus misterios, si ya no les antecedieron en esto (como en lo demás) los orientales, caldeos, asirios y hebreos, como parece constar de Job y Moisén. Prosiguiose la poesía métrica en la república romana por Livio Andrónico y Ennio, dándola suma perfeción el siempre admirable Virgilio, hasta que por el año novecientos de Cristo se comenzó lo rítmico o consonante, invención que tantos juicios ha estragado y tantos ingenios nobles ha hecho esclavos, siendo, para el vulgo, mejor poeta aquel que más presto halla consonante a *naipe*, *muslo* o *cántaro*; que no sin causa dijo el Petrarca hablando de lo rítmico[211]:

---

[206] 'Dijimos qué cosas deben aprenderse; hasta aquí, sin embargo, se ha considerado el modo en que deben aprenderse'.

[207] Plato, *Phaedon*, post initium [61b; p. 34, index: «fabula Socratis»].

[208] 'Pensé que el poeta debía, si quería ser poeta, componer ficciones y no razonamientos'.

[209] Aristoteles, *Poetica* [IX, 1415b 27-28; p. 95].

[210] 'Así es manifiesto que el poeta es poeta más por las fábulas que por los versos'.

[211] Petrarca, *Praefatio ad Epistulas Familiares*, I [I, 6].

«Poetica mulcendis vulgi auribus inuenta[212]». No me atreviera yo a distinguir en cuál de las dos repúblicas, griega o latina, se inventó. En Zonaras[213] he leído que Constantino León, emperador de la nona centuria, lloró la muerte de su mujer en verso rítmico. De allí pasó a lo vulgar de Sicilia e Italia, como dijo el Petrarca[214]: «quod genus apud Siculos, ut fama est, non multis ante seculis renatum brevi per omnem italiam ac longius emanauit», si bien añade, «apud Graecorum olim ac Latinorum vetustissimos celebratum, siquidem et Athicos et Romanos vulgares rythmico tantum carmine uti solitos accepimus[215]», palabras que con el «renatum» de la primera cláusula apuntan dificultad bien prolija. Luego se comunicó a Francia en tiempo de Luis octavo, como quiere Genebrardo[216]. En fin, pasó las cumbres de los montes Pirineos, llegando a España: si acaso no fue al revés este camino, comunicándose de España a Italia y Francia, como prueba Beuter el Valenciano[217]. Como quiera, tardó en arraigar, y no por el mal temperamento, como dio a entender el hagiense Juan Segundo cuando dijo de España[218],

an vero paucis cum sit faecunda poetis[219].

Pues Roma en su mayor fertilidad se vio casi vencida de la poesía española, y cuando las demás provincias, fuera de Italia, aún apenas conocían el nombre de esta profesión, una sola ciudad de España[220] brotó asombros del Apolo romano, sin haber quedado con tantos partos en nada menguada su fecundidad en tantos siglos; de suerte que nunca fue falta de temperamento o naturaleza, sino de la cultura o

---

[212] 'Los hallazgos poéticos que acarician los oídos del vulgo'.

[213] Zonaras, tomo III, [XVI].

[214] [Familiares, I, i, 7].

[215] 'Este género, renacido entre los sicilianos, como es sabido, no hace mucho tiempo, se difundió en breve por toda Italia y aun más lejos, siendo practicado en otro tiempo entre las más antiguas poblaciones griegas y latinas, pues sabemos que los poetas vulgares áticos y romanos solían componer poesía rítmica'.

[216] Genebrardo, Chronologiae, IV.

[217] Beuter, [Crónica general de España], en el Prólogo [fol. ★iii].

[218] [Ian Everaerts], Epigrama XIX.

[219] 'O bien realmente la elocuencia se encuentra en pocos poetas'.

[220] Córdoba, patria de los Sénecas y Lucano, y de don Luis de Góngora.

arte. Quien duda que a su juicio de Vuestra Merced, es éste mayor arrojamiento que decir *con estos nuevos poemas se restauraba la poesía en España*[221]; que lo sea o no, ello tiene más autoridad de lo que nadie pueda quitarle, pues entre otras el doctísimo fray Luis de León, en sus doctos comentarios a los *Cantares*[222], dijo, tratando de nuestros líricos, que han sido los celebrados hasta ahora en España: «Cum poesis nihil aliud sit quam pictura loquens, totumque eius studium in imitanda natura versetur, id quod nostri poetae qui amatoria scripserunt, parum certe attendentes, cum se putarent optime dicere, ab optimi poetae officio longissime recesserunt[223]». Bien cierto que no se diría esto por los famosos Garcilaso, Mendoza o Hernando de Herrera, mas tampoco se diría por este nuevo género de poesía, pues sólo se estraña por nuevo. Y es cierto que si tan valiente juicio alcanzara este tiempo, trocara sin duda la censura, admirando, y con mucha razón, en Vuestra Merced, la invención, propiedad esencial del poeta; la cultura admirable (y sean los siglos testigos) de nuestro cordobés; la feliz profundidad del Félix Palavicino; la gravedad de los dos aragoneses; la energía de Francisco López de Zárate; la rara erudición y caudal del famoso don Francisco de Quevedo, de quien yo me profeso no menos deudor que Vuestra Merced, ni menos aficionado que el que más, y de cuyos discursos cada y cuando que nuestra suerte los saque a luz (aunque es en esto tan detenido, como otros arrojados) podrá prometerse España lo que de todas las obras de su gran ingenio.

Pero de nadie temeré yo que pueda probarme haber dicho, como Vuestra Merced quiere, que la poesía no tiene fundamento en la retórica, pues nunca llegó a mi pensamiento, antes me parecía que el pedestal, plinto y basa de la poética son la gramática, lógica y retórica, y el objeto, todas las ciencias y profesiones del mundo, pues la compete hablar de todas, pidiéndolo el intento, como Manilio dijo[224]:

---

[221] [Cursiva en el original].

[222] Legionensis in *Cantica*, II [p. 131].

[223] 'No siendo la poesía otra cosa que pintura que habla, todo su aprendizaje consiste en la imitación de la naturaleza; cuestión que nuestros poetas de tema amoroso atendían ciertamente muy poco, creyéndose óptimos en el hablar cuando en realidad se alejaron muchísimo del óptimo oficio del poeta'.

[224] *Astronomicon*, III [II, 49].

Omne genus rerum doctae cecinere sorores[225].

Y para empleo tan estendido bien previno Horacio[226]:

Scribendi recte sapere est principium et fons[227].

De donde infiero que anduvo fácil de contentarse el obispo alba-
nense en la instrución de su poeta, cuando dijo[228]:

Nulla sit ingenio quam non libauerit artem[229].

Que yo, mirando la grandeza del empleo, subiera el «libauerit» a
«exauferit», por ver que cuanta teología mística en que fue admirable
Grecia, cuanta filosofía natural y moral, cuanta astrología, matemática,
cosmografía, política y económica, y, en fin, cuantas profesiones se leen
(aun por episodios) en Homero, Hesiodo, Virgilio, Horacio, Papinio y
todos los clásicos de aquellos siglos, están tratados no superficialmente, como da a entender la palabra «libauerit», sino con mucha profundidad, y tanta que fueron como oráculos de sus repúblicas. Y teniendo yo siempre en esta veneración y estima la profesión poética,
no sé como se pueda colegir del papel pasado que no fundo mi opinión en otra cosa que las figuras, tropos, enigmas, alegorías y horribles metáforas, puesto que allí dije, digo y diré siempre que cada profesión tiene su estilo propio, y entre todas a la poética le pertenece el
realzado. Bien sintió esto Jerónimo Vida en su docta *Poética*, por que
no demos círculos en los autores, ya que los demos en la materia obli-
gados de las objeciones; dice, pues, tratando de los realces del estilo
poético[230]:

Parcus ista tamen delibant et minus audent,
artifices alii; nec tanta licentia fandi

---

[225] 'Las hermanas cantaron toda clase de temas doctos'.
[226] Horatius, *Poetica*, [309].
[227] 'El saber es principio y fuente del escribir correctamente'.
[228] Vida, *Poetica*, I [384].
[229] 'No haya ninguna clase de conocimiento que su ingenio no haya probado'; y
más adelante: 'Se haya apropiado'.
[230] Vida, *Poetica*, III [106-108].

cuique datur, solis vulgo concessa poetis[231].

Y por que no se entienda que es sólo licencia, como la llama el
vulgo, sino necesidad importante, lo advirtió el crítico Escalígero[232] en
su *Idea* tratando formalmente de este propósito: «Igitur astrorum cursus aperte ponere aut inepti est aut astrologiam profitentis, ut Arati et
aliorum. At in eo opere, quod primarium argumentum aliud habet,
fabulis condire oportet[233]». Y aun Vitruvio en su *Architectura* conoció
esta diferencia, diciendo[234]: «non enim de architectura sic scribitur ut
historia aut poemata[235]». Y, para averiguar esta diferencia con los retóricos mismos, será Quintiliano buen testigo y aun buen juez, el cual,
después de haber dicho[236], «omnia liberiora poetis, quam oratori-
bus[237]», dijo[238], «meminerimus tamen non per omnia poetas esse ora-
toribus sequendos nec libertate verborum nec licenita figurarum[239]».
Sobre tanta autoridad todas las demás parece que sobran. Y aunque yo
siempre tuve y tendré esto por cierto, certifico a Vuestra Merced que
no volviera a enfadarle con lo que sin duda no entiendo, y más en su
opinión de Vuestra Merced, si no me forzara el sentimiento de que
me impute menos estimación de la que a su ingenio y trabajos deben todos los españoles, y yo como tal profeso, advirtiéndole que nunca fue mi intento batallar con nadie, sino sólo defenderme de seme-

---

[231] 'Otros creadores, sin embargo, catan con más parquedad estos adornos y se
atreven a menos, que no se da a cualquiera tanta licencia en la expresión, concedida
solamente a los poetas por el vulgo'.

[232] Iulius Caesar Scaligerus, *Poetica*, III, VI [en realidad, XXVI; p. 115B].

[233] 'Se trata, por lo tanto, de exponer abiertamente el curso de los astros bien
para el desconocedor de la astrología, bien para el experto, como sucede en Arato y
en otros. Pero en aquella obra que tenga otro asunto principal, conviene ocultarlo
con fábulas'.

[234] Vitruvius, V, [I], in proemio.

[235] 'No se escribe pues sobre la arquitectura de la misma manera que sobre la
historia o la poesía'.

[236] [*Institutio oratoria*, VIII, VI, 19].

[237] 'Todas estas cosas con una libertad mayor para los poetas que para los oradores'

[238] [X, I, 28].

[239] 'Recordemos, por otro lado, que los poetas no deben ser seguidos por los oradores en todas las cosas, ni en la libertad de las palabras ni en la licencia de las figuras'.

jantes cargos. Que si en la pasada dije que el estilo cómico podía y debía acomodarse con el vulgo, de quien recibe la paga, como Vuestra Merced cuerdamente dijo, no fue esto remitirle al vulgo, como me achaca, ni dejar de estimar sus versos en lo que todos los estiman, sino publicar cuán cuerdamente lo dijo Vuestra Merced en el *Arte nuevo de hacer comedias*, que imprimió al fin de sus *Rimas*, en estos versos[240]:

> Escribo por el arte que inventaron
> los que el vulgar aplauso pretendieron,
> porque como las paga el vulgo es justo
> hablarle en necio para darle gusto.

Si Vuestra Merced, señor Lope de Vega, halla desprecio en citar sus preceptos, bien pudiera yo citar el de Horacio[241]:

> Versibus ex poni tragicis res comica non vult[242].

Donde el Brocense dice[243]: «expende hoc carmen exametrum, quam longe sit a maiestate carminis, nihil habet poeseos praeter pedes, comicis denique verbis et popularibus et minutis est compositum[244]», dando a entender en esto y en lo siguiente que aun el verso de propósito era llano y humilde por contener precepto cómico. Y Aristóteles dijo[245]: «Comoedia est ut diximus peiorum imitatio[246]», repitiendo esto mismo en mil partes de su *Poética*, sin lo mucho que de esto se perdió, pues diciendo en el fin de sus *Retóricos*[247]: «explanatum in his quae de re poetica dicta sunt, quot ridiculorum genera sunt[248]», nada de esto parece, y quieren algunos que sean cinco libros, que sólo

---

[240] [46-49].

[241] Horatius [*Poetica*, 89].

[242] 'Un tema cómico no quiere ser tratado en versos trágicos'.

[243] Brocensis, *Poetica*.

[244] 'Sospesa este poema en hexámetros, qué lejos se encuentra de la majestad del poema; nada tiene el poeta más allá de los pies métricos; y, finalmente, está compuesto con palabras cómicas, vulgares e insignificantes'.

[245] Aristoteles, *Poetica* [V, 1449a 31; p. 46].

[246] 'La comedia es, como dijimos, imitación de los humildes'.

[247] *Rhetorica*, III, xviii [1519b]. Ioannes Philoponus, *Vita Aristotelis* [p. 38].

[248] 'Explicado en estos que son llamados de tema poético, qué géneros de ridículo hay'.

en desgracia de esta profesión pudo perderse tanto de autor tan justamente estimado en todos tiempos y repúblicas. Y el Tolosano, que
con el poco afecto que tuvo a esta profesión sólo se acordó de la có-
mica y trágica, dijo[249]: «Illa verbis communibus; haec sublimibus utatur[250]»; y otros muchos y tantos que pudieran llenar pliegos; y porque
yo los pospuse todos a su autoridad de Vuestra Merced, me achaca que
trato de sus cosas con pasión y desprecio, pues aunque no ando en
carteles ni teatros, no me tenga por tan falto de conocimiento que no
distinga lo negro de lo blanco, ni por tan arrojado que por sola mi
opinión condenara la facilidad de Ovidio, como me imputa, de donde infiero que no debe de haber leído a Quintiliano[251] en aquel pre-
dicamento de los escritores, donde dice: «Lasciuus quidem in heroicis
quoque Ouidius, et nimium amator ingenii sui, laudandus tamen par-
tius[252]», o como lee Pedro Galandio, «in partibus»; y más adelante, entre los trágicos, tratando de la *Medea* que por desgracia nuestra no parece (si acaso no es de Virgilio, como insinúa Tertuliano[253]), dijo:
«Ouidii *Medea* videtur mihi ostendere quantum vir ille prastare po-
tuerit, si ingenio suo temperare, quam indulgere malluisset[254]», que en
ambas censuras están bien severamente reprehendidas la facilidad y la
filaucia (y no se me achaque el vocablo de novedad griega, que yo le
he leído españolizado y aun tautológico en un mismo verso en tercetos de poeta confiado). Este juicio, pues, de Quintiliano, condenan-
do la facilidad y llaneza de Ovidio, ha confirmado gente de buen voto
en esta materia, porque dejando a Francisco Florido por haberle citado en la pasada, Jacobo Grifolo[255] dice sobre aquel verso de Horacio:
«"Vir bonus et prudens versus reprehendet inertes". Id est sine arte et
enervatos, cuiusmodi sunt illi, qui nimia facilitate et negligentia fiunt.

---

[249] Tolosano [Pierre Gregoire], *Syntaxis*, XIX, VI.

[250] 'Aquélla se sirve de palabras comunes, ésta de elevadas'.

[251] Quintilianus, *Institutio oratoria*, X, I [88].

[252] 'Ciertamente, Ovidio también fue lascivo en sus versos épicos, y demasiado
aficionado a su propio ingenio, si bien partes de su obra deben elogiarse'.

[253] Contra haereses [*De praescriptionibus adversus haereticos*, XXXIX; PL, 2, vol. 53];
Lope de Vega en la Epístola 4 de la *Filomela*, dice: *Tal es del propio amor filautia.*

[254] 'La *Medea* de Ovidio me parece que demuestra cuánto se habría distinguido
aquel hombre si hubiese preferido ser moderado que ser complaciente con su ingenio'.

[255] Grifolus in *Poeticam* Horatii [p. 127].

Quod propium est vitium illorum, qui suo nimium indulgent ingenio. Quod in Ouidio reprehendit Quintilianus[256]». Y Dionisio Lambino, sobre aquello de Lucrecio[257],

Stillicidi casus lapidem cauat[258];

«Cherillus et Ouidius, quem quidam viri docti alterum Cherillum
esse volunt[259]». Sobre esto, enfado parece multiplicar autores, y más a
quien los habrá visto como Vuestra Merced. Sólo temo no se ofenda
Julio César Escalígero[260], de que tratándose «de poetarum crisi[261]», no
se oiga su voto. Dice, pues, en su *Parasceue*, o preparación del estilo
poético, y del peligro que hay en la facilidad[262]: «Quid uberius *arte
amandi* ouidiana? Nihil humilius[263]». Y en el *Hipercrítico* dice, después
de muchas correcciones al mismo Ovidio[264]: «Multa aliter possem quae
nolo, ac ne haec quidem a me essent posita, nisi necesse fuisset ostendere quantum vir ille sibi pepercerit, cum meliora multo posset[265]».
Hasta decir del *Arte amandi*: «longe vero magis laesit animum ars illa
amatoria. Nihil enim magis quam nugae[266]», y del poema, o poemas,
de las *Transformaciones*: «Igitur cum multa liceret nobis aut reprehen-
dere, aut tollere, aut addere, aut castigare, aut immutare, paucis erimus

---

[256] 'El hombre cabal y prudente reprende los versos sin arte. Esto es, sin arte y
sin nervio; son de este modo aquellos que se hacen con demasiada facilidad y descuido. Que es un defecto característico de aquellos que son demasiado benevolentes
con su ingenio. Lo que Quintiliano reprende a Ovidio'.

[257] Lambino in Lucretium, [*De rerum natura*], I, [313; pp. 33-34].

[258] 'La gota que cae horada la piedra'.

[259] 'Cherilo y Ovidio, que algunos hombres doctos quieren que sea otro Cherilo'.

[260] Scaligerus, *Poetica*, IV, I [p. 175C].

[261] 'Sobre el juicio de los poetas'.

[262] [VI, VII; p. 330C].

[263] '¿Qué más abundante que el Arte de amar ovidiano? Nada más humilde'.

[264] [VI, VII; p. 331B].

[265] 'Podría en otras circunstancias poner muchos otros pasajes que rechazo: y ni
siquiera éstos ciertamente los habría puesto si no hubiese sido necesario demostrar
en qué medida ese hombre se disculpaba a sí mismo, pudiendo haber citado otros
mucho mejores'.

[266] 'Sin duda aquel arte de amar perjudicó mucho más el alma. No eran otra que
cosa que tonterías'.

contenti, ne penitus eum contempsisse videamur[267]». Éstos son, cuando no todos, algunos de los autores que (como en la pasada dije) achacan a Ovidio de vulgar, que yo no le tengo en poco, sino que estimo sus *Fastos, Elegías* y *Transformaciones*[268], no en listas de ciegos, como Vuestra Merced quiere, sino en todo aquello que las estimó su mismo autor, cuando se prometió[269],

ore legar populi[270],

inquietando juventudes y profanando recogimientos. Bien diferente intento fue el del pintor Jerónimo Bosco. Ojalá, señor Lope de Vega, que muchas de las poesías celebradas de España tuvieran el fondo que aquellas pinturas; de quien dice un historiador de los eruditos de nuestra edad y nación, que «comúnmente llaman los disparates de Jerónimo Bosco gente que repara poco en lo que mira[271]». Ya Vuestra Merced habrá conocido el autor, en el juicio y las palabras, y sé que me concederá que es de los eruditos de España; y yo concederé que por ver a un varón tan docto y grave interponer tantas colunas en su alabanza y declaración, con tanta muestra de doctrina, me hará estimar cualquiera cosa semejante más que las profanidades de Ovidio y las vulgaridades de algunos que en esta edad tienen más de versistas que de poetas. Y como poesía y pintura son en mucho semejantes, lo son principalmente en que se profanan siendo vulgares, que aun el nebrisense, que Vuestra Merced alega en esta ocasión por su parte, lo siente así, diciendo en los *Comentarios* a Persio[272]: «Nugas agit, qui ex iudicio multitudinis imperita carmina sua velit aestimari[273]»; pues, como dijo Platón[274] (bien conforme a todo mi propósito): «Poetae per

---

[267] 'Y siéndonos lícito, pues, o bien reprobar, o bien suprimir o añadir, o bien corregir o modificar, nos contentamos con poco, para que no parezca que lo hemos despreciado por entero'.

[268] [VI, VII; p. 332A].

[269] Ovidius, *Metamorphosis*, [XV, 878], in exitu.

[270] 'Seré leído por boca del pueblo'.

[271] Sigüenza en la *Historia de san Jerónimo*, III, IV, cap. 17.

[272] Nebrisensis, *in Persium, Satyra* I [f. A5v].

[273] 'Pierde el tiempo quien quiere que sus poemas sean valorados por el juicio de la multitud inculta'.

[274] Plato, *Alcibiades*, 2 [147b; p. 356].

aenigmata loquuntur, et est universa poetica ex natura aenigmatis obscurata, nec cuiusvis viri est cognoscere[275]». Y así no es mucho que yo (siendo menos lucido y preciado de lo que aun Vuestra Merced quisiere) no entendiese algunas cosas de esos poemas hasta que me las declarasen; que no todos nacemos (ni aun morimos) enseñados. Mas después de habérmelas declarado, pude hablar en defensa de lo que me parece bueno, y siento que lo ha de parecer a muchos más doctos que yo, y otros que confían demasiado en el aplauso vulgar, sin que de esto se infiera que defiendo lo que no entiendo, como puede inferirse con evidencia de algunos que escribiendo mucho, estudian poco y saben menos; si no es que también este papel vaya tan lejos del propósito como el pasado, como si dos contraditorias pudiesen convenir en el propósito que difieren, o si culpando san Agustín la escuridad en los doctores y predicadores cristianos, se hubiese de estender a los poetas, profesión tan diversa en todo, que tratando de los primeros en el libro que Vuestra Merced tuerce a los poetas, les hace cargo[276] «cur pietatis doctorem pigeat imperitis loquentem, ossum potius quam os dicere, ne ista syllaba, non ab eo quod sunt ossa, sed ab eo quod sunt ora intelligatur[277]». Y escribiendo formalmente de los poetas en diferente lugar, dice[278]: «Putantur aenigmatistae sic tunc appellati, quos poetas nunc appellamus, eo quod poetarum sit consuetudo atque licentia miscere carminibus suis aenigmata fabularum, quibus aliquid significare intelligantur. Non enim aliter essent aenigmata, nisi illic esset *tropica locutio*, qua discussa perueniretur ad intellectum eorum, quae in aenigmate latitarant[279]». Y note Vuestra Merced, como advierte en la suya al excelentísimo señor, aquel «*tropica locutio*».

---

[275] 'Los poetas hablan por enigmas, y la poesía está oscurecida completamente por los enigmas de la naturaleza; y no puede comprenderla cualquiera'.

[276] *De doctrina christiana*, IV, [X, 24].

[277] 'Por qué ha de disgustar a un maestro de piedad que hablando a ignorantes diga *ossum* (hueso), en lugar de *os* (hueso), para que no se distinga esta sílaba (*os*) de aquello que son huesos (*ossa*), sino de aquello que son bocas (*ora*)'.

[278] Lib. 4 *super Numeros* [*Quaestiones in Heptateuchum*, IV: *Quaestiones in numeros*, q. XLV; *PL*, 34, col. 739].

[279] 'Se creía entonces así que eran llamados enigmatistas los que nosotros llamamos poetas, por aquello de que es costumbre y licencia de los poetas mezclar en sus poemas enigmas de fábulas, con las cuales pretenden expresar algo. No serían en efecto otra cosa que enigmas, si allí no estuviese la locución figurada, disuelta la cual se llega a la comprensión de aquellas cosas que se ocultan en el enigma'.

Y diré yo aquí lo que Vuestra Merced en su primer discurso, «que ninguno habrá tan atrevido que contradiga la autoridad de san Agustín».Y otros juzguen cuál le cita mas a propósito, coligiendo nosotros de paso que en los tropos y figuras consisten los enigmas.Y éstos no sé yo que los griegos los llamen *scirpos*, como Vuestra Merced dice en su primer discurso, ni que haya tal voz en autor griego; y si en alguno se me diere, «manus tollam[280]», como dice Jerónimo, pues para saber de una dicción o interpretar una palabra no es menester haber pasado a Grecia, donde hoy se ignora tanto aquella lengua doctrinal como entre algunos poetas españoles hablar de veras. Lo cierto es que las voces se trocaron, y que los griegos los llaman *aenigmata*, y los latinos, no *scirpos*, sino *scrupos*, como restituyeron en Aulo Gelio[281], Pedro Crinito[282], con estas palabras: «In magno errore versati sunt nostri fere omnes Grammatici, qui scirpum dixerunt pro aenigmate[283]», y Celio Rodiginio[284] con éstas: «et plane scrupulus (etiam si Barbari *scirpum* dicere nonnulli aenigma permitunt sibi, mendosis Gelii codicibus in tendiculam impacti[285]»; y entre los herbarios, Remberto Dodoneo[286] tratando del junco y sus especies, dice del acuatil: «latine gladiolum palustrem, sive aquatilem plerique etiam scirpum[287]».Y si es junco, mal podía ser enigma cosa tan sin nudo, como dice el proverbio, aunque Conrado Gesnero[288], autor griego y latino, quiso introducir la antifrasis (salida común de etimológicos) diciendo: «Aenigmata latini antiqui *scirpos* appelauerunt per antiphrasim fortasse[289]». Mas dejemos esto, que dirá Vuestra Merced que *es dar círculos en lo que está dicho, y con diferente sentido armar sobre el mismo fundamento vanas contrariedades*[290]; serán vanas para Vuestra Merced por ser mías, mas los fun-

---

[280] 'Levantaré las manos'.

[281] Aulus Gellius, *Noctes Atticae*, XII, 6.

[282] Crinitus, *De honesta disciplina*, IX, XIII [p. 156].

[283] 'Se hallan en un gran error casi todos los gramáticos que llaman *scirpo* al enigma'.

[284] Caelius Rodiginius, [*Lectiones antiquae*], XII, XLIII.

[285] 'Y una minucia (incluso si algunos bárbaros se permiten llamar *scirpum* al enigma, equivocados por defectuosos códices de Gelio)'.

[286] Remberto Dodoneo, *Temptade*, 4,V, XXV.

[287] 'En latín lirio de pantano, o bien junco de agua en su mayor parte'.

[288] Nodum in scirpo quaerere. Gesner, *Lexico Graecolatino*.

[289] 'Los antiguos latinos llamaron enigmas a los *scirpos* quizá por antífrase'.

[290] [Cursiva en el original].

damentos bien sé que no lo son, ni aun yo lo soy tanto que intentara darme a conocer en sólo contradecir cosa tan fácil, ni con solicitar dama musa, dando celos a un poeta, como Ravido a Catulo, cuyo lugar me hace lástima cuando le veo aun más errado en el propósito que en la impresión.

Yo, señor Lope de Vega, nunca me quejé de que los señores poetas se contradigan unos a otros, pues, en efeto, los juicios de los hombres son tan diversos como consideraba la vieja de Sambuco[291], viendo rodar las calaveras o calabazas cada una por su parte; y, en fin, las ciencias son hijas de la emulación científica. Mas dije que me admiraba y digo que me admira, que no contentos con mordificarse unos a otros tan pesadamente, satiricen contra su misma profesión, ya en el teatro con el juguete truhanesco, ya en el librico entretenido con el cuento satírico, ya en el aplauso de gente lucida con el gracejo impertinente, que parece emplear de propósito su caudal en desacreditar su profesión. Y viendo el vulgo que sus mismos profesores la desestiman tanto, no es mucho se atreva a profanarla con la desestimación que hace aun de su nombre. Con cuanta más razón dijera hoy Quintiliano[292]: «Alios recens haec lasciuia deliciaeque et omnia ad voluptatem multitudinis imperitae composita delectant[293]». Pues en muchos que, a su parecer, son poetas, no se distingue la poética de la truhanería. La monarquía griega vio batallar sus ciudades sobre el título de patria de Homero, y con ser ella la madre de las ciencias, oyó decir a su mejor maestro: «Poetae nobis velut patres ac duces sapientia existunt[294]». La romana[295] los vio asistir casi en primer lugar a los consejos de sus monarcas, y oyó al mayor del mundo quejarse de Horacio porque no le dedicaba sus versos[296]: «Iratum me tibi scito, quod non in plerisque eiusmodi scriptis mecum potisimum loquaris. An vereris

---

[291] Ioannes Sambucus, *Emblemata*, 49 [p. 63].

[292] Quintilianus, [*Institutio oratoria*], X, I [143]; Plato, *Lysius*, ad medium [214a; p. 405, index: «Poetae patres et duces sapientiae»].

[293] 'A otros deleitan esta nueva frivolidad, esta delicadeza y todos los poemas escritos sin preparación para disfrute de la multitud'.

[294] 'Los poetas devienen para nosotros como padres y guías para la sabiduría'.

[295] Augusto.

[296] Terentius [en realidad, Suetonius], *Vita Horatii*.

ne apud posteros infame tibi sit, quod videaris nobis familiaris esse[297]?».

La diferencia de este tiempo, en los efectos todos la vemos; en la causa yo no la alcanzo, o no la entiendo; mas entiendo y alcanzo que no fueron aquellos siglos menos doctos ni menos conocedores de lo bueno que son éstos, ni la profesión en su esencia es diferente ahora que entonces. De mí le certifico a Vuestra Merced que la venero tanto, que por hallarme tan sin partes para ejercitarla, aunque no dificultara el hacer versos, me contentaría con tener caudal para escribir un pedazo de historia de mi patria, por ocupación honesta y por ser profesión que pide claridad, aunque me ha juzgado amigo de escuridades. Y así, porque Vuestra Merced, en el comento que imprimió al soneto de amor[298], cita el tratado *De laudibus amoris* del divino Hieroteo, y esta ciudad tiene a este glorioso padre por su primer obispo, conforme al *Crónico* de nuestro español Flavio Dextro[299], perdido tantos siglos con tanta pérdida nuestra como llora Baronio[300], y harto más España, le suplico me haga merced de comunicarme lo que hubiere visto de la vida y escritos de este gran padre. Guarde Nuestro Señor a Vuestra Merced como deseo, que bien se me puede fiar, pues soy español y no poeta. De Segovia en 23 de abril de 1624 años.

Licenciado Diego de Colmenares

---

[297] 'Sepas que estoy enojado contigo porque no hablas conmigo en tus muchísimos escritos de ese estilo. ¿Es que tienes miedo de que la posteridad te desacredite por aparecer como amigo mío?'.

[298] En el fin de la *Circe* [fol. 236r].

[299] Dextro, [*Chronicon omnimodae historiae*], Anno Christi 71 [p. 163].

[300] Baronio, [*Annales eclesiastici*], to. 4, anno 492, num. 36.

BIBLIOGRAFÍA

BIBLIOGRAFÍA

En la bibliografía primaria se recogen únicamente los textos españoles contemporáneos a la polémica, las ediciones de obras citadas en el estudio preliminar, los impresos de los siglos XVI y XVII utilizados para identificar citas del texto y las ediciones modernas de poetas latinos que han sido utilizadas para las traducciones. No se han reseñado el resto de ediciones de textos clásicos (Cicerón, Aulo Gelio, Plutarco, Quintiliano, Séneca, etc.), para las cuales se ha recurrido a las ediciones modernas de referencia (Oxford, Les Belles-Lettres, Editorial Católica, Gredos, etc.). En las fuentes primarias, cuando existen varias ediciones de un texto, se precisa la edición por la que se cita con el signo [+].

FUENTES PRIMARIAS

AFTONIO, *Progymnasmata, partim a Rudolpho Agricola, partim a Ioanne Maria Cataneo latinitate donata*, Rouen, J. le Boullenger, 1643.

ALMANSA Y MENDOZA, A., *Advertencias para inteligencia de las «Soledades» de don Luis de Góngora* (1613), E. Orozco (ed.), en *En torno a las «Soledades»*, Granada, Universidad de Granada, 1969, pp. 197-204.

ANÓNIMO, *Respuesta de don Luis de Góngora*, (30 de septiembre de 1613), A. Carreira (ed.), en *Hommage à Robert Jammes*, Francis Cerdan (ed.), Toulouse, Presses Universitaires du Mirail, 1994, vol. I, pp. 151-71; reed. en *Gongoremas*, Barcelona, Península, 1998, pp. 239-66.[+]

— *Respuesta a las cartas de don Luis de Góngora y de Antonio de las Infantas* (16 de enero de 1614), N. Marín (ed.), en Lope de Vega, *Cartas*, Madrid, Castalia, 1985, pp. 153-66.

— *República literaria* (primera redacción, c. 1620), V. García de Diego (ed.), en Diego Saavedra Fajardo, *República literaria*, Madrid, Espasa-Calpe, 1942 (ed. en nota al pie).

— *Opúsculo inédito contra el «Antídoto» de Jáuregui y en favor de don Luis de Góngora, por un curioso* (c. 1624), M. Artigas (ed.), en *Don Luis de Góngora y Argote. Biografía y estudio crítico*, Madrid, Tipografía de la «Revista de Archivos», 1925, pp. 395-99.

ARIAS MONTANO, B., *Rhetoricorum libri quattuor* (1569), M.ª V. Pérez Custodio (ed.), Badajoz, Diputación Provincial de Badajoz/Servicio de Publicaciones de la Universidad de Cádiz, 1984.

ARISTÓTELES, *Ars poetica*, A. Riccobono (trad.), V. García Yebra (ed.), Madrid, Gredos, 1974; 3ª reimpr., 1999.

— *Ars rhetorica*, A. Riccobono (trad.), Frankfurt, apud Andreae Wecheli et alii, 1588 (Biblioteca Universitaria de Barcelona, B-6/5/18).

BADIUS ASCENSIUS, I., *In Terentium Praenotamenta*, Paris, Badius Ascensius, 1504.

BALVÁS BARONA, A., *El poeta castellano*, Valladolid, Juan de Jaén, 1627 (Biblioteca Nacional de Madrid [BNM], R. 2844).

BEUTER, P. A., *Crónica general de toda España (primera y segunda parte)*, Valencia, Joan de Mey, 1546 (BUB, CM-3195-1).

CARRILLO Y SOTOMAYOR, L., *Libro de la erudición poética* (1611), R. Navarro (ed.), Madrid, Castalia, 1990, pp. 321-81.

CARVALLO, L. A. de, *Cisne de Apolo* (1602), A. Porqueras Mayo (ed.), Kassel, Reichenberger, 1997.

CASCALES, F., *Cartas filológicas* (1634), J. García Soriano (ed.), Madrid, Espasa-Calpe, 1961, 3 vols.

CASTRO, F., *De arte rhetorica dialogi quatuor*, Córdoba, Francisco de Cea, 1611 (BNE, 2/55498).

CERVANTES, M. de, *Don Quijote de la Mancha*, Edición del Instituto Cervantes 1605-2005, F. Rico (dir.), Barcelona, Galaxia Gutenberg/Círculo de Lectores/Centro para la Edición de los Clásicos Españoles, 2004, 2 vols.

— *Viaje del Parnaso*, E. L. Rivers (ed.), Madrid, Espasa-Calpe, 1991.

COLMENARES, D. de, *Vida de fray Domingo de Soto*, s. l., s. e., s. a. (BNE, signatura: VE/43/61).

— *Genealogía de los González*, s. l., s. e., s. a. (BNE, 2/16312).

— *Genealogía historiada de los Contreras*, s. l., s. e., s. a. (BNE, R. 12684).

— *Historia de la insigne ciudad de Segovia y compendio de las historias de Castilla*, Segovia, Diego Díez, 1637 (BNE, R. 5994).

— *Carta a don Francisco de Urrea* (15 de mayo de 1638), en *Colección de cartas de eruditos del siglo XVII*, BNE, ms. 8389, fol. 534r-v.

COLUMBARIO, J. (pseudónimo), *Expostulatio Spongiae a Petro Turriano Ramila*, Troyes, Pedro Chevillot, 1618 (BNE, R. 5726).

CRINITUS, P., *De honesta disciplina. De poetis latinis*, Lyon, Sebastianum Gry-phium, 1554 (BUB, XVI-2912).

DANIELLO, B., *Della poetica* (1536), B. Weinberg (ed.), en *Trattati di poetica e di retorica del Cinquecento*, Bari, Laterza, 1970, vol. I, pp. 227-318.

DESPAUTERIUS, J., *De figuris*, Lyon, Laurentium Hylaire, 1525 (BUB, CM-357-3).

DEXTRO, F., *Chronicon omnimodae historiae*, Lyon, Claudii Landry, 1627 (BUB, C-214/1/17).

DÍAZ DE RIVAS, P., *Discursos apologéticos por el estilo del «Polifemo» y «Soledades», obras poéticas del Homero de España D. Luis de Góngora y Argote* (c. 1616-1617), E. J. Gates (ed.), en *Documentos gongorinos: Los «Discursos apologéticos» de Pedro Díaz de Rivas. El «Antídoto» de Juan de Jáuregui*, Méjico, El Colegio de Méjico, 1960, pp. 31-67.

DÍAZ RENGIFO, J., *Arte poética española*, Salamanca, Miguel Serrano de Vargas, 1592 (BUB, CM-279).

DONATO, E., *Enarratio in Terentium*, en *Terentius cum quinque comentis, videlicet Donati, Guidonis, Calphurnii, Ascensii et Servii*, Venecia, s. e., 1518, fols. 5v-7v.

— *De comoedia*, en *Aelii Donati Comentum Terenti*, P. Wessner (ed.), Stuttgart, Teubner, 1966, vol. I, pp. 22-31.

ELISIO DE MEDINILLA, B., *El Vega de la poética española* (c. 1618-1620), L. Giu-liani y V. Pineda (eds.), en «Baltasar Elisio de Medinilla, *El Vega de la poética española*», *Anuario Lope de Vega*, 3, 1997, pp. 247-72.

ESCALÍGERO, J. C., *Poetices libri septem*, Lyon, apud Antonium Vicentium, 1561.

ESPINOSA MEDRANO, J. de, *Apologético en favor de D. Luis de Góngora, príncipe de los poetas líricos de España, contra Manuel Faria y Sousa*, Juan de Quevedo y Zárate, Lima, 1694 [en realidad, 1664, 2ª ed.; 1ª ed., 1662] (BNE, R. 1602).

FERNÁNDEZ DE CÓRDOBA, F., *Parecer de don Francisco Fernández de Córdoba acerca de las «Soledades» a instancia de su autor* (1614), E. Orozco (ed.), en *En torno a las «Soledades»*, Granada, Universidad de Granada, 1969, pp. 130-45.

— *Examen del «Antídoto» o Apología por las «Soledades» de don Luis de Góngora contra el autor del «Antídoto»* (c. 1617), M. Artigas (ed.), en *Don Luis de Góngora y Argote. Biografía y estudio crítico*, Madrid, Tipografía de la «Revista de Archivos», 1925, pp. 400-67.

FLORIDUS, F., *Lectiones succisiuae*, Basilea, s. e., 1540 (BUB, XVI-2849).

FRANCIA Y ACOSTA, F., *Jardín de Apolo*, Madrid, Juan González, 1624 [facsímil: A. Pérez Gómez (ed.), Cieza, «...la fonte que mana y corre...», 1969].

GÓNGORA, L. de, *Canciones y otros poemas en arte mayor*, J. M. Micó (ed.), Madrid, Espasa-Calpe, 1990.

— *Soledades*, R. Jammes (ed.), Madrid, Castalia, 1994.

Gracián, B., *Agudeza y arte de ingenio* (1648), E. Correa Calderón (ed.), Madrid, Castalia, 1969, 2 vols.

Gracián Dantisco, L., *Galateo español* (1596), M. Morreale (ed.), Madrid, CSIC, 1968.

Grammatici Latini, H. Keil y H. Hagen (eds.), Leipzig, Teubner, 1857-1880, 8 vols (ed. facsímil: Hildesheim/New York, Georg Olms, 1981).

Grifoli, J., Q. *Horatii Flacci liber de Arte poetica Iacobi Grifoli lucinianensis interpretatione explicatus*, Florencia, 1550 (facsímil: Munich, Wilhelm Fink, 1967).

Herrera, F. de, *Algunas obras* (1582), C. Cuevas (ed.), en *Poesía castellana original completa*, Madrid, Cátedra, 1985; 2ª ed., 1997, pp. 347-469.+

— *Versos* (1619), C. Cuevas, (ed.), en *Poesía castellana original completa*, Madrid, Cátedra, 1985; 2ª ed., 1997, pp. 471-818.+

Herrera, P. de, *Descripción de la Capilla de Nuestra Señora del Sagrario que erigió en la Santa Iglesia de Toledo el Ilustrísimo Señor Cardenal D. Bernardo de Sandoval y Rojas [...] y Relación de la antigüedad de la Santa Imagen con las fiestas de su traslación*, Madrid, Luis Sánchez, 1617 (BNE, 2/42682).

Horacio, *Sátiras. Epístolas. Arte poética*, H. Silvestre (ed. y trad.), Madrid, Cátedra, 1996.

Isidoro, san, *Etimologías*, ed. bilingüe, M. C. Díaz y Díaz (introd.), J. Oroz Reta y M.-A. Marcos Casquero (eds. y trads.), Madrid, Biblioteca de Autores Cristianos, 1993, 2 vols.

Jáuregui, J. de, *Antídoto contra la pestilente poesía de las «Soledades», aplicada a su autor, para defenderle de sí mismo* (c. 1614-1615), J. M. Rico García (ed.), Sevilla, Universidad de Sevilla, 2002, pp. 1-82.

— *Discurso poético. Advierte el desorden y engaño de algunos escritos* (1624), M. Romanos (ed.), Madrid, Editora Nacional, 1978, pp. 55-142.

Jiménez Patón, B., *Elocuencia española en arte* (1604), G. C. Marras (ed.), Madrid, El Crotalón, 1987, pp. 41-177.

— *Mercurius Trimegistus sive de triplici eloquentia Sacra, Española, Romana*, Baeza, P. Cuesta Gallo, 1621 (BNE, R. 20604).

Lambino, D. (ed.), *Titi Lucretii Cari de rerum natura libri sex*, Paris, Gulielmo Rouilio et Philippo G. Rouilio Nep., 1563 (BNE, R. 26989).

López Pinciano, A., *Filosofía antigua poética* (1596), J. Rico Verdú (ed.), en *Alonso López Pinciano, Obras completas*, Madrid, Fundación José Antonio de Castro, vol. I, 1998.

Luciano de Samosata, *Quomodo historia scribenda sit*, en *Opera*, Lyon, Ioannem Frellonium, 1549, cols. 275-295 (BUB, B-27/3/19).

Luis de León, fray, *Divinorum librum primi apud Salmanticenses interpretis explanationum in eosdem tomus primus*, Salamanca, Guillelmum Foquel, 1589.

Mártir Rizo, J. P., *Poética de Aristóteles traducida de latín, ilustrada y comentada*, 1623 (BNE, ms. 602).

Mirabellius, D. N., *Polyanthea*, Colonia, Maternum Cholinum, 1585 (BUB, CM-2022).

Monforte y Herrera, F., *Relación de las fiestas que [ha] hecho el Colegio Imperial de la Compañía de Jesús de Madrid en la canonización de san Ignacio de Loyola y san Francisco Javier*, Madrid, Luis Sánchez, 1622 (BNE, R. 17120).

Nebrija, E. A. de, *Auli Persii Flacii Satirae cum interpretatione*, impressa Lucronii Cantabricae, 1529 (BNE, R. 2383).

Pellicer de Salas y Tovar, J., *Lecciones solemnes a las obras de don Luis de Góngora y Argote*, Madrid, Imprenta del Reino, 1630 (facsímil: Hildesheim/New York, Georg Olms, 1971).

— *Vida mayor de don Luis de Góngora*, R. Foulché-Delbosc (ed.), en «La vie de Gongora, par Pellicer», *Revue Hispanique*, 34, 1915, pp. 577-88.

— *De los preceptos del poema heroico*, en *Idea de la comedia de Castilla. Preceptos del teatro de España y arte del estilo moderno cómico*, 1635 (BNE, ms. 2255, fols. 65r-68r).

Pérez de Montalbán, J., *Sucesos y prodigios de amor* (1624), L. Giuliani (ed.), Barcelona, Montesinos, 1992.

Philoponus, I., *Vita Aristotelis graece et latine. Accesit eiusdem Vita Aristotelis ex vetere translatione cum Pet. Joannis Nunnesii locupletissimis et doctissimis Scholiis, quibus accurate de Aristotelis vita, moribus, philosophandi ratione, scriptis, auditoribus, successoribusque disputatur*, Halmstad, typis et sumptibus Jacobi Mulleri, 1566 (BNE, 3/72171).

Pico della Mirandola, G., «Ioannes Picus Mirandula Hermolao Barbaro Suo S. D.» (1485), F. Bausi (ed.), en E. Barbaro y G. Pico della Mirandola, *Filosofia o eloquenza?*, Napoli, Liguori, 1998, pp. 35-65.

Pinciano, el (véase A. López Pinciano).

Platón, *Opera*, M. Ficino (trad.), Paris, Ascensianis, 1522 (BUB, CM-2852).

— *Opera quae ad nos extant omnia*, I. Cornarius (trad.), Basilea, Frobeniana, 1561 (BUB, XVI-1932).

Poliziano, A., *Epistulae: Illustrium virorum epistolae ab Angelo Poliziano partim scriptae, partim collectae*, Paris, Iodocus Badius, 1526 (BNE, R. 22645).

Prisciano, *De praexercitamentis rhetoricae ex Hermogene translatis*, en *Opera*, Venecia, Bonetum Locatellum, 1496, fols. 271r-72v.

Quevedo, F. de, «Al duque de Osuna» (21 de noviembre de 1615), en *Obras Completas, II: obras en verso*, F. Buendía (ed.), Madrid, Aguilar, 1966, pp. 823-25.

— «Al Excelentísimo señor Conde-Duque», en fray Luis de León, *Obras propias y traducciones latinas, griegas y italianas* (1631), A. Azaustre Galiana (ed.), en Francisco de Quevedo, *Obras completas en prosa*, vol. I, A. Rey (dir.), Madrid, Castalia, 2003, vol. 2, pp. 127-61.

Riccobono, A., «Quomodo ars poetica sit pars logicae», en Aristóteles, *Ars rhetorica. Ars Poetica*, A. Riccobono (ed. y trad.), Venecia, Paulo Meietto, 1579, pp. 375-83 (BUB, B-27/8/33).

Robortello, F., *Explicationes: In librum Aristotelis de arte poetica explicationes*, Firenze, Laurentii Torrentini, 1548 (facsímil: Munich, Wilhelm Fink, 1968).

— *Explicatio eorum omnium quae ad comoediae artificium pertinent* (1548), M. J. Vega Ramos (ed. y trad.), en *Francesco Robortello: La formación de la teoría de la comedia*, Cáceres, Universidad de Extremadura, 1997, pp. 91-119.

Rute, Abad de (véase Fernández de Córdoba, F.).

Saavedra Fajardo, D. de, *República literaria*, J. García López (ed.), Barcelona, Crítica, en prensa.

Sánchez de las Brozas, F. (ed.), *Las obras del famoso poeta Juan de Mena, nuevamente corregidas y declaradas*, Salamanca, Lucas de Junta, 1582 (BNE, R. 7631).

Sambucus, I. (Antonius Bonfinius), *Emblemata et aliquot nummi antiqui operis*, apud Christophorum Raphelengium, Academiae Lugduno, 1564, 4ª ed. (BNE, R. 15688).

Sannazaro, J., *El parto de la Virgen*, G. Hernández de Velasco (trad.), Zaragoza, Lorenzo y Diego de Robles, 1583.

Savonarola, G., *Apologeticus de ratione poeticae artis*, en *De divisione atque usu omnium scientiarum*, prólogo a los *Divi Thomae Aquinatis commentarii in quatuor libros de coelo Aristotelis cum duplici textus interpretatione...*, Paris, Iacobum Kerver, 1536, s. p.; sign. fols A3-B4 (BUB, CM-2062-1);[+] G. Garfagnini y E. Garin (eds.), en *Opere di Girolamo Savonarola: Scritti filosofici*, I, Roma, Angelo Belardetti, 1988, pp. 211-72.

Sébillet, T., *Art poétique français* (1548), F. Goyet (ed.), en *Traités de poétique et de rhétorique de la Renaissance*, Paris, Librairie Générale Française, 1990, pp. 37-174.

Soto de Rojas, P., *Discurso sobre la poética, escrito en el abrirse la Academia Selvaje, por el Ardiente* (1612), en *Desengaño de amor en rimas*, Madrid, Viuda de Alonso Martín, 1623, fols. 3r-11v (facsímil: Aurora Egido [ed.], Madrid, Real Academia Española, 1991).

Suárez, C., *Ars Rhetorica*, Madrid, Blasii a Robles, 1583 (BUB, XVI-306).

Tasso, T., *Discorsi dell' arte poetica e in particolare sopra il poema eroico* (1587), E. Mazzali (ed.), en *Prose*, Milano/Napoli, Ricciardi, 1959, pp. 349-410.

— *Discorsi del poema eroico* (1594), E. Mazzali (ed.), en *Prose*, Milano/Napoli, Ricciardi, 1959, pp. 487-729.

— *Lezione recitata nell' Academia ferrarese sopra il sonetto «Questa vita mortal» etc., di Monsignor della Casa*, en *Le prose diverse di Torquato Tasso*, C. Guasti (ed.), Firenze, Succesori Le Monnier, 1875, vol. II, pp. 115-34 (facsímil: Enza Biagini, en «Torquato Tasso e la *Lezione recitata nell' Academia ferrarese sopra il sonetto "Questa vita mortal" etc., di Monsignor della Casa»*, en *Torquato*

Tasso e la cultura estense, G. Ventura (ed.), Città di Castello, Leo S. Olschki, 1999, pp. 475-96.

— *La Cavaletta overo de la poesia toscana*, E. Raimondi (ed.), en *Dialogui*, Firenze, Sansoni, 1958, vol. II.

TIRSO DE MOLINA (Gabriel TÉLLEZ), *Deleitar aprovechando*, Madrid, Imprenta del Reino, 1635.

VALENCIA, P. de, «Carta a Góngora en censura de sus poesías» (1613), M. M.ª Pérez López (ed.), en *Pedro de Valencia, primer crítico gongorino*, Salamanca, Universidad de Salamanca, 1988, pp. 55-82.

VÁZQUEZ SIRUELA, M., *Discurso sobre el estilo de don Luis de Góngora y carácter legítimo de la poética. Discurso a don García Coronel de Salcedo, Caballerizo de la Reina N. S. del Hábito de Santiago* (c. 1645-1648), M. Artigas (ed.), *Don Luis de Góngora y Argote. Biografía y estudio crítico*, Madrid, Tipografía de la «Revista de Archivos», 1925, pp. 380-94.

VEGA, L. de, «Aprobación», en A. Balvás Barona, *El poeta castellano*, Valladolid, Juan de Jaén, 1627, ¶3r (BNE, R. 2844).

— *Arcadia* (1598), E. S. Morby (ed.), Madrid, Castalia, 1975.

— *Arte nuevo de hacer comedias en este tiempo* (1609), F. B. Pedraza (ed.), en *Rimas*, Madrid, Universidad de Castilla-La Mancha, 1994, vol. II, pp. 352-93.

— *La Circe, con otras rimas y prosas*, Madrid, Viuda de Alonso Martín, 1624 [facsímil: M. Artigas (ed.), Madrid, Biblioteca Nueva, 1935]; J. M. Blecua (ed.), en *Obras poéticas*, Barcelona, Planeta, 1983; 2ª ed., 1989,[+] pp. 861-1225.

— *Corona trágica. Vida y muerte de la señora reina de Escocia María Estuarda* (1627), en Lope de Vega, *Colección de las obras sueltas, así en prosa como en verso*, Madrid, Antonio Sancha, 1776, t. IV, pp. XIII-XXV y 1-162 (ed. facsímil: Madrid, Arco Libros, 1989).

— *La dama boba*, M. Presotto (ed.), en *Comedias de Lope de Vega. Parte IX*, M. Presotto (coord.), Lérida, Milenio/Universitat Autònoma de Barcelona, en prensa.

— *La Dorotea* (1635), E. S. Morby (ed.), Madrid, Castalia, 1988.

— «Égloga a Claudio», A. Carreño (ed.), en Lope de Vega, *Rimas humanas y otros versos*, Barcelona, Crítica, 1998, pp. 696-717.

— «Elogio al Licenciado Pedro Soto de Rojas», en Pedro Soto de Rojas, *Desengaño de amor en rimas*, Madrid, Viuda de Alonso Martín, 1623, ¶7r-¶¶1r [facsímil: A. Egido (ed.), Madrid, Real Academia Española, 1991].

— *Epistolario: Epistolario de Lope de Vega Carpio*, A. González de Amezúa (ed.), Madrid, Real Academia Española, 1935-1943, 4 vols; reimpr. 1989.

— «Epístola séptima. A un señor destos reinos», en *La Circe, con otras rimas y prosas*, Madrid, Viuda de Alonso Martín, 1624, fols. 190r-94v (facsímil: M.

Artigas (ed.), Madrid, Biblioteca Nueva, 1935; J. M. Blecua (ed.), en *Obras poéticas*, Barcelona, Planeta, 1983; 2ª ed., 1989, pp. 1169-75.

— *La Filomena, con otras diversas rimas, prosas y versos*, Madrid, Viuda de Alonso Martín, 1621 (BNE, R. 3074); J. M. Blecua (ed.), en *Obras poéticas*, Barcelona, Planeta, 1983; 2ª ed., 1989, pp. 527-847.

— *Lo fingido verdadero*, M. T. Cattaneo (ed.), Roma, Bulzoni, 1992.

— *Isidro* (1599), J. Entrambasaguas (ed.), en *Obras completas de Lope de Vega*, I: *Obras no dramáticas*, Madrid, CSIC, 1965, pp. 259-404.

— *Jerusalén conquistada* (1609), J. Entrambasaguas (ed.), Madrid, CSIC, 1951-1954, 3 vols.

— «Introducción», en la *Justa poética y alabanzas justas que hizo la insigne villa de Madrid al bienaventurado san Isidro en las fiestas de su beatificación* (1620), F. C. Sainz de Robles (ed.), en *Obras escogidas*, II: *poesías líricas, poemas, prosa, novelas*, Madrid, Aguilar, 1947; 4ª ed. 1987,[+] pp. 1112-17.

— *Laurel de Apolo* (1630), M. G. Profeti (introd.), C. Giaffreda (ed.), Firenze, Alinea, 2002.

— *Novelas a Marcia Leonarda*, A. Carreño (ed.), Madrid, Cátedra, 2002.

— *Partes de comedias*: cuando no se indica lo contrario, las dedicatorias de comedias se citan por la edición de Thomas E. Case, *Las dedicatorias de Partes XIII-XX de Lope de Vega*, Valencia, The University of North Carolina, 1975; y los prólogos de las *Partes*, por la base de datos textual *Teatro Español del Siglo de Oro*, Chadwyck Healey, España, 1997-1998.

— *Pastores de Belén* (1612), A. Carreño (ed.), Barcelona, PPU, 1991.

— *El peregrino en su patria*, J. B. Avalle Arce (ed.), Madrid, Castalia, 1973.

— *Relación de las fiestas que la insigne villa de Madrid hizo en la canonización de su bienaventurado hijo y patrón san Isidro, con las dos comedias que se representaron y los versos que en la Justa poética se escribieron*, Madrid, Viuda de Alonso Martín, 1622 (BNE, R. 27394).

— *Rimas* (1602; 1604; 1609), ed. F. B. Pedraza, Madrid, Universidad de Castilla-La Mancha, 1993-1994, 2 vols.

— *Rimas humanas y divinas del licenciado Tomé de Burguillos* (1634), J. M. Blecua (ed.), en *Obras poéticas*, Barcelona, Planeta, 1983; 2ª ed. 1989, pp. 1235-1447.

— «Respuesta de Lope de Vega Carpio» (o «Discurso de la nueva poesía»), en *La Filomena, con otras diversas rimas, prosas y versos*, Madrid, Viuda de Alonso Martín, 1621, fols. 190v-99v (BNE, R. 3074); J. M. Blecua (ed.), en *Obras poéticas*, Barcelona, Planeta, 1983; 2ª ed., 1989, pp. 809-23.

VIDA, M. G., *De arte poetica* (1527), Ralph G. Williams (ed.), en *The «Arte poetica» of Marco Girolamo Vida*, New York, Columbia University Press, 1976, pp. 1-125.

FUENTES SECUNDARIAS

ABBOTT, D., «La Retórica y el Renacimiento: An Overview of Spanish Theory», en J. J. Murphy (ed.), *Renaissance Eloquence*, Berkeley, University of California Press, 1983, pp. 95-104; trad. esp., *La elocuencia en el Renacimiento. Estudios sobre la teoría y la práctica de la retórica renacentista*, L. Fernanda Aguirre de Cárcel (trad.), Madrid, Visor, 1999, pp. 121-32.

ALBURQUERQUE GARCÍA, L., «La poética extravagante en textos españoles del siglo XVI», *Epos*, 9, 1993, pp. 277-91.

ALCINA, J. F., «Los *Humanae Salutis Monumenta* de Benito Arias Montano», en *Anatomía del Humanismo. Benito Arias Montano (1598-1998). Homenaje al P. Melquiades Andrés*, L. Gómez Canseco (ed.), Huelva, Universidad, 1998, pp. 111-47.

ALFARO TORRES, P., *La imprenta en Cuenca (1528-1679)*, Madrid, Arco Libros, 2002.

ALONSO, D., «El doctor Manuel Serrano de Paz, desconocido comentador de las *Soledades*», en *Estudios y ensayos gongorinos*, Madrid, Gredos, 1955, pp. 518-30.

— «Los hurtos de Estillani y del Chabrera», *Homenaje al excmo. Señor D. Emilio Alarcos García*, Valladolid, 1966, vol. II, pp. 1-12; reed. en *Obras completas*, Gredos, Madrid, 1982, vol. VI, pp. 525-39.

— «Sobre el abad de Rute: algunas notas biográficas», *Studia hispanica in honorem R. Lapesa*, Madrid, Cátedra Seminario Menéndez Pidal/Gredos, 1972, pp. 93-104; reed. en *Obras completas*, Madrid, Gredos, vol. VI, pp. 205-18.

— «Góngora en las cartas del Abad de Rute», en *Homenaje a la memoria de Don Antonio Rodríguez Moñino (1910-1970)*, Madrid, Castalia, 1975, pp. 27-58; reed. en *Obras Completas*, Madrid, Gredos, 1982, vol. VI, pp. 219-60.

— «Manuel Ponce, comentarista de Góngora», en *Libro-homenaje a Antonio Pérez Gómez*, Cieza, 1978; reed. en *Obras Completas*, Madrid, Gredos, 1982, vol. VI, pp. 501-23.

ALONSO VELOSO, M.ª J., «La virtud retórica de la claridad en los preliminares literarios de Lope de Vega y Quevedo», *Anuario Lope de Vega*, 11, 2005, pp. 9-28,

ANDRÉS ESCAPA, P., y otros, «El original de imprenta», en *Imprenta y crítica textual en el Siglo de Oro*, F. Rico (dir.), P. Andrés y S. Garza (eds.), Valladolid, Universidad de Valladolid/Centro para la Edición de los Clásicos Españoles, 2000, pp. 29-64.

ARCO, R. del, «El príncipe de Esquilache, poeta anticulterano», *Archivos de Filología Aragonesa*, 3, 1950, pp. 83-126.

ARTAZA, E., *El «ars narrandi» en el siglo XVI español*, Bilbao, Universidad de Deusto, 1989.

ARTIGAS, M., *Don Luis de Góngora y Argote: biografía y estudio crítico*, Madrid, Real Academia Española, 1925a.

— «Un opúsculo inédito de Lope de Vega. El *Antijáuregui* del Licenciado D. Luis de la Carrera», *Boletín de la Real Academia Española*, 12, 1925b, pp. 587-605.

ASENSIO, E., «La lengua compañera del imperio», *Revista de Filología Española*, 43, 1960, pp. 399-413.

AUERBACH, E., *Literatursprache und Publikum in der lateinischen Spätantike und im Mittelalter*, Berna, Franke Verlag, 1958; trad. esp., *Lenguaje literario y público en la baja latinidad y en la Edad Media*, L. López Molina (trad.), Barcelona, Seix Barral, 1966.

AYUSO MARAZUELA, T., «Algunos libros de la Biblioteca de Colmenares», *Estudios Segovianos*, 3, 1951, pp. 137-44.

AZAUSTRE GALIANA, A., «Cuestiones de poética y retórica en los preliminares de Quevedo a las poesías de Fray Luis de León», *La Perinola*, 7, 2003, pp. 61-102.

BAEZA Y GONZÁLEZ, T., *Apuntes biográficos de escritores segovianos*, Segovia, Imprenta de la Viuda de Alba y Santiuste, 1877 (facsímil: Pamplona, Analecta, 2001).

BALDWIN, Ch. S., *Renaissance Literary Theory and Practice: Classicism in the Rhetoric and Poetic of Italy, France, and England, 1400-1600*, New York, Columbia University Press, 1939; Gloucester (Mass.), Peter Smith, 1959.

BARANDA, N., «En defensa del *Amadís* y otras fábulas. La carta anónima al caballero Pero Mexía», *Journal of Hispanic Philology*, 15, 1991, pp. 221-36.

BATAILLON, M., «Sur l'humanisme du docteur Laguna. Deux petits livres latins de 1543», *Romance Philology*, 17, 1963, pp. 207-34; trad. esp., «Sobre el humanismo del doctor Laguna. Dos libritos latinos de 1543», en *Erasmo y el erasmismo*, C. Pujol (trad.), Barcelona, Crítica, 1977, pp. 286-326.

BATES, C., «Poetry, Patronage, and the Court», en *The Cambridge Companion to English Literature, 1500-1600*, A. F. Kinney (ed.), Cambridge, Cambridge University Press, 2000, pp. 90-103.

BERGMANN, E., «Lope and the "Nueva Poesía" Once More: The Colmenares Letters», *Bulletin of Hispanic Studies*, 62, 1985, pp. 143-56.

BLAIR, A., «Humanist Methods in Natural Philosophy: The Commonplace Book», *Journal of History of Ideas*, 53, 1992, pp. 541-51.

BLANCO, E., «La omisión deliberada en las traducciones humanistas», *Livius*, 3, 1993, pp. 31-40.

BLANCO, M., «Italia en la polémica gongorina», en *Relazioni letterarie tra Italia e Penisola Iberica nell'epoca rinascimentale e barocca (Atti del primo Colloquio Internazionale, Pisa 4-5 ottobre 2002)*, Salomé Vuelta García (ed.), Florencia, Leo S. Olschki, 2004a, pp. 15-32.

— «Poéticas, retóricas y estudio crítico de la literatura», *Bulletin Hispanique*, 1, 2004b, pp. 213-33.

BLECUA, A., «De algunas obras atribuidas a Lope de Rueda», *Boletín de la Real Academia Española*, 58, 1978, pp. 403-34 (reed. en *Signos viejos y nuevos. Estudios de historia literaria*, Barcelona, Crítica, 2006, pp. 295-326).

— *Las repúblicas literarias y Saavedra Fajardo*, Barcelona, Real Academia de Buenas Letras de Barcelona, 1984 (reed. en *Signos viejos y nuevos. Estudios de historia literaria*, Barcelona, Crítica, 2006, pp. 373-411).

— «Cervantes y la retórica (*Persiles*, III, 17)», en *Lecciones cervantinas*, A. Egido (ed.), Zaragoza, Caja de Ahorros de Zaragoza, Aragón y Rioja, 1985, pp. 131-47 (reed. en *Signos viejos y nuevos. Estudios de historia literaria*, Barcelona, Crítica, 2006, pp. 341-61).

— «Góngora», en *Enciclopedia Virgiliana*, Roma, Enciclopedia Italiana, 1986, t. II, pp. 779a-84a (reed. en *Signos viejos y nuevos. Estudios de historia literaria*, Barcelona, Crítica, 2006, pp. 363-71).

— «La retórica en las *Anotaciones*: sobre Aftonio y Herrera con otras consideraciones», en B. López Bueno (ed.), *Las «Anotaciones» de Fernando de Herrera. Doce estudios (IV Encuentro Internacional sobre Poesía del Siglo de Oro, Universidades de Sevilla y Córdoba, 18-21 de noviembre de 1996)*, Salamanca, Universidad de Sevilla, 1997, pp. 173-82.

— «Sebastián de Alvarado y Alvear, el P. Matienzo y Baltasar Gracián», en *Estudios de Filología y Retórica en Homenaje a Luisa López Grigera*, E. Artaza, J. Durán, C. Isasi, J. Lawand, V. Pineda y F. Plata (eds.), Bilbao, Universidad de Deusto, 2000, pp. 77-127.

— «Cervantes historiador de la litertura», en *Silva. Studia philologica in honorem Isaías Lerner*, I. Lozano Renieblas y J. C. Mercado (coords.), Madrid, Castalia, 2001a, pp. 87-97 (reed. en *Signos viejos y nuevos. Estudios de historia literaria*, Barcelona, Crítica, 2006, pp. 327-40).

— «Un lector neoclásico de Boscán», *Salina*, 15, 2001b, pp. 113-22 (reed. en *Signos viejos y nuevos. Estudios de historia literaria*, Barcelona, Crítica, 2006, pp. 413-41).

BLECUA, J. M., (ed.), Lope de Vega, *Obras poéticas*, Barcelona, Planeta, 1983; 2ª ed., 1989.

BOUZA, F., *Corre manuscrito. Una historia cultural del Siglo de Oro*, Madrid, Marcial Pons, 2001.

BROWNLEE, M. S., *The Poetics of Literary Theory: Lope de Vega's «Novelas a Marcia Leonarda» and Their Cervantine Context*, Madrid, José Porrúa Turanzas, 1981.

CAMARGO, M., *Ars dictaminis. Ars dictandi*, Brepols, Turnhout, 1991.

CAMPANA, P., *«La Filomena» de Lope de Vega*, Tesis doctoral inédita, Bellaterra, Universitat Autònoma de Barcelona, 1998.

CARREIRA, A. (ed.), Luis de Góngora, *Antología poética*, Madrid, Castalia, 1986; 3ª ed., 1989.

— «La controversia en torno a las *Soledades*. Un parecer desconocido, y edición crítica de las primeras cartas», en *Hommage à Robert Jammes*, Francis Cerdan (ed.), Toulouse, Presses Universitaires du Mirail, 1994a, vol. I, pp. 151-71; reed. en *Gongoremas*, Barcelona, Península, 1998, pp. 239-66.

— «Entre la huerta de don Marcos y *Les Roches Fleuries*. Las *Soledades* de Góngora editadas por Robert Jammes», *Criticón*, 61, 1994b, pp. 113-20; reed. en *Gongoremas*, Barcelona, Península, 1998, pp. 267-80.

— «La novedad de las *Soledades*», *Marges*, 16, 1995, pp. 79-91; reed. en *Gongoremas*, Barcelona, Península, 1998, pp. 225-37.

— «Quevedo en la redoma: análisis de un fenómeno criptopoético», en *Quevedo a nueva luz: escritura y política*, L. Schwartz y A. Carreira (eds.), Málaga, Universidad de Málaga, 1997, pp. 231-49.

— «Góngora y el duque de Lerma», en *Gongoremas*, Barcelona, Península, 1998, pp. 201-22.

CARREÑO, A. (ed.), Lope de Vega, *Rimas humanas y otros versos*, Barcelona, Crítica, 1998.

CARTER, H., *A View of Early Typography*, Oxford, Clarendon, 1969; trad. esp., *Orígenes de la tipografía (punzones, matrices y tipos de imprenta)*, J. M. Abad (ed.), S. Garza (trad.), Madrid, Ollero y Ramos, 1999.

CASE, T. E., *Las dedicatorias de Partes XIII-XX de Lope de Vega*, Valencia, The University of North Carolina, 1975.

CASTRO, A., *El pensamiento de Cervantes*, Madrid, Imp. *Revista de Filología Española*, Madrid, 1925 (facsímil: Barcelona, Crítica, 1987).

— y H. A. RENNERT, *Vida de Lope de Vega (1562-1635)*, notas adicionales de F. Lázaro Carreter, Salamanca, Anaya, 1969.

CAVALLO, G., y CHARTIER, R., «Introduzione», en *Storia della lettura nel mondo occidentale*, G. Cavallo y R. Chartier (eds.), Roma, Laterza, 1995; trad. esp., «Introducción», en *Historia de la lectura en el mundo occidental*, M. Barberán (trad.), Madrid, Taurus, 1998, pp. 9-53.

CAVE, T., *The Cornucopian Text. Problems of Writing in the French Renaissance*, Oxford, Clarendon Press, 1979.

CLOSE, A., «Commonplace Theories of Art and Nature in Classical Antiquity and in the Renaissance», *Journal of History of Ideas*, 30, 1969, pp. 467-86.

COLLARD, A. M., *Nueva poesía: conceptismo, culteranismo en la crítica española*, Madrid, Castalia, 1967.

COTARELO, E., «La descendencia de Lope de Vega», *Boletín de la Real Academia Española*, 2, 1915, pp. 21-56 y 137-72.

CROLL, M. W., *Essays by Morris W. Croll. «Attic» and Baroque Prose Style*, J. M. Patrick, R. O. Evans y J. W. Wallace (eds.), Princeton, Princeton University Press, 1969.

CRUZ CASADO, A., «"Tanto por las plumas...". Góngora y los poetas cordobeses del Siglo de Oro», *Arbor*, 166, 2000, pp. 277-95.

CURTIUS, E. R., *Europaische Literatur und Lateinisches Mittelalter*, Berna, A. Francke AG Verlag, 1948; trad. esp., *Literatura europea y Edad Media latina*, A. Alatorre y M. Frenk (trads.), Madrid, Fondo de Cultura Económica, 1955, 2 vols.; 5ª reimpr. 1995.

DARST, D. H., *Imitatio (Polémicas sobre la imitación en el Siglo de Oro)*, Madrid, Orígenes, 1985.

DEJOB, Ch., *De l'influence du Concile de Trente sur la littérature et les beaux-arts chez les peuples catholiques*, Paris, Ernest Thorin, 1884.

DELGADO CASADO, J., *Diccionario de impresores españoles (siglos XV-XVII)*, Madrid, Arco Libros, 1996, 2 vols.

DESMOULIEZ, A., «La signification esthétique des comparaisons entre le style et le corps humain dans la Rhétorique antique», *Revue des Études Latines*, 23, 1955, pp. 59-60.

DIXON, V., «La intervención de Lope en la publicación de sus comedias», *Anuario Lope de Vega*, 2, 1996, pp. 45-63.

DOMÍNGUEZ CAPARRÓS, J., «Razones para la oscuridad poética», *Revista de Literatura*, 108, 1992, pp. 553-73.

DRONKE, P., «The Beginnings of the Sequence», *Beiträge zur Geschichte der Deutschen Sprache und Literatur*, 87, 1965, pp. 43-73.

EGIDO, A., «Las fronteras de la poesía en prosa», *Edad de Oro*, 3, 1984, pp. 67-95; reed. en *Fronteras de la poesía en el Barroco*, Barcelona, Crítica, 1990, pp. 85-114.

— «La *hidra bocal*. Sobre la palabra poética en el Barroco», *Edad de Oro*, 6 1987, pp. 79-113; reed. en *Fronteras de la poesía en el Barroco*, Barcelona, Crítica, 1990, pp. 9-55.

— «Lope de Vega, Ravisio Textor y la creación del mundo como obra de arte», *Homenaje a Eugenio Asensio*, Madrid, Gredos, 1988, pp. 171-84; reed. en *Fronteras de la poesía en el Barroco*, Barcelona, Crítica, 1990, pp. 198-215.

ELLIOTT, J. H., *The Count-Duque of Olivares. The Statesman in an Age of Decline*, New Haven/Londres, Yale University Press, 1986; trad. esp., *El Conde Duque de Olivares. El político en una época de decadencia*, T. de Lozoya (trad.), Barcelona, Crítica, 1990.

ENTRAMBASAGUAS, J. de, «Una guerra literaria del Siglo de Oro: Lope de Vega y los preceptistas aristotélicos», en *Estudios sobre Lope de Vega*, Madrid, Consejo Superior de Investigaciones Científicas, vol. I, 1946, pp. 63-580; y vol. II, 1947, pp. 11-411; 2ª ed. revisada y aumentada, 1967.

ESTEVE, C., «La teoría de la lírica en las artes poéticas italianas», en *Idea de la lírica en el Renacimiento (Entre Italia y España)*, M.ª José Vega y C. Esteve (eds.), Vilagarcía de Arousa, Mirabel, 2004, pp. 47-109.

ESTÉVEZ MOLINERO, Á., «Epístolas en clave ficticia de Lope de Vega: a propósito del género y la literariedad», en *La epístola (V Encuentro Internacional so-*

bre Poesía del Siglo de Oro organizado por el grupo PASO), B. López Bueno (dir.), Sevilla, Universidad de Sevilla, 2000, pp. 295-309.

ESTIL·LÉS FARRÉ, J. E., «La terminología retórica en Herrera, Lope y Cervantes», en *Humanismo y Pervivencia del Mundo Clásico: Homenaje al Profesor Luis Gil*, J. M. Maestre Maestre y otros (eds.), Alcañiz/Cádiz, Ayuntamiento de Alcañiz/Universidad de Cádiz, 1997, vol. II, pp. 761-68.

FARAL, E., *Les arts poétiques du XIIᵉ et du XIIIᵉ siècle*, Paris, Honoré Champion, 1962.

FERNÁNDEZ LÓPEZ, J., «Rhetorical Theory in Sixteenth-Century Spain: A Critical Survey», *Rhetorica*, 20, 2002, pp. 133-48.

FERNÁNDEZ RODRÍGUEZ, A., *Una idea de maravillosísima hermosura. Poética y Retórica ante la Lírica en el siglo XVI*, Madrid, Universidad Autónoma de Madrid, 2003.

FERRER VALLS, T., «El juego del poder: los dramas de la privanza», en *Modelos de vida en la España del Siglo de Oro: El noble (Seminario internacional, 23-24 de abril de 2001)*, Madrid, Casa de Velázquez, 2004, vol. I, pp. 15-30.

FLORIT DURÁN, F., y J. J. RUIZ IBÁÑEZ, «Precisiones en torno a la biografía del soldado Lope Félix de Vega Carpio», *Monteagudo*, 1, 1996, pp. 103-16.

FONTAINE, J., *Isidore de Seville et la culture classique dans l'Espagne visigothique*, Paris, Études Augustiniennes, 1959; 2ª ed. corregida, 1983, 3 vols.

FRADEJAS LEBRERO, J., *Geografía literaria de la provincia de Madrid*, Madrid, Instituto de Estudios Madrileños/CSIC, 1958; 2ª ed., 1992.

FROLDI, R., *Lope de Vega y la formación de la comedia*, Madrid, Anaya, 1968.

FUMAROLI, M., *L'âge de l'éloquence. Rhétorique et «res literaria» de la Renaissance au seuil de l'époque classique*, Ginebra, Droz, 1980; 4ª ed. 2002.

GAGLIARDI, D., «*Voluptuosa musa*: la censura de la lírica de amor en la España del siglo XVI», en *Idea de la lírica en el Renacimiento (entre Italia y España)*, M.ª J. Vega y C. Esteva (eds.), Vilagarcía de Arousa, Mirabel, 2004, pp. 143-78.

GARCÍA BERRIO, A., *Introducción a la Poética clasicista: Cascales*, Barcelona, Planeta, 1975.

— *Formación de la teoría literaria moderna. La tópica horaciana en Europa*, Madrid, Planeta, 1977.

— «Poética e ideología del discurso clásico», *Revista de Literatura*, 41, 1979, pp. 5-40.

— *Formación de la teoría literaria moderna (2). Teoría poética del Siglo de Oro*, Murcia, Universidad de Murcia, 1980.

GARCÍA GALIANO, Á., *La imitación poética en el Renacimiento*, Tesis doctoral, Madrid, Universidad Complutense, 1988.

GARCÍA REIDY, A., «En torno a *La Dragontea*: Lope de Vega y su primer asalto a la poesía culta», en *Líneas actuales de investigación literaria. Estudios de literatura hispánica*, Valencia, Universitat de València, 2004, pp. 231-40.

GARIN, E., *L'educazione in Europa 1400-1600. Problemi e programmi*, Bari, Laterza, 1956; 2ª ed. ampliada, 1966; 3ª ed. con añadidos y correcciones en apéndice, 1976; trad. esp., *La educación en Europa 1400-1600*, M.ª Elena Méndez Lloret (trad.), Barcelona, Crítica, 1987.

GATES, E. J., *Documentos gongorinos*, Méjico, El Colegio de Méjico, 1960.

GILI GAYA, S., «La obra poética de Esquilache», *Nueva Revista de Filología Hispánica*, 15, 1961, pp. 255-61.

GÓMEZ CANSECO, L., «Cervantes contra la hinchazón literaria (y frente a Avellaneda 1613-1615)», en *Actas del X Coloquio Internacional de la Asociación de Cervantistas (Academia de España, Roma, 27-29 de septiembre 2001)*, Alicia Villar Lecumberri (ed.), Palma de Mallorca, Asociación de Cervantistas, 2001, pp. 129-47.

GONZÁLEZ DE AMEZÚA, A., «Las polémicas literarias sobre el *Para todos*, del doctor Juan Pérez de Montalbán», en *Estudios dedicados a Menéndez Pidal*, Madrid, 1951, vol. II, pp. 409-43; reed. en *Opúsculos histórico-literarios*, Madrid, 1951, vol. II, pp. 64-94.

GONZÁLEZ PALENCIA, Á., «Noticias biográficas del virrey poeta Príncipe de Esquilache», *Anuario de Estudios Americanos*, 6, 1949, pp. 75-159.

GORDON, A. L., «The Ascendancy of Rhetoric and the Struggle for Poetic in Sixteenth-Century France», en J. J. Murphy (ed.), *Renaissance Eloquence*, Berkeley, University of California Press, 1983, pp. 356-75; trad. esp., *La elocuencia en el Renacimiento*, J. Ignacio Díez Fernández (trad.), Madrid, Visor, 1999, pp. 445-54.

GRAFTON, A., «Poliziano and their Context», en *Defenders of the Text. The Traditions of Scholarship in an Age of Science, 1540-1800*, Cambridge (Mass.)-Londres, Harvard University Press, 1990, pp. 47-75.

GRAY, H. H., «Renaissance Humanism: the Pursuit of Eloquence», *Journal of the History of Ideas*, 24, 1963, pp. 497-514.

GREEN, O. H., «On the Príncipe de Esquilache», *Hispanic Review*, 7, 1939, pp. 220-24.

GREENFIELD, C. C., *Humanist and Scholastic Poetics, 1250-1500*, Londres/Toronto, Associated University Press, 1981.

GRENDLER, P. F., *Schooling in Renaissance Italy. Literacy and Learning 1300-1600*, Baltimore/Londres, The Johns Hopkins University Press, 1989.

GUILLÉN, C., «Sátira y poética en Garcilaso», en *Homenaje a J. Casalduero*, Madrid, Gredos, 1972, pp. 209-23; reed. en *El primer Siglo de Oro. Estudios sobre géneros y modelos*, Barcelona, Crítica, 1988, pp. 15-48.

— «Notes Toward the Study of the Renaissance Letters», en *Renaissance Genres*, Barbara K. Lewalski (ed.), Cambridge, Harvard University Press, 1986, pp. 70-100; trad. esp., «Para el estudio de la carta», J. Montero (trad.), en *La epístola (V Encuentro Internacional sobre Poesía del Siglo de Oro orga-*

nizado por el grupo PASO), B. López Bueno (dir.), Sevilla, Universidad de Sevilla, 2000, pp. 101-27.

— «Quevedo y el concepto retórico de la literatura», en *El primer Siglo de Oro: estudios sobre géneros y modelos*, Barcelona, Crítica, 1988, pp. 234-67.

— «Las epístolas de Lope de Vega», *Edad de Oro*, 14, 1995, pp. 161-77.

GUTIÉRREZ CUADRADO, J., «La lengua del *Quijote*. Rasgos generales», en Miguel de Cervantes, *Don Quijote de la Mancha*, F. Rico (dir.), Barcelona, Galaxia Gutenberg/Círculo de Lectores/Centro para la Edición de los Clásicos Españoles, 2004, vol. II, pp. 843-81.

HAMESSE, J., «Parafrasi, florilegi e compendi», en *Lo spazio letterario del Medioevo, I: Il Medioevo latino, III, La ricezione del testo*, G. Cavallo y otros (eds.), Roma, Salerno, 1995, pp. 197-220.

— «El modelo escolástico de la lectura», en G. Cavallo y R. Chartier (coord.), *Historia de la lectura en el mundo occidental*, M. Barberán (trad.), Madrid, Taurus, 1998, pp. 157-85.

HARDIE, P. (ed.), *The Cambridge Companion to Ovid*, Cambridge, Cambridge University Press, 2002.

HARDISON, JR., O. B., *The Enduring Monument. A Study of the Idea of Praise in Renaissance Literary Theory and Practice*, Chapel Hill, The University of North Carolina, 1962; reimpr. Westport, Greenwood Press, 1973.

— «The Orator and the Poet: The Dilema of Humanist Literature», *The Jorunal of Medieval and Renaissance Studies*, 1, 1971, pp. 33-44.

HASKINS, J., «Some Remarks on the History and Character of Ficino's Translation of Platon», en *Marsilio Ficino e il ritorno di Platone. Studi e documenti*, G. C. Garfagnini (ed.), Firenze, Leo O. Olschki, 1986, vol. I, pp. 287-97.

HENDERSON, J. R., «Erasmus on the Art of Letter-Writing», en J. J. Murphy (ed.), *Renaissance Eloquence*, Berkeley, University of California Press, 1983, pp. 331-55; trad. esp., *La elocuencia en el Renacimiento*, J. Ignacio Díez Fernández (trad.), Madrid, Visor, 1999, pp. 391-419.

HERRICK, M. T., *The Fusion of Horatian and Aristotelian Criticism, 1531-1555*, Urbana, The University of Illinois Press, 1946.

— *Comic Theory in the Sixteenth Century*, Urbana, University of Illinois Press, 1950; 2ª ed., 1964.

HUARTE, A., «El licenciado Colmenares y Lope de Vega», *Cultura Segoviana*, 3, 1932, pp. 8-11.

IFE, B. W., *Reading and Fiction in Golden-Age Spain. A Platonist Critique and Some Picaresque Replies*, Cambridge, Cambridge University Press, 1985; trad. esp., *Lectura y ficción en el Siglo de Oro*, J. Ainaud (trad.), Barcelona, Crítica, 1992.

IRVINE, M., *The Making of Textual Culture. «Grammatica» and Literary Theory, 350-1100*, Cambridge, Cambridge University Press, 1994.

JAMMES, R. (ed.), Luis de Góngora, *Soledades*, Madrid, Castalia, 1994.

JAURALDE, P., «Texto, fecha y circunstancias del *Libro de todas las cosas y otras muchas más*, de Quevedo», *Revista de Filología Española*, 62, 1982, pp. 297-302.

JAVITCH, D., «The Assimilation of Aristotle's *Poetics* in Sixteenth-Century Italy», en *The Cambridge History of Literary Criticism, III: The Renaissance*, Glyn P. Norton (ed.), Cambridge, Cambridge University Press, 1999, pp. 53-65.

JOSÉ PRADES, J. de (ed.), Lope de Vega, *El arte nuevo de hacer comedias en este tiempo*, Madrid, CSIC, 1971.

KENNEDY, G. A., *The Art of Rhetoric in the Roman World (300 B.C.- A.D. 300)*, Princeton, Princeton University Press, 1972.

— *Classical Rhetoric and Its Christian and Secular Tradition from Ancient to Modern Times*, Chapel Hill, The University of North Carolina Press, 1980; 2ª ed. revisada y aumentada, 1999; trad. esp., *La retórica clásica y su tradición cristiana y secular, desde la antigüedad hasta nuestros días*, P. Garrido y V. Pineda (trads.), Logroño, Gobierno de la Rioja/Instituto de Estudios Riojanos, 2003.

KENNEDY, R., «Attacks on Lope and his Theatre in 1617-1621», en *Hispanic Studies in honor of N. B. Adams*, Chapel Hill, The University of North Carolina Press, 1966, pp. 57-76.

KILPATRICK, R. S., *The Poetry of Criticism: Horace, «Epistles II» and «Ars Poetica»*, Edmonton, University of Alberta Press, 1990.

KOHUT, K., «Retórica, poesía e historiografía en Juan Luis Vives, Sebastián Fox Morcillo y Antonio Llull», *Revista de Literatura*, 52, 1990, pp. 346-74.

KRISTELLER, P. O., *Renaissance Thought and its Sources*, M. Mooney (ed.), New York, Columbia University Press, 1979; trad. esp., *El pensamiento renacentista y sus fuentes*, F. Patán (trad.), Méjico, Fondo de Cultura Económica, 1982; 1ª reimpr., 1993.

— «Rhetoric in the Medieval and Renaissance Culture», en *Renaissance Eloquence*, J. J. Murphy (ed.), Berkeley, University of California Press, 1982, pp. 1-19; trad. esp., *La elocuencia en el Renacimiento*, G. Garrote Bernal (trad.), Madrid, Visor, 1999, pp. 11-31.

LA BARRERA, C. A. de, *Nueva biografía de Lope de Vega*, en *Obras de Lope de Vega publicadas por la Real Academia Española*, vol. I, Madrid, Establecimiento Tipográfico «Sucesores de Rivadeneyra», 1890; reed. en Madrid, Atlas (BAE 262, 263), 1973-1974, 2 vols.

LAMA, V. de, «Lope, poeta de cancionero», *Edad de Oro*, 14, 1995, pp. 179-96.

LAPESA, R., «Personas gramaticales y tratamientos en español», *Revista de la Universidad de Madrid*, 19, 1970, pp. 141-67.

LAPLANA GIL, J. E., «Lope y los *Sucesos y prodigios de amor*, de Juan Pérez Montalbán, con una nota al *Orfeo en lengua castellana*», *Anuario Lope de Vega*, 2, 1996, pp. 87-101.

LARA GARRIDO, J., «Sonetos epicédicos en homenaje al "divino" Herrera. El rastro tenue de una fama póstuma», en *Relieves del Siglo de Oro. De los textos al contexto*, Málaga, Analecta Malacitana, 1999, pp. 111-47.

LAUSBERG, H., *Handbuch der literarischen Rhetorik*, Munich, Max Hueber, 1960; versión española: *Manual de retórica literaria*, vols. I-II, J. Pérez Riesco (trad.), Madrid, Gredos, vol. I, 1966; vol. II, 1967; 4ª reimpr., 1999.

LAWRANCE, J. N. H., «Nuevos lectores y nuevos géneros: apuntes y observaciones sobre la epistolografía en el primer renacimiento español», en *Literatura en la época del Emperador (Academia Literaria Renacentista, V-VII)*, Salamanca, Universidad de Salamanca, 1988, pp. 81-99.

LEEMAN, A. D., *Orationis Ratio. The Stylistic Theories and Practice of the Roman Orators, Historians and Philosophers*, Amsterdam, Adolf M. Hakkert, 1963.

LIDA DE MALKIEL, M.ª R., *Juan de Mena, poeta del prerrenacimiento español*, Méjico, El Colegio de Méjico, 1950.

LÓPEZ BUENO, B., *La poética cultista de Herrera a Góngora*, Sevilla, Alfar, 1987; 2ª ed. revisada, 2000.

— (dir.), *La epístola (V Encuentro Internacional sobre Poesía del Siglo de Oro organizado por el grupo PASO)*, Sevilla, Universidad de Sevilla, 2000.

LÓPEZ GRIGERA, L., *La retórica en la España del Siglo de Oro*, Salamanca, Universidad de Salamanca, 1994.

— (ed.), *Anotaciones de Quevedo a la «Retórica» de Aristóteles*, Salamanca, Universidad de Salamanca, 1998a.

— «Teorías poéticas de Lope de Vega. Parte I», *Anuario Lope de Vega*, 4, 1998b, pp. 179-91.

LUJÁN ATIENZA, A. L., «Las *Anotaciones* de Herrera y las formas estilísticas de la tradición hermogeneana», *Hispanic Review*, 68, 2000, pp. 359-80.

— «El estilo *afetuoso* en las *Anotaciones* de Herrera», *Revista de Literatura*, 132, 2004, pp. 373-88.

MARAVALL, José Antonio, *La cultura del Barroco*, Ariel, Barcelona, 1975; 9ª ed., 2002.

MARCOS ÁLVAREZ, F. de B., «Nuevos datos sobre *La Filomena* de Lope de Vega», en *Homenaje de los hispanistas de Suiza a Ramón Sugranyes de Franch. Miscelánea de Estudios Hispánicos*, Barcelona, Publicacions de l'Abadia de Montserrat, 1982, pp. 221-48.

MARÍN, N. (ed.), Lope de Vega, *Cartas*, Madrid, Castalia, 1985.

MAROTTI, A. F., *Manuscript, Print, and the English Renaissance Lyric*, Ithaca/Londres, Cornell University Press, 1995.

MARTÍ, A., *La preceptiva retórica española en el Siglo de Oro*, Madrid, Gredos, 1972.

MARTÍN ABAD, J., «La biblioteca de don Quijote», en Miguel de Cervantes, *Don Quijote de la Mancha*, F. Rico (dir.), Barcelona, Galaxia Gutenberg.

Círculo de Lectores. Centro para la Edición de los Clásicos Españoles, 2004, vol. II, pp. 1037-71.

MARTÍNEZ JIMÉNEZ, A., «Rhetoric, Dialectic, and Literature in the Work of Francisco Sánchez, El Brocense», Rhetorica, 13, 1995, pp. 43-59.

— «La literatura en los tratados españoles de retórica del siglo XVI», Rhetorica, 15, 1997a, pp. 1-39.

— Retórica y literatura en el siglo XVI. El Brocense, Valladolid, Universidad de Valladolid, 1997b.

MATAS CABALLERO, J., «La pervivencia de modelos retóricos. Juan de Mena y la evolución poética en el Siglo de Oro», en Gramática y Humanismo. Perspectivas del Renacimiento español, P. Ruiz Pérez (ed.), Madrid, Ediciones Libertarias/Ayuntamiento de Córdoba, 1993, pp. 163-83.

— «La sátira contra la nueva poesía en La Filomena de Lope de Vega», en Estudios de literatura comparada. Norte y Sur. La sátira. Transferencia y recepción de géneros y formas textuales (Actas del XIII Simposio de la Sociedad Española de Literatura General y Comparada), J. E. Martínez Fernández y otros (eds.), León, SELGC/Universidad de León, 2002, pp. 375-90.

MATIOLI, E., «Il sublime e lo stile: suggestioni cinquecentesche», en Da Longino a Longino. I luoghi del Sublime, L. Russo (ed.), Palermo, Aesthetica, 1987, pp. 55-64.

MATZ, R., Defending Literature in Early Modern England: Renaissance Literary Theory in Social Context, Cambridge, Cambridge University Press, 2000.

MCLAUGHLIN, M. L., Literary Imitation in the Italian Renaissance. The Theory and Practice of Literary Imitation in the Italy From Dante to Bembo, Oxford, Clarendon Press, 1995.

MELCZER, W., «Poetica e retorica nelle enciclopedie italiane e tedesche del Quattrocento», en Retorica e poetica (Atti del III Convengo italo-tedesco, Bressanone, 1975), D. Goldin (ed.), Padua, Liviana, 1979, pp. 233-42.

MENÉNDEZ PELAYO, M., Estudios y discursos de crítica histórica y literaria, II: Humanistas, lírica, teatro anterior a Lope de Vega, en Obras completas, M. Artigas (dir.), E. Sánchez Reyes (ed.), Madrid, CSIC, 1941.

— Historia de las ideas estéticas, II: siglos XVI-XVII, en Obras Completas, M. Artigas (dir.), E. Sánchez Reyes (ed.), Madrid, CSIC, 1947.

MICÓ, J. M.ª, «Góngora en las guerras de sus comentaristas: Andrés Cuesta contra Pellicer», El Crotalón, 2, 1985, pp. 401-72.

— (ed.), Luis de Góngora, Canciones y otros poemas en arte mayor, Madrid, Espasa-Calpe, 1990a.

— La fragua de las «Soledades», Sirmio, Barcelona, 1990b.

— «Proyección de las Anotaciones en las polémicas gongorinas», en Las «Anotaciones» de Fernando de Herrera. Doce Estudios (IV Encuentro Internacional sobre Poesía del Siglo de Oro, 18-21 de noviembre de 1996), B. López Bueno (ed.), Sevilla, Universidad de Sevilla, 1997, pp. 263-78.

MILLÉ Y GIMÉNEZ, J., «Lope, Góngora y los orígenes del culteranismo», *Revista de Archivos, Bibliotecas y Museos*, 27, 1923, pp. 297-319; reed. en *Estudios de literatura española*, Buenos Aires, Universidad de La Plata, 1928, pp. 181-228.

— «Jáuregui y Lope», *Boletín de la Biblioteca Menéndez Pelayo* (1926); reed. en *Estudios de literatura española*, Buenos Aires, Universidad de La Plata, 1928, pp. 229-45.

— «Lope de Vega, alumno de los jesuitas y no de los teatinos», *Revue Hispanique*, 72, 1928, pp. 247-55.

MOLL, J., «Problemas bibliográficos del libro del Siglo de Oro», *Boletín de la Real Academia Española*, 59, 1979, pp. 49-107.

— «Góngora en el siglo XVII», *El Crotalón*, 1, 1984, pp. 921-63.

— «La justificación de las matrices y el estudio de las letrerías», en *De la imprenta al lector. Estudios sobre el libro español de los siglos XVI a XVIII*, Madrid, Arco Libros, 1994, pp. 109-18.

— «Los editores de Lope de Vega», *Edad de Oro*, 14, 1995, pp. 213-22.

MONTERO, J., *La controversia sobre las «Anotaciones» herrerianas*, Sevilla, Servicio de Publicaciones del Excmo. Ayuntamiento de Sevilla, 1987.

MONTESINOS, J. F., *Estudios sobre Lope*, Madrid, Anaya, 1967.

MOREL-FATIO, A., «L'*Arte nuevo de hazer comedias en este tiempo*, de Lope de Vega», *Bulletin Hispanique*, 3, 1901, pp. 365-405.

MORENO GARBAYO, J., *La imprenta en Madrid (1626-1650)*, Madrid, Arco Libros, 1999, 2 vols.

MORROS, B., *Las polémicas literarias en la España del siglo XVI: a propósito de Fernando de Herrera y Garcilaso de la Vega*, Barcelona, Quaderns Crema, 1998.

MOSS, A., *Ovid in Renaissance France. A Survey of the Latin Editions of Ovid and Commentaries Printed in France before 1600*, London, The Warburg Institute/University of London, 1982.

— *Printed Commonplace-Books and the Structuring of Renaissance Thought*, Oxford, Clarendon Press, 1996; trad. francesa: *Les recueils de lieux communs. Appredre à penser a la Renaissance*, P. Eichel-Lojkine y otros (trads.), Ginebra, Droz, 2002.

— «Humanist Education», en *The Cambridge History of Literary Criticism, III: The Renaissance*, Glyn P. Norton (ed.), Cambridge, Cambridge University Press, 1999, pp. 145-54.

— *Renaissance Truth and the Latin Language Turn*, Oxford, Oxford University Press, 2003.

MURPHY, J. J., *Rhetoric in the Middle Ages*, Berkeley, University of California Press, 1974.

NORDEN, E., «Rhetoric und Poesie», en *Die Antike Kunstprosa. Vom VI. Jahrhundert v. Chr. bis in die Zeit der Renaissance*, Stuttgart, Teubner, 1958 [1898], vol. II, pp. 883-908; trad. ital., *La prosa d'arte antica. Dal secolo VI A. C. all'età della Rinacenza*, Roma, Salerno, 1986, vol. II, pp. 888-911.

NORTON, F. J., «Typographical Evidence as an Aid to the Identification and Dating of Unsigned Spanish Books of the Sixteenth Century», *Iberorromania*, 2, 1970, pp. 96-103.

NORTH, H., «The Use of Poetry in the Training of the Ancient Orator», *Traditio*, 8, 1952, pp. 1-33.

OROZCO, E., *En torno a las «Soledades» de Góngora. ensayos, estudios y edición de textos críticos de la época referentes al poema*, Granada, Universidad de Granada, 1969.

— *Lope y Góngora frente a frente*, Madrid, Gredos, 1973.

— *¿Qué es el «Arte nuevo» de Lope de Vega?*, Salamanca, Universidad de Salamanca, 1978.

— *Introducción a Góngora*, Barcelona, Crítica, 1984.

OSUNA, R., *La «Arcadia» de Lope de Vega: génesis, estructura y originalidad*, Madrid, Real Academia Española, 1973.

Oxford Latin Dictionary, Oxford, Clarendon Press, 1968.

PALAU Y DULCET, A., *Manual del Librero Hispanoamericano*, Barcelona, Librería Anticuaria A. Palau, 1948-1977, 28 vols.

PATTERSON, A. M., *Hermogenes and the Renaissance. Seven Ideas of Style*, Princeton, Princeton University Press, 1970.

PAZ, A. de, «Góngora... ¿y Quevedo?», *Criticón*, 75, 1999, pp. 29-47.

PENNEY, C. L., *Printed Books 1468-1700 in The Hispanic Society of America*, New York, The Hispanic Society of America, 1965.

PERCIVAL, W. K., «Grammar and Rhetoric in the Renaissance», en J. J. Murphy (ed.), *Renaissance Eloquence*, Berkeley, University of California Press, 1983, pp. 303-30; trad. esp., *La elocuencia en el Renacimiento*, J. Ignacio Díez Fernandez (trad.), Madrid, Visor, 1999, pp. 359-89.

PÉREZ, L. C., y F. SÁNCHEZ ESCRIBANO, *Afirmaciones de Lope de Vega sobre preceptiva dramática*, Madrid, CSIC, 1961.

PÉREZ CUSTODIO, M.ª V., «Las relaciones Poética-Retórica en la teoría literaria renacentista: Jerónimo Vida y Arias Montano», en *Humanismo y pervivencia del mundo clásico, (Actas del I Simposio sobre humanismo y pervivencia del mundo clásico, Alcañiz, 8-11 de mayo de 1990)*, J. M.ª Maestre Maestre y J. Pascual Barea (eds.), Cádiz, Instituto de Estudios Turolenses. Universidad de Cádiz, 1993, vol. I, pp. 759-74.

PÉREZ LASHERAS, A., «La crítica literaria en la polémica gongorina», *Bulletin Hispanique*, 102, 2000, pp. 429-52.

PÉREZ LÓPEZ, M. M.ª, *Pedro de Valencia, primer crítico gongorino*, Salamanca, Universidad de Salamanca, 1988.

UNA POLÉMICA LITERARIA: LOPE Y COLMENARES

PÉREZ MAGALLÓN, J., «Del *Arte nuevo* de Lope al arte "reformado" de Bances: algunas cuestiones de poética dramática», *Edad de Oro*, 19, 2000, pp. 207-22.

PÉREZ PASTOR, C., *Bibliografía madrileña de los siglos XVI y XVII*, Madrid, Tipografía de los Huérfanos, 1891-1907; reimpr. en Amsterdam, Gérard Th. van Heusden, 1971, 3 vols.

PFEIFFER, R., *History of Classical Scholarship 1300-1850*, Oxford, Clarendon Press, Oxford, 1976; trad. esp., *Historia de la filología clásica. De 1300 a 1850*, J. Vicuña y M.ª Rosa Lafuente (trads.), Madrid, Gredos, 1981, 2 vols.

PINEDA, V., *La imitación como arte literario en el siglo XVI español*, Sevilla, Diputación Provincial de Sevilla, 1994.

— «La retórica epidíctica de Menandro y los cuestionarios para las *Relaciones Geográficas de Indias*», *Rhetorica*, 18, 2000a, pp. 147-73.

— «Las *sílabas llenas* de Garcilaso. Apuntes para una teoría de los estilos en las *Anotaciones* de Herrera», en *Homenaje a Luisa López Grigera*, Bilbao, Universidad de Deusto, 2000b, pp. 371-86.

— «El *resplandor* de Garcilaso (nuevos apuntes para una teoría de los estilos en las *Anotaciones* de Herrera)», *Criticón* («*Estaba el jardín en flor...*». *Homenaje a Stefano Arata*), 87-89, 2003, pp. 679-688.

PLETT, Heinrich F., «The Place and Function of Style in Renaissance Poetics», en J. J. Murphy (ed.), *Renaissance Eloquence*, Berkeley, University of California Press, 1983, pp. 356-75; trad. esp., *La elocuencia en el Renacimiento*, J. Ignacio Díez Fernández (trad.), Madrid, Visor, 1999, pp. 421-43.

— *Rhetoric and Renaissance Culture*, Berlin/New York, Walter de Gruyter, 2004.

PONTÓN, G., *Correspondencias. Los orígenes del arte epistolar en España*, Madrid, Biblioteca Nueva, 2002.

QUILIS, A., y J. M. ROZAS, «El lopismo de Jiménez Patón. Góngora y Lope en la *Elocuencia española en Arte*», *Revista de Literatura*, 21, 1962, pp. 35-54; reed. en J. M. Rozas, *Estudios sobre Lope de Vega*, Madrid, Cátedra, 1990, pp. 445-65.

QUINTANILLA, M., «La Biblioteca de Colmenares», *Estudios Segovianos*, 3, 1951, pp. 127-36.

— «Correspondencia entre Colmenares y González Dávila», *Estudios Segovianos*, 4, 1952, pp. 161-74.

— «Carta de Tamayo de Vargas a Colmenares», *Estudios Segovianos*, 9, 1957, pp. 303-307.

RABELL, C. C., *Lope de Vega. El arte nuevo de hacer «novellas»*, London, Tamesis, 1992.

— *Rewriting the Italian Novella in Counter-Reformation Spain*, London, Tamesis, 2003.

REYES GÓMEZ, F. de los, *La imprenta en Segovia (1472-1900)*, Madrid, Arco Libros, 1997, 2 vols.

RICO GARCÍA, J. M., «Un comentario alegórico al discurso de las navegaciones de las *Soledades*», en *Actas de IV Congreso Internacional de la Asociación Internacional Siglo de Oro (Alcalá de Henares, 22-27 de julio de 1996)*, M. C. García de Enterría y A. Cordón Mesa (eds.), Alcalá de Henares, Servicio de Publicaciones de la Universidad de Alcalá, 1998, vol. II, pp. 1331-38.

— «*La perfecta idea de la altísima poesía*». *Las ideas estéticas de Juan de Jáuregui*, Sevilla, Diputación de Sevilla, 2001.

— (ed.), Juan de Jáuregui, *Antídoto contra la pestilente poesía de las «Soledades»*, Sevilla, Universidad de Sevilla, 2002.

RICO, F., *Primera cuarentena y Tratado general de literatura*, Barcelona, Quaderns Crema, 1982.

— «*Ubi puer, ibi senex*. Un libro de Hans Baron y el *Secretum* de 1353», *Quaderni Petrarcheschi*, 9-10, 1992-1993, pp. 165-238.

— «El cielo de un humanista», *Figuras con paisaje*, Barcelona, Galaxia Gutenberg/Círculo de Lectores, 1994, pp. 99-106.

— *El sueño del humanismo. De Petrarca a Erasmo*, Madrid, Alianza, 1993; reed. en Barcelona, Destino, 2002a.

— «Luces y sombras de Poliziano hacia 1525 (Erasmo, Vives, Budé)», en *El sueño del humanismo. De Petrarca a Erasmo*, Madrid, Destino, 2002b, pp. 195-214.

RICO VERDÚ, J., *La retórica española de los siglos XVI y XVII*, Madrid, CSIC, 1973.

RILEY, E. C., *Cervantes's Theory of the Novel*, Oxford, Oxford University Press, 1962; trad. esp., *Teoría de la novela en Cervantes*, C. Sahagún (trad.), Madrid, Taurus, 1966; reimpr. 1971.

— «Cervantes: A Question of Genre», en *Medieval and Renaissance Studies on Spain and Portugal on Honour of P. E. Russell*, Oxford, Society for the Study of Medieval Languages and Literature, 1981, pp. 69-85; trad. esp., «Una cuestión de género», en E. C. Riley, *La rara invención. Estudios sobre Cervantes y su posteridad literaria*, M. C. Llerena (trad.), Barcelona, Crítica, 2001, pp. 185-202.

— *Don Quixote*, London, Allen and Unwin, 1986; trad. esp., *Introducción al «Quijote»*, E. Torner Montoya (trad.), Barcelona, Crítica, 1990.

— «Romance, the Picaresque and *Don Quixote* I», en *Studies in Honour of Bruce W. Wardropper*, Delaware, Newark, Juan de la Cuesta, 1989, pp. 237-48; trad. esp., «La novela de caballerías, la picaresca y la Primera parte del *Quijote*», en E. C. Riley, *La rara invención. Estudios sobre Cervantes y su posteridad literaria*, M.ª C. Llerena (trad.), Barcelona, Crítica, 2001, pp. 203-15.

RIVERS, E. L., *Quevedo y su poética dedicada a Olivares*, Pamplona, Eunsa, 1998.

248	UNA POLÉMICA LITERARIA: LOPE Y COLMENARES

RODRÍGUEZ ADRADOS, F., «Poeta y poesía en Grecia», en *Tres temas de cultura clásica*, Madrid, Fundación Universitaria, 1975, pp. 37-67; reed. en *El mundo de la lírica griega arcaica*, Madrid, Alianza, 1981, pp. 17-39.

RODRÍGUEZ MARÍN, F. (ed.), Pedro de Espinosa, *Obras*, Madrid, Real Academia Española, 1909.

RODRÍGUEZ MOÑINO, A., *La historia de una infamia bibliográfica: la de san Antonio de 1823*, Madrid, Castalia, 1965.

RODRÍGUEZ PEQUEÑO, J., «De la retórica a la poética en los estudios literarios en los Siglos de Oro», *Edad de Oro*, 19, 2000, pp. 257-64.

ROMANOS, M., «Los escritores italianos y Góngora desde la perspectiva de sus comentaristas», *Filología (Homenaje a Frida Weber de Kurlat)*, 21, 1986, pp. 117-41.

ROMERA NAVARRO, M., *La preceptiva dramática de Lope de Vega y otros ensayos sobre el Fénix*, Madrid, Yunque, 1935.

ROSES LOZANO, J., *Una poética de la oscuridad. La recepción crítica de las «Soledades» en el siglo XVII*, Madrid, Tamesis, 1994.

ROUSE, R. H., y M. A. ROUSE, «The *Florilegium Angelicum*: its Origin, Content, and Influence», en *Medieval Learning and Literature. Essays Presented to Richard William Hunt*, J. J. G. Alexander y M. T. Gibson (eds.), Oxford, Clarendon, 1976, pp. 66-114.

ROZAS, J. M., *Significado y doctrina del «Arte nuevo» de Lope de Vega*, Madrid, SGEL, 1976.

— *Estudios sobre Lope de Vega*, Madrid, Cátedra, 1990.

ROZAS, J. M., y M. Á. PÉREZ PRIEGO, «Trayectoria de la poesía barroca», en F. Rico (dir.), *Historia y crítica de la literatura española*, III: *Siglos de Oro: Barroco*, B. Wardropper (coord.), Barcelona, Crítica, 1983, pp. 631-68.

RUIZ ARZÁLLUZ, Í., «El mundo intelectual del "antiguo autor": las *Auctoritates Aristotelis* en la *Celestina* primitiva», *Boletín de la Real Academia Española*, 86, 1996, pp. 265-84.

RUIZ FIDALGO, L., *La imprenta en Salamanca (1501-1600)*, Madrid, Arco Libros, 1994, 3 vols.

RUIZ PÉREZ, P., «Las *Anotaciones* del Brocense. Retórica e ideas poéticas renacentistas», *Rilce*, 4, 1988, pp. 73-98.

— «La poética de la erudición en Trillo y Figueroa», *La Perinola*, 7, 2003, pp. 335-66.

RUSSELL, P. E., «El Concilio de Trento y la literatura profana. Reconsideración de una teoría», en *Temas de «La Celestina» y otros estudios*, Barcelona, Ariel, 1978, pp. 441-78.

— «Discordia universal: *La Celestina* como "Floresta de philosophos"», *Ínsula*, 497, 1988, pp. 1 y 3.

RYAN, H. A., «Una bibliografía gongorina del siglo XVII», *Boletín de la Real Academia Española*, 33, 1953, pp. 427-67.

SABBADINI, R., «Biografi e commentatori di Terenzio», *Studi italiani di filologia classica*, 5, 1897, pp. 289-327.

SÁNCHEZ SALOR, E., «La Poética, ¿disciplina independiente del Humanismo renacentista?», en *Humanismo y pervivencia del mundo clásico (Actas del I Simposio sobre humanismo y pervivencia del mundo clásico, Alcañiz, 8-11 de mayo de 1990)*, J. M.ª Maestre Maestre y J. Pascual Barea (eds.), Cádiz, Instituto de Estudios Turolenses/Universidad de Cádiz, 1993, vol. I, pp. 211-22.

SARMATI, E., *Le critiche ai libri di cavalleria nel Cinquecento spagnolo (con un sguardo sul Seicento). Un' analisi testuale*, Pisa, Giardini, 1996.

SCAGLIONE, A. D., *The Liberal Arts and the Jesuit College System*, Amsterdam. Philadelphia, John Benjamins, 1986.

SCHWARTZ, L., «La retórica de la cita en las *Novelas a Marcia Leonarda*», *Edad de Oro*, 19, 2000, pp. 265-85.

SEBOLD, R. P., *Lírica y poética en España, 1536-1870*, Madrid, Cátedra, 2003.

SEIGEL, J. E., *Rhetoric and Philosophy in Renaissance Humanism: the Union of Eloquence and Wisdom. Petrarch to Valla*, New Jersey, Princeton University Press, 1968.

SERÉS, G., *La traducción en Italia y España en el siglo XV. La «Ilíada en romance» y su contexto cultural*, Salamanca, Universidad de Salamanca, 1997.

— «El evemerismo medieval español: de Alfonso el Sabio al Tostado», en *La razón del mito. I Congreso de mitología mediterránea*, Gregorio Luri (coord.), Madrid, Universidad Nacional de Educación a Distancia, 2000, pp. 159-75.

— «La poética historia de *El peregrino en su patria*», *Anuario Lope de Vega*, 7, 2001, pp. 89-104.

SHEPARD, S., *El Pinciano y las teorías literarias del Siglo de Oro*, Madrid, Gredos, 1970.

SHUGER, D., «Conceptions of Style», en *The Cambridge History of Literary Criticism, III: The Renaissance*, Glyn P. Norton (ed.), Cambridge, Cambridge University Press, 1999, pp. 176-86.

SIMÓN DÍAZ, J., *Historia del Colegio Imperial de Madrid*, Madrid, CSIC, 1952-1959, 2 vols; 2ª ed. actualizada, Madrid, Instituto de Estudios Madrileños, 1992.

— *Bibliografía de la literatura hispánica*, Madrid, CSIC, 1970, vol. VIII.

SMITH, C. C., «Dos raros libros gongorinos en la Biblioteca Universitaria de Cambridge», *Clavileño*, 34, 1955, pp. 20-27.

— «On the Use of Spanish Theoretical Works in the Debate on Gongorism», *Bulletin of Hispanic Studies*, 39, 1962, pp. 165-76.

SMITH, S. (ed.), «Vida de nuestra venerable madre Marcela de san Félix», en *El convento de las Trinitarias Descalzas de Madrid y la vida de Sor Marcela*, Madrid, RAE, 2001, pp. 59-94.

SOBEJANO, G., «Lope de Vega y la epístola poética», en *Estado actual de los estudios sobre el Siglo de Oro. Actas del II Congreso Internacional de Hispanistas del Siglo de Oro*, Salamanca, Universidad de Salamanca, 1993, pp. 17-36.

SPINGARN, J. E., *A History of Literary Criticism in the Renaissance*, New York, Columbia University Press, 1899; 2ª ed. 1908; reed. en New York/Burlingame, Harcourt, Brace & World, 1963.

TATEO, F., *Retorica e poetica fra Medioevo e Rinascimento*, Bari, Adriatica, 1960.

TERRACINI, L., «Nebrija y Valdés críticos literarios», en *Gramática y Humanismo. Perspectivas del Renacimiento español*, P. Ruiz Pérez (ed.), Madrid, Ediciones Libertarias/Ayuntamiento de Córdoba, 1993, pp. 145-62.

THOMAS, L.-P., *Le lyrisme et la préciosité cultistes en Espagne*, La Haya, Max Niemeyer, 1909.

TRUEBA LAWAND, J., *El arte epistolar en el Renacimiento español*, Madrid, Tamesis Books, 1996.

TRUEBLOOD, A. S., «The *Officina* of Ravisius Textor in Lope de Vega's *Dorotea*», *Hispanic Review*, 26, 1958, pp. 135-41.

TUBAU, X., «Retórica y poética en el último Lope», en *Líneas actuales de investigación literaria. Estudios de literatura hispánica*, Valencia, Universitat de València, 2004, pp. 345-55.

— «Aristóteles y el lugar de Lope en la historia literaria», *Anuario Lope de Vega*, 11, 2005, pp. 233-41.

VEGA RAMOS, M.ª J., *El secreto artificio. Maronolatría y tradición pontaniana en la poética del Renacimiento*, Madrid, CSIC, 1992.

— *La formación de la teoría de la comedia: Francesco Robortello*, Cáceres, Universidad de Extremadura, 1997.

— «La poética de la lectura en el siglo XVI. Hacia una reescritura de la historia de la crítica del Renacimiento», en *El Brocense y las humanidades en el siglo XVI*, C. Codoñer, S. López Moreda y J. Ureña Bracero (eds.), Salamanca, Universidad de Salamanca, 2003, pp. 255-71.

— «Poética de la lírica en el Renacimiento», en *Idea de la lírica en el Renacimiento (Entre Italia y España)*, M.ª José Vega y C. Esteve (eds.), Vilagarcía de Arousa, Mirabel, 2004, pp. 15-43.

VERA, J. de, «Biografía de Diego de Colmenares. Nuevas aportaciones», *Estudios Segovianos*, 3, 1951a, pp. 5-115.

— «Documentos referentes a Colmenares», *Estudios Segovianos*, 3, 1951b, pp. 277-83.

VESSEY, D., «The Reputation of Antimachus of Colophon», *Hermes*, 99, 1971, pp. 1-10.

VICKERS, B., *Classical Rhetoric in English Poetry*, London/New York, Macmillan-St. Martin's Press, 1970; 2ª ed., Carbondale and Edwardsville, Southern Illinois University Press, 1989.

— *In Defence of Rhetoric*, Oxford, Clarendon Press, 1988; reimpr. 2002.

VILANOVA, A., «Góngora y su defensa de la oscuridad como factor estético», en *Homenaje a José Manuel Blecua*, Madrid, Gredos, 1983, pp. 657-72.

VISSER, A. S. Q., *Joannes Sambucus and the Learned Image: The Use of the Emblem in Late-Rainassance Humanism*, Leiden, Bnill, 2005.

VOSTERS, S. A., *Lope de Vega y la tradición occidental, II: El manierismo de Lope de Vega y la literatura francesa*, Madrid, Castalia, 1977.

VRANICH, S. B., «Críticos, critiquillos y criticones (Herrera el Sevillano frente a Sevilla)», en *Ensayos sevillanos del Siglo de Oro*, Valencia, Albatros, 1981, pp. 13-41.

WAINER, J., «Lope de Vega, un puesto de cronista y *La hermosa Ester*», en *Actas del VIII Congreso de la Asociación Internacional de Hispanistas*, Madrid, Istmo, 1986, vol. II, pp. 725-30.

WEINBERG, B., «From Aristotle to Pseudo-Aristotle», *Comparative Literature*, 5, 1953, pp. 97-104.

— *A History of Literary Criticism in the Italian Renaissance*, Chicago, University of Chicago Press, 1961; 2ª reimpr., 1963, 2 vols.

— «Nota critica generale», en *Trattati di poetica e retorica del Cinquecento*, B. Weinberg (ed.), Bari, Laterza, 1970, vol. I, pp. 541-62.

— «Robortello on the Poetics», en *Critics and Criticism: Ancient and Moderns*, R. S. Crane (ed.), Chicago, The University of Chicago Press, 1952, pp. 319-48; trad. esp. en B. Weinberg, *Estudios de poética clasicista*, J. García Rodríguez (ed.), P. Conde Parada y J. García Rodríguez (trads.), Madrid, Arco/Libros, 2003, pp. 63-108.

WEISS, J., *The Poet's Art. Literary Theory in Castille c. 1400-60*, Oxford, The Society for the Study of Mediaeval Languages and Literature, 1990.

WITT, R., «Medieval *Ars Dictaminis* and the Beginnings of Humanism: a New Construction of the Problem», *Renaissance Quarterly*, 35, 1982, pp. 1-35.

WRIGHT, E. R., *Pilgrimage to Patronage. Lope de Vega and the Court of Philip III, 1598-1621*, Lewisburg, Bucknell University Press, 2001.

ZARCO CUEVAS, J., «Las contiendas literarias en el siglo XVII: I. Un estudio de Góngora y Argote; II. Apología de la nueva poesía, por el licenciado Diego de Colmenares», *La ciudad de Dios*, 143, 1925a, pp. 23-37.

— «Las contiendas literarias en el siglo XVII: III. Una réplica de Lope de Vega contra don Juan de Jáuregui», *La ciudad de Dios*, 143, 1925b, pp. 272-90.

Tomos de la Biblioteca Áurea Hispánica